Z

18748

BIBLIOTHÈQUE
LATINE-FRANÇAISE

PUBLIÉE

PAR

C. L. F. PANCKOUCKE.

PARIS, IMPRIMERIE DE C. L. F. PANCKOUCKE,
Rue des Poitevins, n. 14.

SUÉTONE

TRADUCTION NOUVELLE

PAR M. DE GOLBERY

CONSEILLER A LA COUR ROYALE DE COLMAR,
CORRESPONDANT DE L'INSTITUT (ACADÉMIE ROYALE DES INSCRIPTIONS
ET BELLES-LETTRES).

TOME DEUXIÈME.

PARIS

C. L. F. PANCKOUCKE

MEMBRE DE L'ORDRE ROYAL DE LA LÉGION D'HONNEUR
ÉDITEUR, RUE DES POITEVINS, N° 14

M DCCC XXXII.

SUÉTONE.

CALIGULA.

I. GERMANICUS, C. Cæsaris pater, Drusi et minoris Antoniæ filius, a Tiberio patruo adoptatus, quæsturam quinquennio ante, quam per leges liceret, et post eam consulatum statim gessit : missusque ad exercitum in Germaniam, excessu Augusti nunciato, legiones universas, imperatorem Tiberium pertinacissime recusantes, et sibi summam reipublicæ deferentes, incertum, constantia an pietate majore, compescuit; atque, hoste mox devicto, triumphavit. Consul deinde iterum creatus, ac prius quam honorem iniret, ad componendum Orientis statum expulsus, quum Armeniæ regem devicisset, Cappadociam in provinciæ formam redegisset, annum ætatis agens quartum et tricesimum diutino morbo Antiochiæ obiit, non sine veneni suspicione. Nam præter livores, qui toto corpore erant, et spumas, quæ per os fluebant, cremati quoque cor inter ossa incorruptum repertum est : cujus ea natura existimatur, ut tinctum veneno igne confici nequeat.

II. Obiit autem, ut opinio fuit, fraude Tiberii, ministerio et opera Cn. Pisonis : qui sub idem tempus Syriæ præpositus, nec dissimulans, offendendum sibi aut pa-

CALIGULA.

I. Père de C. César, et fils de Drusus et de la plus jeune Antonia, Germanicus fut adopté[1] par son oncle Tibère. Il géra la questure cinq ans plus tôt que ne le permettaient les lois[2], et parvint, sans intermédiaire, au consulat[3]. Envoyé à l'armée de Germanie[4], il contint, avec non moins de fermeté que de fidélité, les légions qui, sur la nouvelle de la mort d'Auguste, se refusaient obstinément à reconnaître Tibère pour empereur, et lui déféraient le commandement suprême de la république. Il vainquit l'ennemi et triompha[5]. Nommé consul pour la seconde fois[6], on ne lui laissa pas le temps de prendre possession de cette charge, car il fut en quelque sorte expulsé de Rome, pour aller apaiser l'Orient. Après avoir vaincu le roi d'Arménie[7], et réduit la Cappadoce en province, il mourut à Antioche, d'une maladie de langueur, à l'âge de trente-quatre ans, non sans qu'on soupçonnât qu'il avait été empoisonné. En effet, des taches livides couvrirent tout son corps, l'écume coulait de sa bouche, et l'on trouva, quand on l'eut brûlé, son cœur intact parmi ses os : or, on dit qu'il est de la nature du cœur de ne pouvoir être consumé par le feu quand il est imprégné de poison.

II. L'opinion générale était que Germanicus avait péri par la perfidie de Tibère, et que Pison avait prêté son ministère et sa coopération à ce crime. Il venait

trem, aut filium, quasi plane ita necesse esset, etiam ægrum Germanicum gravissimis verborum ac rerum acerbitatibus, nullo adhibito modo, affecit : propter quæ, ut Romam rediit, pæne discerptus a populo, a Senatu capitis damnatus est.

III. Omnes Germanico corporis animique virtutes, et quantas nemini cuiquam, contigisse, satis constat : formam et fortitudinem egregiam, ingenium in utroque eloquentiæ doctrinæque genere præcellens, benevolentiam singularem, conciliandæque hominum gratiæ, ac promerendi amoris mirum et efficax studium. Formæ minus congruebat gracilitas crurum, sed ea quoque paulatim repleta, assidua equi vectatione post cibum. Hostem cominus sæpe percussit. Oravit causas etiam triumphalis; atque inter cetera studiorum monumenta reliquit et comœdias græcas. Domi forisque civilis : libera ac fœderata oppida sine lictoribus adibat. Sicubi clarorum virorum sepulcra cognosceret, inferias Manibus dabat. Cæsorum clade Variana veteres ac dispersas reliquias uno tumulo humaturus, colligere sua manu, et comportare primus aggressus est. Obtrectatoribus etiam, qualescunque et quantacunque de causa nactus esset, lenis adeo et innoxius, ut Pisoni, decreta sua rescindenti, clientelas divexanti, non prius succensere in animum induxerit, quam veneficiis quoque et devotionibus

d'être mis à la tête de la Syrie[8], et ne dissimulait point qu'il fallait déplaire au père ou au fils. Se conduisant donc comme s'il y avait eu nécessité absolue d'en agir ainsi, il ne garda aucune mesure envers Germanicus, et sans tenir compte de sa maladie, il l'outragea par ses paroles et par ses actions : aussi fut-il presque mis en pièces par le peuple, quand il revint à Rome, et le sénat le condamna à mort.

III. On sait assez que Germanicus réunissait, à un point que personne jamais n'avait atteint, les avantages du corps et les qualités de l'âme. Il était beau et robuste ; il excellait en grec comme en latin[9], par son éloquence et son savoir : bienveillant par caractère, il s'appliquait surtout et réussissait admirablement à se concilier les suffrages, et à mériter l'attachement de tous les hommes. La maigreur de ses jambes n'était pas en harmonie avec la beauté de sa taille ; mais s'étant livré à l'exercice du cheval après ses repas, elles prirent peu à peu de l'embonpoint. Souvent, il combattit l'ennemi corps à corps. Il plaida des causes, même après son triomphe ; et, parmi les monumens qu'il nous a laissés de ses travaux, se trouvent des comédies grecques. Il était doux et d'un commerce facile dans son intérieur comme au forum. Il entrait sans licteurs dans les villes libres ou alliées. Partout où il y avait des sépultures d'hommes illustres, il leur faisait des sacrifices funéraires. Il réunit le premier, et de sa main, pour les placer sous une même tombelle[10], les restes blanchis et dispersés des guerriers morts dans la défaite de Varus. Quels que fussent ses détracteurs, et quelle que fût la cause de leur inimitié, il se montra modéré et inoffensif envers eux. En vain Pison révoquait ses décrets[11], en vain, il tourmentait ses cliens, il ne vint

impugnari se comperisset : ac ne tunc quidem ultra progressus, quam ut et amicitiam ei more majorum renunciaret, mandaretque domesticis ultionem, si quid sibi accideret.

IV. Quarum virtutum fructum uberrimum tulit, sic probatus et dilectus a suis, ut Augustus (omitto enim necessitudines reliquas), diu cunctatus, an sibi successorem destinaret, adoptandum Tiberio dederit : sic vulgo favorabilis, ut plurimi tradant, quoties aliquo adveniret, vel sicunde discederet, præ turba occurrentium prosequentiumve nonnunquam eum discrimen vitæ adisse : e Germania vero, post compressam seditionem, revertenti, prætorianas cohortes universas prodisse obviam, quamvis pronunciatum esset, ut duæ tantummodo exirent; populi autem romani sexum, ætatem, ordinem omnem usque ad vicesimum lapidem effudisse se.

V. Tamen longe majora et firmiora de eo judicia in morte ac post mortem exstitere Quo defunctus est die, lapidata sunt templa, subversæ deum aræ, Lares a quibusdam familiares in publicum abjecti, partus conjugum expositi. Quin et barbaros ferunt, quibus intestinum, quibusque adversus nos bellum esset, velut in domestico communique mœrore, consensisse ad inducias : regulos quosdam barbam posuisse, et uxorum capita rasisse, ad indicium maximi luctus : regum etiam regem et exer-

à la pensée de Germanicus de s'en irriter, que quand il apprit qu'il le poursuivait aussi de conjurations et de maléfices. Encore, n'alla-t-il pas au delà des bornes de la modération ; car il se contenta de lui envoyer, à la manière de nos aïeux, une renonciation à son amitié [12], et de confier aux siens le soin de le venger, s'il lui arrivait malheur.

IV. Il recueillit amplement le fruit de tant de vertus, et fut tellement apprécié et chéri par ses proches, qu'Auguste (je ne parlerai point ici de ses autres parens), après avoir délibéré long-temps s'il le prendrait pour son successeur [13], le fit adopter par Tibère. Germanicus était si cher au peuple que la plupart des auteurs nous disent que chaque fois qu'il arrivait ou qu'il partait, il courait risque d'être étouffé par la foule de ceux qui accouraient au devant de lui ou qui suivaient ses pas. Quand il revint de Germanie, après avoir apaisé la sédition de l'armée, deux cohortes prétoriennes seulement furent commandées pour aller à sa rencontre, mais toutes sortirent, et les habitans de tout sexe, de tout âge, de toute condition se précipitèrent jusqu'au vingtième milliaire.

V. Ce fut à sa mort, et dans le temps qui suivit cet évènement, que les jugemens qu'on portait de lui furent le plus favorables et le plus énergiques. Le jour où il cessa de vivre, des pierres furent lancées contre les temples, les autels des dieux furent renversés. Quelques particuliers jetèrent leurs dieux Lares dans la rue ; d'autres exposèrent les enfans dont leurs femmes venaient d'accoucher [14]. On dit même que des barbares, divisés par la guerre, ou qui nous la faisaient, consentirent à une suspension d'armes, comme s'ils eussent éprouvé un malheur domestique. On ajoute, qu'en signe d'une

citatione venandi, et convictu Megistanum abstinuisse, quod apud Parthos justitii instar est.

VI. Romæ quidem, quum ad primam famam valetudinis attonita et mœsta civitas sequentes nuncios opperiretur, et repente jam vesperi incertis auctoribus convaluisse tandem percrebruisset, passim cum luminibus et victimis in Capitolium concursum est, ac pæne revulsæ templi fores, ne quid gestientes vota reddere morarentur. Expergefactus e somno Tiberius est gratulantium vocibus, atque undique concinentium, « Salva Roma, salva patria, salvus est Germanicus! » Sed ut demum, fato functum, palam factum est, non solatiis ullis, non edictis inhiberi luctus publicus potuit, duravitque etiam per festos Decembris mensis dies. Auxit gloriam desideriumque defuncti etiam atrocitas insequentium temporum, cunctis nec temere opinantibus, reverentia ejus ac metu repressam Tiberii sævitiam, quæ mox eruperit.

VII. Habuit in matrimonio Agrippinam, M. Agrippæ et Juliæ filiam, et ex ea novem liberos tulit : quorum duo infantes adhuc rapti, unus jam puerascens, insigni festivitate, cujus effigiem habitu Cupidinis in æde Capitolinæ Veneris Livia dedicavit, Augustus in cubiculo suo positam, quotiescunque introiret, exosculabatur.

profonde douleur, plusieurs rois se coupèrent la barbe et rasèrent la tête de leurs femmes; enfin, le roi des rois s'abstint de la chasse et suspendit ses festins avec les grands; ce qui, chez les Parthes, équivaut à la clôture des tribunaux.

VI. A Rome, la population toute entière, frappée de stupeur et de consternation par la première nouvelle de sa maladie, attendait avec anxiété de nouveaux messages. Tout à coup, vers le soir, le bruit se répandit, on ne sait comment, que Germanicus était rétabli. On accourut au Capitole avec des flambeaux allumés et des victimes : les portes du temple furent presque renversées dans l'impatience où l'on était d'offrir des actions de grâces. Tibère fut réveillé par les cris de ceux qui se félicitaient, et de tous côtés l'on chantait : ROME EST SAUVÉE! LA PATRIE EST SAUVÉE!! GERMANICUS EST SAUVÉ!!! » Mais lorsqu'on sut enfin qu'il avait cessé d'exister, le deuil public ne put être contenu par aucune consolation, par aucun édit; il dura même à travers les fêtes de décembre. La gloire du défunt et l'amour qu'on lui portait s'accrurent encore par l'atrocité des temps qui suivirent : tous pensaient, avec raison sans doute, que le respect et la crainte qu'il inspirait à Tibère, était un frein à la férocité que celui-ci laissa bientôt paraître.

VII. Germanicus avait épousé Agrippine, fille d'Agrippa et de Julie, et il en eut neuf enfans. Deux d'entre eux périrent dès le premier âge; un troisième, déjà voisin de l'adolescence. Livie orna son image des insignes de Cupidon, et la plaça solennellement dans le temple de Vénus, au Capitole. Auguste la mit dans sa chambre, et la baisait chaque fois qu'il y entrait. Les

Ceteri superstites patri fuerunt. Tres sexus feminini, Agrippina, Drusilla, Livilla, continuo triennio natæ : totidem mares, Nero et Drusus et C. Cæsar. Neronem et Drusum senatus, Tiberio criminante, hostes judicavit.

VIII. C. Cæsar natus est pridie kalendas septembres, patre suo et C. Fonteio Capitone consulibus. Ubi natus sit, incertum diversitas tradentium facit. Cn. Lentulus Gætulicus Tiburi genitum scribit; Plinius Secundus in Treveris, vico Ambiatino, supra Confluentes : addit etiam pro argumento, aras ibi ostendi, inscriptas, OB AGRIPPINÆ PUERPERIUM. Versiculi, imperante mox eo divulgati, apud hibernas legiones procreatum indicant :

> In castris natus, patriis nutritus in armis,
> Jam designati principis omen erat.

Ego in actis, Antii editum, invenio. Gætulicum refellit Plinius, quasi mentitum per adulationem, ut ad laudes juvenis gloriosique principis aliquid etiam ex urbe Herculi sacra sumeret : abusumque audentius mendacio, quod ante annum fere natus Germanico filius Tiburi fuerat, appellatus et ipse C. Cæsar; de cujus amabili pueritia immaturoque obitu supra diximus. Plinium arguit ratio temporum. Nam qui res Augusti memoriæ mandarunt, Germanicum exacto consulatu in Galliam

autres enfans de Germanicus survécurent à leur père. Il y avait trois filles dont la naissance se succéda dans l'espace de trois ans : Agrippine, Drusilla et Livilla, et tout autant de garçons : Néron, Drusus et C. César. Le sénat, sur l'accusation portée par Tibère, déclara Néron et Drusus ennemis publics.

VIII. C. César naquit la veille des calendes de septembre [15], sous le consulat de son père et de C. Fonteius Capito. Les différentes versions qui existent sur sa naissance en rendent le lieu incertain. Cn. Lentulus Gétulicus [16] dit qu'il vit le jour à Tibur. Pline prétend que ce fut dans un village du canton appelé Ambiatinus [17], dans le pays de Trèves, au dessus de Coblentz. Il ajoute, pour prouver son opinion, que l'on y montre encore des autels dont l'inscription est EN L'HONNEUR DES COUCHES D'AGRIPPINE. Les vers suivans, qui furent publiés peu après son avènement, indiquent qu'il est né dans les quartiers d'hiver des légions :

> Né, nourri dans les camps, élevé dans la guerre,
> Le sort lui préparait l'empire de la terre.

Je trouve, dans les archives, qu'il est né à Antium. Pline réfute Gétulicus, et l'accuse d'avoir menti par adulation, pour ajouter à l'éloge d'un prince jeune et glorieux, ce que pouvait encore lui donner d'éclat une ville consacrée à Hercule. Il dit que ce qui l'enhardit à ce mensonge, c'est que l'année d'avant, Tibur avait vu naître un autre fils de Germanicus, également nommé C. César : c'est celui dont nous avons rappelé l'aimable enfance et la fin prématurée. Mais Pline est contredit par la série même des évènemens; car les historiens d'Auguste sont d'accord sur ce point, que Germanicus

missum, consentiunt, jam nato Caio. Nec Plinii opinionem inscriptio arae quicquam adjuverit, quum Agrippina bis in ea regione filias enixa sit, et qualiscunque partus, sine ullo sexus discrimine, *puerperium* vocetur; quod antiqui etiam puellas *pueras*, sicut et pueros *puellos* dictitarent. Exstat et Augusti epistola, ante paucos, quam obiret, menses ad Agrippinam neptem ita scripta de Caio hoc (neque enim quisquam jam alius infans nomine pari tunc supererat) : « Puerum Caium quintodecimo kalendas junii, si Dii volent, ut ducerent Talarius et Asellius, heri cum his constitui. Mitto praeterea cum eo ex servis meis medicum, quem, scripsi Germanico, si vellet, ut retineret. Valebis, mea Agrippina, et dabis operam, ut valens pervenias ad Germanicum tuum. » Abunde arbitror parere, non potuisse ibi nasci Caium, quo prope bimulus demum perductus ab Urbe sit. Versiculorum quoque fidem eadem haec elevant; et eo facilius, quod hi sine auctore sunt. Sequenda est igitur, quae sola [actorum] restat [et] publici instrumenti auctoritas : praesertim quum Caius Antium, omnibus semper locis atque secessibus praelatum, non aliter, quam natale solum, dilexerit; tradaturque etiam, sedem ac domicilium imperii taedio Urbis transferre eo destinasse.

IX. Caligulae cognomen castrensi joco traxit, quia manipulario habitu inter milites educabatur. Apud quos

ne fut envoyé dans la Gaule qu'après son consulat, et lorsque Caïus était déjà né. L'inscription des autels dont se prévaut Pline ne prête à son opinion qu'un faible appui. En effet Agrippine mit au monde deux filles dans ce pays-là, et l'on applique le mot *puerperium* à toute espèce d'accouchement sans distinction de sexe : car les anciens appelaient les filles *pueras*, et réciproquement les garçons *puellos*. On possède aussi une lettre qu'Auguste, peu de mois avant sa mort, écrivait à sa petite-fille Agrippine : voici comme il y parle de Caïus (et alors il n'y avait plus d'autre enfant de ce nom). « Je suis convenu hier avec Talarius et Asellius que, s'il plaît aux dieux, ils partiront le 18 mai, avec le petit Caïus; j'envoie de plus un *médecin de ma maison, et j'écris à Germanicus de le garder, s'il lui convient. Porte-toi bien, mon Agrippine, et tâche d'arriver auprès de ton Germanicus en bonne santé.* » Il me semble assez clair que Caïus n'a pu naître là [18], où il ne fut amené de Rome que lorsqu'il avait déjà près de deux ans. Ce raisonnement détruit aussi la foi qu'on pourrait ajouter aux vers que j'ai cités, et d'autant plus qu'on ne sait de qui ils sont. Il faut donc s'en tenir à l'autorité des registres publics; surtout si l'on réfléchit que Caïus préférait Antium à toutes ses possessions et à toutes ses retraites, et qu'il aima toujours ce lieu comme on aime le sol natal. On assure même que, dégoûté de sa capitale, il voulait y transférer le siège de l'empire.

IX. Il dut le surnom de Caligula à une plaisanterie militaire : il lui vint de la chaussure qu'il portait dans

quantum præterea per hanc nutrimentorum consuetudinem amore et gratia valuerit, maxime cognitum est, quum post excessum Augusti tumultuantes, et in furorem usque præcipites, solus haud dubie conspectu suo flexit. Non enim prius destiterunt, quam ablegari eum ob seditionis periculum, et in proximam civitatem demandari, animadvertissent. Tunc demum ad pœnitentiam versi, reprenso ac retento vehiculo, invidiam, quæ sibi fieret, deprecati sunt.

X. Comitatus est patrem et Syriaca expeditione. Unde reversus primum in matris, deinde, ea relegata, in Liviæ Augustæ proaviæ suæ contubernio mansit : quam defunctam prætextatus etiam tum pro Rostris laudavit : transiitque ad Antoniam aviam, et unetvicesimo ætatis anno, accitus Capreas a Tiberio, uno atque eodem die togam sumsit, barbamque posuit, sine ullo honore, qualis contigerat tirocinio fratrum ejus. Hic omnibus insidiis tentatus elicientium cogentiumque se ad querelas, nullam unquam occasionem dedit, perinde obliterato suorum casu, ac si nihil cuiquam accidisset : quæ vero ipse pateretur, incredibili dissimulatione transmittens; tantique in avum, et qui juxta erant, obsequii, ut non immerito sit dictum, « nec servum meliorem ullum, nec deteriorem dominum fuisse. »

XI. Naturam tamen sævam atque probrosam nec

le camp. Ce fut surtout après la mort d'Auguste que l'on connut combien cette éducation, au milieu des soldats, leur inspirait d'attachement pour lui. Ils avaient poussé la sédition jusqu'à la fureur; cependant son seul aspect les calma, et ils ne s'apaisèrent que quand ils virent qu'on l'emmenait sur le territoire d'une cité voisine [19], comme pour le sauver du danger. Alors, saisis de repentir, ils arrêtèrent son char, en suppliant qu'on leur épargnât cette injure.

X. Il accompagna aussi son père dans l'expédition de Syrie. A son retour, il demeura d'abord dans la compagnie de sa mère; puis, quand elle eut été exilée, dans celle de sa bisaïeule Livia Augusta. Quoiqu'à la mort de cette dernière, il portât encore la robe prétexte, il en fit l'éloge à la tribune aux harangues [20], après quoi il alla demeurer avec sa grand'mère Antonia. A vingt et un ans [21], il fut appelé à Caprée par Tibère, et, dans un même jour, il prit la toge et se fit raser la barbe, mais sans recevoir aucun des honneurs qui avaient accompagné ses frères à leur entrée dans le monde. Il n'y eut sorte de pièges qu'on ne lui tendît pour lui arracher des plaintes, mais il ne s'y laissa jamais prendre : c'était comme s'il eût oublié les malheurs des siens, comme si jamais il ne leur fût rien arrivé. Quant à ce qu'il avait à souffrir personnellement, il savait si bien le dissimuler, il se montra si obséquieux envers son aïeul et ceux qui l'entouraient, que l'on a dit, avec raison, « qu'il n'y eut jamais de meilleur esclave ni de plus mauvais maître. »

XI. Mais, dans ce temps-là même, il ne pouvait

tunc quidem inhibere poterat, quin et animadversionibus pœnisque ad supplicium datorum cupidissime interesset, et ganeas atque adulteria, capillamento celatus et veste longa, noctibus obiret, ac scenicas saltandi canendique artes studiosissime appeteret ; facile id sane Tiberio patiente, si per has mansuefieri posset ferum ejus ingenium, quod sagacissimus senex ita prorsus perspexerat, ut aliquoties prædicaret, « exitio suo omniumque Caium vivere : » et, « se natricem [serpentis id genus] populo romano, Phaethontem orbi terrarum educare. »

XII. Non ita multo post Juniam Claudillam, M. Silani nobilissimi viri filiam, duxit uxorem. Deinde augur in locum fratris sui Drusi destinatus, prius quam inauguraretur, ad pontificatum traductus est : insigni testimonio pietatis atque indolis, quum, deserta desolataque reliquis subsidiis aula, Sejano hoste tunc suspecto, mox et oppresso, ad spem successionis paulatim admoveretur. Quam quo magis confirmaret, amissa Junia ex partu, Enniam Næviam, Macronis uxorem, qui tum prætorianis cohortibus præerat, sollicitavit ad stuprum, pollicitus et matrimonium suum, si potitus imperio fuisset : deque ea re et jurejurando, et chirographo cavit. Per hanc insinuatus Macroni, veneno Tiberium aggressus est, ut quidam opinantur : spirantique adhuc detrahi anulum, et, quoniam suspicionem retinentis dabat, pul-

s'empêcher de laisser percer son caractère cruel et bas : il assistait avec avidité aux supplices des condamnés; se couvrant la tête d'une chevelure empruntée, il s'enveloppait d'un long vêtement, et courait pendant la nuit les tavernes et les mauvais lieux; surtout il était passionné pour la danse et le chant du théâtre. Tibère ne contrariait pas trop ces penchans, dans la pensée que l'esprit de Caïus s'en adoucirait. La sagacité de ce vieillard en avait pénétré toute la férocité [22]; souvent il répétait que Caïus ne vivait que pour sa perte et celle de tous, et il ajoutait qu'il nourrissait un serpent pour le peuple romain, un Phaéton pour l'univers.

XII. Peu de temps après, il épousa Junia Claudilla [23], fille de M. Silanus, l'un des plus nobles Romains; puis, il fut nommé augure à la place de son frère Drusus, et avant même qu'il eût été inauguré il passa au pontificat, témoignage éclatant de ses dispositions et de sa piété filiale. La maison impériale était alors déserte et privée de tout autre soutien. Séjan, déjà suspect, fut bientôt renversé, et de jour en jour Caïus voyait croître ses espérances de succession à l'empire. Pour les fortifier encore, il eut soin, quand il eut perdu Junia à la suite de couches [24], de lier un commerce adultère avec Ennia Névia, femme de Macron [25], qui commandait alors les cohortes prétoriennes. Caïus promit d'épouser Ennia dès qu'il serait maître de l'empire, et s'y engagea par serment et par écrit. S'il en faut croire quelques auteurs, dès qu'il eut ainsi gagné la faveur de Macron, il empoisonna Tibère [26], qui respirait encore quand Caïus ordonna de lui enlever son anneau; mais comme il lui parut qu'il le retenait,

vinum jussit injici, atque etiam fauces manu sua oppressit, liberto, qui ob atrocitatem facinoris exclamaverat, confestim in crucem acto. Nec abhorret a veritate, quum sint quidam auctores, ipsum postea, etsi non de perfecto, at certe de cogitato quondam parricidio, professum. Gloriatum enim esse assidue, in commemoranda sua pietate, « ad ulciscendam necem matris et fratrum introisse se cum pugione cubiculum Tiberii dormientis, et, misericordia correptum, abjecto ferro recessisse : nec illum, quamquam sensisset, aut inquirere quicquam, aut exsequi ausum. »

XIII. Sic imperium adeptus, populum romanum, vel dicam hominum genus, voti compotem fecit, exoptatissimus princeps maximae parti provincialium ac militum, quod infantem plerique cognoverant; sed et universae plebi urbanae ob memoriam Germanici patris, miserationemque prope afflictae domus. Itaque ut a Miseno movit, quamvis lugentis habitu, et funus Tiberii prosequens, tamen inter altaria et victimas, ardentesque tedas, densissimo et laetissimo obviorum agmine incessit, super fausta omina *sidus* et *pullum* et *puppum* et *alumnum* appellantium.

XIV. Ingressoque Urbem, statim consensu senatus et irrumpentis in curiam turbae, irrita Tiberii voluntate, qui testamento alterum nepotem suum, praetextatum adhuc, coheredem ei dederat, jus arbitriumque omnium

il fit jeter sur lui un matelas et lui serra le cou de sa propre main. L'atrocité de ce forfait ayant arraché un cri à un affranchi, celui-ci fut sur-le-champ mis en croix. Ce récit n'a rien d'invraisemblable; et même quelques-uns affirment que, dans la suite, Caïus, sans avouer le parricide consommé, convint qu'il en avait conçu la pensée. Souvent, quand il exaltait sa piété filiale, il se vantait de ce que, pour venger la mort de sa mère et de ses frères, il était entré le poignard à la main dans la chambre de Tibère endormi. Il ajoutait que, frappé de pitié, il avait jeté son arme et s'en était retourné; qu'enfin Tibère, quoiqu'il s'en fût aperçu, n'osa ni le poursuivre, ni le punir.

XIII. Arrivé de la sorte à l'empire, il accomplit les vœux du peuple romain et même de l'univers entier. La plupart des habitans des provinces et des soldats qui l'avaient connu enfant, le souhaitaient pour chef, et le peuple de Rome vénérait la mémoire de Germanicus et plaignait les malheurs de sa maison. Aussi, lorsqu'il partit de Misène [27], quoiqu'il suivît le convoi de Tibère en habit de deuil, il marcha au milieu des autels, des victimes, et des torches allumées. Une foule remplie d'allégresse se pressait à sa rencontre, et dans ses acclamations le nommait son astre, son élève, son nourrisson.

XIV. A son entrée dans Rome, il fut sur-le-champ investi du pouvoir souverain, par le commun consentement du sénat et de la foule qui se précipitait à la curie; et cela, malgré le testament de Tibère [28], qui lui avait donné pour cohéritier son autre petit-fils, encore revêtu

rerum illi permissum est, tanta publica lætitia, ut tribus proximis mensibus, ac ne totis quidem, supra centum sexaginta millia victimarum cæsa tradantur. Quum deinde paucos post dies in proximas Campaniæ insulas trajecisset, vota pro reditu suscepta sunt; ne minimam quidem occasionem quoquam omittente in testificanda sollicitudine et cura de incolumitate ejus. Ut vero in adversam valetudinem incidit, pernoctantibus cunctis circa palatium, non defuerunt, qui, depugnaturos se armis pro salute ægri, quique capita sua titulo proposito voverent. Accessit ad immensum civium amorem notabilis etiam externorum favor. Namque Artabanus, Parthorum rex, odium semper contemtumque Tiberii præ se ferens, amicitiam ejus ultro petiit; venitque ad colloquium legati consularis, et transgressus Euphratem, aquilas et signa romana, Cæsarumque imagines adoravit.

XV. Incendebat et ipse studia hominum omni genere popularitatis. Tiberio cum plurimis lacrymis pro concione laudato, funeratoque amplissime, confestim Pandateriam et Pontias, ad transferendos matris fratrisque cineres, festinavit, tempestate turbida, quo magis pietas emineret: adiitque venerabundus, ac per semet in urnas condidit. Nec minore scena Ostiam, præfixo in biremis puppe vexillo, et inde Romam Tiberi subvectos, per splendidissimum quemque equestris ordinis, medio ac

de la robe prétexte. La joie publique en fut si grande, que trois mois n'étaient pas encore écoulés que déjà l'on avait immolé cent soixante mille victimes. Peu de jours après, Caïus ayant passé dans les îles de Campanie, on fit des vœux publics pour son retour : nul ne laissait échapper la moindre occasion de témoigner sa sollicitude et le désir qu'il avait de sa conservation. Caïus fit une maladie grave [29] : on passait les nuits autour du palais ; et il ne manqua pas de gens qui s'offrirent à combattre pour son rétablissement [30], ou qui, par des inscriptions, dévouèrent leur tête aux dieux. A cet amour extraordinaire des citoyens, se joignit la bienveillance des étrangers. Artabane, roi des Parthes, qui n'avait cessé d'afficher la haine et le mépris de Tibère, rechercha l'amitié de Caïus ; il vint à une conférence avec un lieutenant consulaire, passa l'Euphrate, et révéra les aigles, les enseignes romaines, et les images des Césars.

XV. Il excitait l'amour public par toute sorte de popularité. Il prononça un discours en l'honneur de Tibère, versa beaucoup de larmes, et lui fit de magnifiques funérailles. Immédiatement après, il se rendit à Pandateria et à Pontia pour y chercher les cendres de sa mère et de son frère [31], et, pour mieux marquer sa piété, il choisit un gros temps. Il aborda ces restes avec respect et lui-même les recueillit dans des urnes. Ce ne fut pas avec moins d'appareil [32] qu'il les fit arriver à Ostie et de là à Rome en remontant le Tibre sur un vaisseau à deux rangs de rames, à la poupe duquel on avait ar-

frequenti die duobus ferculis mausoleo intulit : inferiasque his annua religione publice instituit : et eo amplius matri Circenses, carpentumque, quo in pompa traduceretur. At in memoriam patris septembrem mensem *Germanicum* appellavit. Post hæc Antoniæ aviæ, quicquid unquam Livia Augusta honorum cepisset, uno senatusconsulto congessit. Patruum Claudium, equitem romanum ad id tempus, collegam sibi in consulatu assumsit. Fratrem Tiberium die virilis togæ adoptavit, appellavitque *principem juventutis.* De sororibus auctor fuit, ut omnibus sacramentis adjiceretur, *Neque me liberosque meos cariores habebo, quam Caium habeo et sorores ejus;* item relationibus consulum : *Quod bonum felixque sit C. Cæsari sororibusque ejus.* Pari popularitate damnatos relegatosque restituit : criminumque, si qua residua ex priore tempore manebant, omnium gratiam fecit. Commentarios, ad matris fratrumque suorum causas pertinentes, ne cui postmodum delatori aut testi maneret ullus metus, convectos in forum, et ante clare obtestatus deos, neque legisse, neque attigisse quicquam, concremavit. Libellum de salute sua oblatum non recepit, contendens, « nihil sibi admissum, cur cuiquam invisus esset : » negavitque, se delatoribus aures habere.

XVI. Spintrias monstrosarum libidinum, ægre, ne profundo mergeret, exoratus, Urbe summovit. Titi La-

boré un pavillon. Les cendres, placées sur deux civières, furent portées dans le mausolée en plein jour, et par les plus nobles des chevaliers. Il institua des cérémonies funèbres annuelles, honora sa mère par des jeux du cirque, et lui donna un char pour promener son image comme celles des dieux. En commémoration de son père, il appela Germanicus le mois de septembre. Ensuite, par un sénatus-consulte, il accumula sur Antonia, sa grand' mère, tous les honneurs dont avait joui Livia Augusta. Il s'adjoignit pour collègue, dans le consulat, son oncle Claudius[33], qui jusque là était resté simple chevalier. Il adopta Tibère, son cousin, le jour où il prit la robe virile, et le nomma *prince de la jeunesse*. Quant à ses sœurs, il voulut que, dans tous les sermens, l'on ajoutât : *Et je n'aimerai ni moi-même ni mes propres enfans, plus que je n'aime Caïus et ses sœurs;* et dans les rapports des consuls : *Que cela tourne au bonheur et au salut de Caïus et de ses sœurs.* Il réhabilita, avec une égale douceur, tous ceux qui avaient été condamnés ou bannis, et fit grâce de toutes les poursuites qui dataient des circonstances précédentes. Pour qu'il ne restât de crainte à aucun délateur, il fit porter dans le forum et brûler les pièces qui concernaient le procès de sa mère et de ses frères, en attestant les dieux qu'il ne les avait ni lues, ni même touchées. Il refusa de recevoir un avis écrit qu'on lui présentait pour préserver sa vie, et répondit « qu'il n'avait rien fait pour être haï de qui que ce fût, » en protestant qu'il n'avait point d'oreilles pour les délateurs.

XVI. Il exila de Rome les inventeurs de voluptés monstrueuses[34], et l'on n'obtint qu'avec peine qu'il ne les fît pas noyer. Les écrits de Titus Labienus, de Cor-

bieni, Cordi Cremutii, Cassii Severi scripta, senatusconsultis abolita, requiri, et esse in manibus lectitarique permisit: quando maxime sua interesset, ut facta quæque posteris tradantur. Rationes imperii, ab Augusto proponi solitas, sed a Tiberio intermissas, publicavit. Magistratibus liberam jurisdictionem, et sine sui appellatione, concessit. Equites romanos severe curioseque, nec sine moderatione, recognovit: palam adempto equo, quibus aut probri aliquid aut ignominiæ inesset: eorum, qui minore culpa tenerentur, nominibus modo in recitatione præteritis. Ut levior labor judicantibus foret, ad quatuor priores quintam decuriam addidit. Tentavit et, comitiorum more revocato, suffragia populo reddere. Legata ex testamento Tiberii, quamquam abolito, sed et Juliæ Augustæ, quod Tiberius suppresserat, cum fide, ac sine calumnia repræsentata persolvit. Ducentesimam auctionum Italiæ remisit. Multis incendiorum damna supplevit: ac si quibus regna restituit, adjecit et fructum omnem vectigaliorum, et redituum medii temporis, ut Antiocho Commageno sestertium millies confiscatum. Quoque magis nullius non boni exempli fautor videretur, mulieri libertinæ octoginta donavit, quod excruciata gravissimis tormentis de scelere patroni reticuisset. Quas ob res inter reliquos honores decretus est ei clypeus aureus, quem quotannis certo die collegia sacerdotum in Capitolium ferrent, senatu prosequente, nobilibusque

dus Cremutius [35], de Cassius Severus avaient été condamnés par des sénatus-consultes; il les fit rechercher et en permit la distribution et la lecture; il disait qu'il était de son intérêt que tous les faits fussent connus de la postérité. Il fit publier la situation de l'empire, usage qu'Auguste pratiquait et que Tibère avait interrompu. Il concéda aux magistrats une juridiction indépendante et sans appel à son autorité. Il fit la revue des chevaliers romains avec soin, avec sévérité, mais cependant avec modération : quant à ceux qui étaient entachés de bassesse ou d'ignominie, il leur enlevait publiquement leur cheval; mais on omettait simplement dans l'appel les noms de ceux qui n'avaient à se reprocher que de moindres fautes. Afin de soulager les juges dans leurs fonctions, il ajouta une cinquième décurie aux quatre premières. Il essaya aussi de rétablir l'usage des comices, et de rendre au peuple son droit de suffrage [36]. Quoique le testament de Tibère eût été annulé, quoique Tibère lui-même eût supprimé celui de Julia Augusta, il en paya les legs avec une entière bonne foi et sans soulever aucune chicane. Il remit à toute l'Italie le deux-centième des ventes [37] à l'encan. Caïus vint au secours de beaucoup d'incendiés. Quand il rétablissait des rois, il leur donnait aussi le produit des revenus et des impôts qui avaient été perçus en leur absence. C'est ainsi qu'il en agit avec Antiochus Comagène [38], auquel il rendit dix millions de sesterces*. Afin de ne laisser sans récompense aucune action généreuse, il donna quatre-vingt mille sesterces** à une affranchie, parce que, livrée aux tortures, elle avait gardé le silence sur le crime de son

* 1,948,000 fr.
** 15,580 fr. D'autres lisent *octingenta*, ce qui ferait 155,800 fr.

pueris ac puellis carmine modulato laudes virtutum ejus canentibus. Decretum autem, ut dies, quo cepisset imperium, *Palilia* vocaretur, velut argumentum rursus conditæ Urbis.

XVII. Consulatus quatuor gessit: primum ex kalendis juliis per duos menses; secundum ex kalendis januariis per triginta dies; tertium usque in idus januarii; quartum usque in septimum idus easdem. Ex omnibus duos novissimos conjunxit. Tertium autem Lugduni iniit solus; non, ut quidam opinantur, superbia negligentiave, sed quod defunctum sub kalendarum diem collegam rescisse absens non potuerat. Congiarium populo bis dedit trecenos sestertios : toties abundantissimum epulum senatui equestrique ordini, etiam conjugibus ac liberis utrorumque. Posteriore epulo, forensia insuper viris, feminis ac pueris fascias purpuræ ac conchylii distribuit. Et ut lætitiam publicam in perpetuum quoque augeret, adjecit diem Saturnalibus, appellavitque *Juvenalem*.

XVIII. Munera gladiatoria partim in amphitheatro Tauri, partim in Septis, aliquot edidit, quibus inseruit catervas afrorum campanorumque pugilum, ex utraque regione electissimorum. Neque spectaculis semper ipse

patron. Parmi les honneurs que lui méritèrent ces actions, on lui décerna un bouclier d'or, que tous les ans, à un jour déterminé, les collèges de prêtres porteraient au Capitole, suivis par le sénat, tandis que de jeunes garçons et de jeunes filles chanteraient les vertus de l'empereur. On décréta que le jour où il avait pris possession du gouvernement serait appelé *Palilia*, parce que c'était en quelque sorte une nouvelle fondation.

XVII. Il géra quatre fois le consulat : la première, depuis les calendes de juillet, pendant deux mois [39]; la seconde, depuis les calendes de janvier, pour trente jours; la troisième, jusqu'aux ides de janvier [40], et la quatrième, jusqu'au 7 de ce mois seulement. Ses deux derniers consulats furent consécutifs. Il prit possession du troisième à Lyon, et seul; non, comme l'ont cru quelques-uns, par orgueil ou par indifférence, mais parce que, étant absent, il ignorait que son collègue fût mort vers le jour des calendes. Deux fois il donna au peuple des distributions de trois cents sesterces, et régala le sénat, ainsi que l'ordre des chevaliers, de repas splendides auxquels furent appelés leurs femmes et leurs enfans. Dans le second de ces repas, il fit distribuer aux hommes des vêtemens pour le forum, aux femmes et aux enfans des bandelettes de pourpre de diverses nuances; puis, afin de prolonger à jamais les réjouissances publiques, il ajouta un jour aux Saturnales, et l'appela celui de la jeunesse.

XVIII. Il donna des combats de gladiateurs tant à l'amphithéâtre de Taurus que dans les *Septes* [41], et il y mêla des troupes de lutteurs africains et campaniens, choisis parmi les plus habiles au pugilat [42]. Il ne présida pas toujours en personne : quelquefois il chargeait de

præsedit; sed interdum aut magistratibus aut amicis præsidendi munus injunxit. Scenicos ludos et assidue, et varii generis, ac multifariam fecit : quondam et nocturnos, accensis tota urbe luminibus. Sparsit et missilia variarum rerum, et panaria cum opsonio viritim divisit. Qua epulatione equiti romano, contra se hilarius avidiusque vescenti, partes suas misit : sed et senatori ob eamdem causam codicillos, quibus prætorem cum extra ordinem designabat. Edidit et circenses plurimos a mane usque ad vesperam, interjecta modo africanarum venatione, modo Trojæ decursione : et quosdam præcipuos, minio et chrysocolla constrato circo, nec ullis, nisi ex senatorio ordine, aurigantibus. Commisit et subitos, quum e Gelotiana apparatum circi prospicientem pauci ex proximis mœnianis postulassent.

XIX. Novum præterea atque inauditum genus spectaculi excogitavit. Nam Baiarum medium intervallum Puteolanas ad moles, trium millium et sexcentorum fere passuum, ponte conjunxit, contractis undique onerariis navibus, et ordine duplici ad ancoras collocatis, superjectoque aggere terreno, ac directo in Appiæ viæ formam. Per hunc pontem ultro citro commeavit, biduo continenti; primo die phalerato equo, insignisque quernea corona, et cætra, et gladio, aureaque chlamyde; postridie quadrigario habitu, curriculoque bijugi famosorum equorum, præ se ferens Darium puerum ex Par-

ce soin les magistrats ou ses amis. Il célébra souvent des jeux scéniques de diverses espèces, quelquefois même la nuit, et alors il faisait illuminer toute la ville. Il distribua au peuple toutes sortes de cadeaux, et des corbeilles renfermant des rations de pain et de viande. Apercevant, vis-à-vis de lui, un chevalier romain qui mangeait avec gaîté et avidité, il lui envoya sa propre part. Un sénateur reçut de lui un écrit qui, pour la même raison, le nommait prêteur extraordinaire. Le plus souvent, les jeux du cirque duraient du matin jusqu'au soir, et n'étaient interrompus que par une chasse africaine ou une course troyenne. Dans quelques-uns de ces jeux, le cirque fut parsemé de vermillon et et de poudre d'or, et les seuls sénateurs conduisirent les chars. Un jour, Caïus donna des jeux à l'improviste, sur la demande que lui en firent quelques personnes du haut des maisons voisines, pendant que, de la maison dite Gelotiana [43], il examinait l'appareil du cirque.

XIX. Il inventa, de plus, un genre de spectacle nouveau, inouï : il jeta un pont, de Baïes aux digues de Pouzzoles, sur une longueur de trois mille six cents [44] pas. A cet effet, il réunit de toutes parts les vaisseaux de transport, les mit à l'ancre sur une double rangée, les couvrit de terre, et leur donna la forme de la voie Appienne. Pendant deux jours, il ne fit qu'aller et venir sur ce pont : le premier jour, il montait un cheval magnifiquement harnaché, portait une couronne de chêne, un bouclier, un glaive et une chlamyde dorée ; le second jour, il conduisit, en habit de cocher, un char attelé de deux chevaux des plus renommés [45] ; devant lui était le jeune Darius, l'un des ôtages parthes. Caïus était

thorum obsidibus; comitante prætorianorum agmine, et in essedis cohorte amicorum. Scio, plerosque existimasse, talem a Caio pontem excogitatum æmulatione Xerxis, qui non sine admiratione aliquanto angustiorem Hellespontum contabulaverit; alios, ut Germaniam et Britanniam, quibus imminebat, alicujus immensi operis fama territaret. Sed avum meum narrantem puer audiebam, causam operis ab interioribus aulicis proditam, quod Thrasyllus mathematicus, anxio de successore Tiberio, et in verum nepotem proniori, affirmasset, « Non magis Caium imperaturum, quam per Baianum sinum equis discursurum. »

XX. Edidit et peregre spectacula : in Sicilia Syracusis iselasticos ludos, et in Gallia Lugduni miscellos ; sed et certamen quoque græcæ latinæque facundiæ : quo [certamine] ferunt victoribus præmia victos contulisse, eorundem et laudes componere coactos, eos autem, qui maxime displicuissent, scripta sua spongia linguave delere jussos, nisi ferulis objurgari, aut flumine proximo mergi maluissent.

XXI. Opera sub Tiberio semiperfecta, templum Augusti theatrumque Pompeii, absolvit. Inchoavit autem aquæ ductum regione Tiburti, et amphitheatrum juxta Septa : quorum operum a successore ejus Claudio alte-

accompagné d'un détachement de gardes prétoriennes, et ses amis le suivaient sur des chariots. Je sais que beaucoup de personnes ont pensé qu'il avait imaginé ce pont, afin d'imiter Xerxès, lequel s'était fait admirer pour en avoir jeté un sur l'Hellespont, qui est beaucoup plus étroit. Je sais que d'autres encore ont dit qu'il avait voulu effrayer, par la renommée de quelque gigantesque ouvrage, la Germanie et la Bretagne qu'il allait attaquer; mais, dans mon enfance, j'en ai entendu raconter à mon aïeul la cause secrète, révélée par les serviteurs les plus intimes du palais : c'est qu'un jour le mathématicien Thrasyllus dit à Tibère, qui hésitait sur le choix d'un successeur, et montrait plus de penchant pour son petit-fils selon la nature : « Que Caïus ne règnerait pas plus qu'il ne traverserait à cheval le golfe de Baïes. »

XX. Il donna aussi des spectacles au dehors de l'Italie, tels que des jeux *isélastiques*[46] à Syracuse, et des jeux mélangés à Lyon [47], dans la Gaule; et encore, des luttes d'éloquence grecque et latine. L'on raconte que les vaincus y payaient les prix dus aux vainqueurs, parce qu'on les contraignait à composer leurs louanges. Quant à ceux qui avaient été jugés les plus mauvais, il leur était ordonné d'effacer leurs écrits avec une éponge, ou même avec leur langue, à moins qu'ils ne préférassent être battus de verges ou plongés dans le fleuve le plus voisin.

XXI. Il acheva le temple d'Auguste [48] et le théâtre de Pompée, ouvrages laissés imparfaits sous Tibère. Il commença un aquéduc [49] auprès de Tivoli, et un amphithéâtre à côté des *Septes*. L'un de ces travaux fut continué par Claudius qui négligea l'autre. A Syra-

rum peractum, omissum alterum est. Syracusis collapsa vetustate mœnia, deorumque ædes refectæ. Destinaverat et Sami Polycratis regiam restituere, Mileti Didymeum peragere, in jugo Alpium urbem condere, sed ante omnia isthmum in Achaia perfodere; miseratque jam ad dimetiendum opus primipilarem.

XXII. Hactenus quasi de principe : reliqua ut de monstro narranda sunt. Compluribus cognominibus assumtis (nam et PIUS, et CASTRORUM FILIUS, et PATER EXERCITUUM, et OPTIMUS MAXIMUS CÆSAR vocabatur), quum audiret forte reges, qui officii causa in Urbem advenerant, concertantes apud se super cœnam de nobilitate generis, exclamavit, Εἷς κοίρανος ἔστω, εἷς βασιλεύς. Nec multum abfuit, quin statim diadema sumeret, speciemque principatus in regni formam converteret. Verum admonitus, et principum et regum se excessisse fastigium, divinam ex eo majestatem asserere sibi cœpit; datoque negotio, ut simulacra numinum, religione et arte præclara, inter quæ Olympii Jovis, apportarentur e Græcia, quibus capite demto suum imponeret, partem palatii ad forum usque promovit, atque æde Castoris et Pollucis in vestibulum transfigurata, consistens sæpe inter fratres deos medius, se adorandum adeuntibus exhibebat; et quidam eum LATIAREM JOVEM consalutarunt. Templum etiam numini suo proprium, et sacerdotes, et excogitatissimas hostias instituit. In templo

cuse, on restaura les murs de la ville et les temples des dieux, qui s'écroulaient de vétusté. Caïus voulait aussi reconstruire le palais de Polycrate à Samos, achever à Milet le temple d'Apollon Didyméen, et bâtir une ville au sommet des Alpes ; mais, avant tout, il voulait percer l'isthme d'Achaïe[50], et déjà il avait envoyé un centurion de première classe pour prendre les dimensions nécessaires.

XXII. Jusqu'ici, nous avons parlé de lui comme d'un prince; pour le reste, il en faut parler comme d'un monstre. Il avait pris un grand nombre de titres, tels que *le Pieux, l'Enfant des camps, le Père des armées, César le très-bon, le très-grand.* A un souper qu'il donnait à des rois venus à Rome[51] pour lui rendre leurs devoirs, il les entendit se disputer sur la noblesse de leur origine, et s'écria : *Qu'il n'y ait plus qu'un maître, qu'un roi.* Il s'en fallut de peu qu'il ne prît sur-le-champ le diadème et ne convertît l'appareil de la suprématie en insignes de la royauté. Cependant, on lui représenta qu'il avait surpassé la grandeur des princes et des rois; et, dès ce moment, il commença à s'attribuer la majesté divine. Il eut soin de faire venir de Grèce les statues des dieux les plus célèbres, soit par la vénération publique, soit par le travail de l'artiste, entre autres celle de Jupiter Olympien[52]. On leur enlevait la tête, et l'on y substituait son image. Il fit prolonger jusqu'au forum une aile du Palatium, et transforma en vestibule le temple de Castor et de Pollux : souvent il venait se placer entre les deux frères, et s'offrait à l'adoration de ceux qui y entraient. Enfin, quelques-uns le saluèrent du titre de JUPITER LATIARIS. Il institua aussi, pour sa divinité, un temple spécial,

simulacrum stabat aureum iconicum, amiciebaturque quotidie veste, quali ipse uteretur. Magisteria sacerdotii ditissimus quisque, et ambitione et licitatione maxima, vicibus comparabant. Hostiæ erant phœnicopteri, pavones, tetraones, numidicæ, meleagrides, phasianæ, quæ generatim per singulos dies immolarentur. Et noctibus quidem plenam fulgentemque lunam invitabat assidue in amplexus atque concubitum : interdiu vero cum Capitolino Jove secreto fabulabatur, modo insusurrans, ac præbens invicem aurem, modo clarius, nec sine jurgiis. Nam vox comminantis audita est :

Ἤ μ' ἀνάειρ', ἢ ἐγώ σε,

donec exoratus, ut referebat, et in contubernium ultro invitatus, super templum Divi Augusti ponte transmisso, Palatium Capitoliumque conjunxit. Mox, quo propior esset, in area capitolina novæ domus fundamenta jecit.

XXIII. Agrippæ se nepotem neque credi, neque dici ob ignobilitatem ejus volebat : succensebatque, si qui vel oratione, vel carmine, imaginibus eum Cæsarum insererent. Prædicabat autem, matrem suam ex incesto, quod Augustus cum Julia filia admisisset, procreatam. Ac non contentus hac Augusti insectatione, actiacas siculasque victorias, ut funestas populo romano, et

des prêtres, et les victimes les plus recherchées. Il y avait, dans ce temple, une statue d'or très-ressemblante, que tous les jours on habillait comme il s'habillait lui-même. Les plus riches mettaient leur ambition à acquérir les dignités de ce sacerdoce, et ils enchérissaient à l'envi les uns sur les autres. Quant aux victimes, c'étaient des oiseaux à ailes rouges, des paons, des poules d'Inde et d'Afrique, des oies noires et des faisans : on les sacrifiait chaque jour, et selon le rang établi entre les espèces. La nuit, quand la lune était pleine et resplendissante, Caïus l'appelait pour l'embrasser et lui faire partager sa couche. Dans le jour, il s'entretenait secrètement avec Jupiter Capitolin : tantôt il murmurait à son oreille, et lui présentait ensuite la sienne; tantôt il lui parlait à haute voix, mais non sans l'injurier. On l'entendit un jour le braver en ces termes :

« Détruis-moi, ou je te détruirai [53]. »

Enfin, selon son expression, il se laissa fléchir, fut invité de nouveau à demeurer avec le dieu, et fit jeter un pont par dessus le temple d'Auguste, entre le Palatium et le Capitole. Bientôt, afin de s'en rapprocher encore, il établit sur l'aire même du Capitole les fondations d'un nouveau palais.

XXIII. Il ne voulait pas qu'on le crût, ni qu'on le dît petit-fils d'Agrippa, qui lui paraissait trop ignoble [54], et il s'irritait s'il arrivait que, dans un discours, ou dans un poëme, quelqu'un le rangeât parmi les aïeux des Césars. Il se vantait que sa mère était née d'un inceste commis par Auguste avec sa fille Julie [55]. Non content de cet outrage à Auguste, il défendit de célébrer par des fêtes solennelles les victoires d'Actium et

3.

calamitosas, vetuit sollennibus feriis celebrari. Liviam Augustam proaviam, *Ulyxem stolatum* identidem appellans, etiam ignobilitatis quadam ad senatum epistola arguere ausus est, quasi materno avo decurione fundano ortam; quum publicis monumentis certum sit, Aufidium Lurconem Romæ honoribus functum. Aviæ Antoniæ secretum petenti denegavit, nisi ut interveniret Macro præfectus. Ac per istiusmodi indignitates et tædia causa exstitit mortis; dato tamen, ut quidam putant, et veneno. Nec defunctæ ullum honorem habuit; prospexitque e triclinio ardentem rogum. Fratrem Tiberium inopinantem, repente immisso tribuno militum, interemit. Silanum item socerum ad necem, secandasque novacula fauces, compulit : causatus in utroque, quod hic ingressum se turbatius mare non esset secutus, ac spe occupandi Urbem, si quid sibi per tempestates accideret, remansisset; ille antidotum oboluisset, quasi ad præcavenda venena sua sumtum : quum et Silanus impatientiam nauseæ vitasset et molestiam navigandi, et Tiberius propter assiduam et ingravescentem tussim medicamento usus esset. Nam Claudium patruum non nisi in ludibrium reservavit.

XXIV. Cum omnibus sororibus suis stupri consuetudinem fecit : plenoque convivio singulas infra se vicissim collocabat, uxore supra cubante. Ex his Drusillam vitiasse virginem, prætextatus adhuc, creditur, atque etiam

de Sicile, disant qu'elles avaient été funestes et calamiteuses pour le peuple romain. Il appelait Livia Augusta, sa bisaïeule, un Ulysse en jupon; et, dans une lettre au sénat, il osa lui reprocher son peu de noblesse, sous prétexte que son aïeul maternel n'était qu'un décurion de Fondi [56]. Cependant les actes publics font foi qu'Aufidius Lurco fut honoré de magistratures à Rome. Caïus refusa de recevoir en particulier son aïeule Antonia, à moins que le préfet Macron ne fût présent. Les dégoûts et les indignités dont il l'accabla furent cause de sa mort : quelques-uns même pensèrent qu'on lui donna du poison. Caïus ne lui rendit aucun honneur funèbre, et, de sa salle à manger, il regarda brûler le bûcher. Au moment où son cousin Tibère s'y attendait le moins, il lui envoya un tribun des soldats qui le tua. Il contraignit Silanus, son beau-père, à se couper la gorge avec un rasoir, donnant pour prétexte de ces horreurs que ce dernier, dans l'espoir de s'emparer de Rome, s'il périssait, n'avait pas voulu le suivre sur une mer orageuse, et que l'autre avait respiré un antidote pour se garantir du poison qu'il pourrait lui donner. Cependant Silanus n'avait voulu qu'éviter le désagrément et l'incommodité de la navigation, et Tibère n'avait eu recours aux médicamens, qu'à raison d'une toux continuelle et invétérée. Quant à Claudius, son oncle, Caïus ne le conserva que comme un objet de risée.

XXIV. Il n'est pas une de ses sœurs avec laquelle il n'entretînt un commerce adultéré [57]; à table, il les faisait placer tour-à-tour au dessous de lui, tandis que sa femme était au dessus. On croit qu'il abusa de Drusilla, pendant qu'il portait encore la robe prétexte, et qu'il fut

in concubitu ejus quondam deprehensus ab Antonia avia, apud quam simul educabantur. Mox Lucio Cassio Longino consulari collocatam abduxit, et in modum justæ uxoris propalam habuit. Heredem quoque bonorum atque imperii æger instituit. Eadem defuncta, justitium indixit : in quo risisse, lavisse, cœnasse cum parentibus, aut conjuge liberisve, capital fuit. Ac mœroris impatiens, quum repente noctuque profugisset ab Urbe, transcucurrissetque Campaniam, Syracusas petiit, rursusque inde propere rediit, barba capilloque promisso. Nec unquam postea quantiscunque de rebus, ne pro concione quidem populi, aut apud milites, nisi « per numen Drusillæ » dejeravit. Reliquas sorores nec cupiditate tanta, nec dignatione dilexit, ut quas sæpe exoletis suis prostraverit. Quo facilius eas in causa Æmilii Lepidi condemnavit, quasi adulteras, et insidiarum adversus se conscias. Nec solum chirographa omnium, requisita fraude ac stupro, divulgavit, sed et tres gladios, in necem suam præparatos, Marti Ultori, addito elogio, consecravit.

XXV. Matrimonia contraxerit turpius, an dimiserit, an tenuerit, non est facile discernere. Liviam Orestillam, C. Pisoni nubentem, quum ad officium et ipse venisset, ad se deduci imperavit, intraque paucos dies repudiatam biennio post relegavit, quod repetisse usum prioris mariti tempore medio videbatur. Alii tradunt, adhibi-

surpris avec elle par son aïeule Antonia chez laquelle on les élevait tous deux. Bientôt, il l'enleva à Lucius Cassius Longinus [58] à qui elle était mariée, et la traita publiquement comme son épouse légitime. Étant malade, il l'institua héritière de ses biens et de l'empire, et lorsqu'elle mourut, il ordonna une suspension générale de toutes les affaires : pendant ce temps, ce fut un crime capital [59] que d'avoir ri, de s'être baigné, ou d'avoir mangé avec ses parens, sa femme ou ses enfans. Ne sachant pas supporter sa douleur, il s'échappa la nuit de la ville, traversa la Campanie, s'en alla à Syracuse, et en revint tout aussi promptement, en laissant croître sa barbe et ses cheveux. Jamais, dans la suite, de quelque chose qu'il s'agît, il ne jura autrement que par la divinité de Drusilla [60], pas même devant l'assemblée du peuple ou devant les soldats. Il n'aima ses autres sœurs ni avec autant de force, ni avec autant d'égards, à tel point que, souvent, il les prostitua à ses compagnons de débauche. Il en eut d'autant moins de peine à les condamner dans le procès d'Émilius Lepidus [61], comme adultères et comme ayant participé à la conjuration. Non-seulement, il publia leurs lettres autographes, après se les être procurées par ruse et par corruption, mais il dédia à Mars Vengeur trois glaives préparés pour lui donner la mort, et y joignit une inscription.

XXV. Quant à ses mariages, il serait difficile de dire s'il fut plus impudent à les contracter, qu'à les dissoudre ou à les maintenir. Livia Orestilla épousait C. Pison : étant venu à la noce, Caïus la fit conduire chez lui, la répudia peu de jours après, et, deux ans plus tard, l'exila, parce qu'elle paraissait avoir renoué sa liaison avec son premier mari. D'autres disent qu'invité

tum cœnæ nuptiali, mandasse ad Pisonem, contra accumbentem, « Noli uxorem meam premere : » statimque et convivio abduxisse eam, ac proximo die edixisse, MATRIMONIUM SIBI REPERTUM EXEMPLO ROMULI ET AUGUSTI. Lolliam Paulinam, C. Memmio consulari, exercitus regenti, nuptam, facta mentione aviæ ejus, ut quondam pulcherrimæ, subito ex provincia evocavit, ac perductam a marito conjunxit sibi, brevique missam fecit, interdicto cujusquam in perpetuum coitu. Cæsoniam, neque facie insigni, neque ætate integra, matremque jam ex alio viro trium filiarum, sed luxuriæ ac lasciviæ perditæ, et ardentius et constantius amavit : ut sæpe chlamyde peltaque et galea ornatam, ac juxta adequitantem, militibus ostenderit; amicis vero etiam nudam. Quam enixam uxorio nomine dignatus est, uno atque eodem die professus, et maritum se ejus, et patrem infantis ex ea natæ. Infantem autem, Juliam Drusillam appellatam, per omnium dearum templa circumferens, Minervæ gremio imposuit, alendamque et instituendam commendavit. Nec ullo firmiore indicio sui seminis esse credebat, quam feritatis : quæ illi quoque tanta jam tunc erat, ut infestis digitis ora et oculos simul ludentium infantium incesseret.

XXVI. Leve ac frigidum sit his addere, quo propinquos amicosque pacto tractaverit, Ptolemæum, regis Jubæ filium, consobrinum suum (erat enim et is M. An-

au repas de noces, Caïus dit à Pison, assis à côté d'Orestilla : *Ne serrez point ma femme de si près;* que, sur-le-champ, il l'emmena du festin, et que, le lendemain, il publia qu'il avait trouvé un mariage à la manière de Romulus et d'Auguste. Lollia Paulina [62] était la femme de C. Memmius, homme consulaire, qui commandait les armées : un jour que l'on avait parlé de sa grand' mère comme de la plus belle femme de son temps, Caïus la fit sur-le-champ revenir de sa province, et, se l'étant fait livrer par son mari, se la donna pour femme; mais, bientôt, il la renvoya, en lui défendant à jamais tout commerce avec qui que ce fût. Césonia n'était ni fort belle, ni fort jeune : un autre mari l'avait déjà rendue mère de trois filles, mais elle était voluptueuse et lascive à l'excès; Caïus l'aima avec ardeur et constance : souvent, il la montrait aux soldats, montant à cheval à côté de lui, revêtue de l'habit militaire, et portant un casque et un bouclier; pour ses amis, il la leur faisait voir nue. Elle mit au monde une fille; alors il l'honora du nom de sa femme, et, le même jour, se reconnut son mari et le père de l'enfant, qui fut appelée Julia Drusilla, promenée dans les temples de toutes les déesses, et déposée dans le sein de Minerve qu'il chargea du soin de la nourrir et de l'élever. Il ne croyait pas qu'il y eût de meilleur indice de sa paternité que la cruauté de sa fille, cruauté poussée à tel point que, de ses ongles, elle déchirait le visage et les yeux des enfans qui jouaient avec elle.

XXVI. Après cela, il serait inutile et presque insipide d'ajouter comment il en usait avec ses proches et ses amis : par exemple, avec Ptolémée, fils du roi Juba et cousin de Caïus (car il était petit-fils d'Antoine, étant

tonii ex Selene filia nepos), et in primis ipsum Macronem, ipsam Enniam, adjutores imperii : quibus omnibus pro necessitudinis jure, proque meritorum gratia, cruenta mors persoluta est. Nihilo reverentior leniorve erga senatum : quosdam summis honoribus functos, ad essedum sibi currere togatos per aliquot passuum millia, et coenanti, modo ad pluteum modo ad pedes stare, succinctos linteo, passus est : alios quum clam interemisset, citare nihilo minus ut vivos perseveravit, paucos post dies voluntaria morte perisse mentitus. Consulibus, oblitis de natali suo edicere, abrogavit magistratum : fuitque per triduum sine summa potestate respublica. Quaestorem suum in conjuratione nominatum flagellavit, veste detracta, subjectaque militum pedibus, quo firme verberaturi insisterent. Simili superbia violentiaque ceteros tractavit ordines. Inquietatus fremitu gratuita in circo loca de media nocte occupantium, omnes fustibus abegit. Elisi per eum tumultum viginti amplius equites romani, totidem matronae, super innumeram turbam ceteram. Scenicis ludis, inter plebem et equitem causam discordiarum serens, decimas maturius dabat, ut equestria ab infimo quoque occuparentur. Gladiatorio munere, reductis interdum flagrantissimo sole velis, emitti quemquam vetabat : remotoque ordinario apparatu, tabidas feras, vilissimos senioque confectos, gladiatores quoque pegmares, patresfamiliarum notos, sed

né de sa fille Séléné [63]); nous pourrions citer encore Macron, enfin Ennia [64], ses promoteurs à l'empire : les droits de l'intimité, la récompense de leurs services ne leur valurent qu'une mort sanglante. Caïus ne fut ni plus respectueux, ni plus doux envers le sénat. Il souffrait que, revêtus de la toge, des hommes qui avaient été honorés des premières dignités courussent à côté de son char l'espace de plusieurs mille pas ; ou bien que, ceints d'un vêtement, à la manière des esclaves, ils se tinssent debout, pendant son repas, soit derrière son siège, soit à ses pieds. Il ne cessa de mander, comme s'ils vivaient encore, quelques-uns de ceux qu'il avait fait périr; et, peu de jours après, il leur imputait une mort volontaire. Il priva de leur magistrature des consuls [65] qui avaient oublié de faire une proclamation à son jour de naissance, et la république fut, pendant trois jours, sans autorité souveraine. Il fit battre de verges son questeur [66], qui avait été nommé dans une conjuration, le fit déshabiller, et jeta ses vêtemens sous les pieds des soldats, pour que leur pose, en le frappant, fût plus assurée. Il traita avec la même hauteur et la même violence les autres ordres de l'état. Dérangé par le bruit de ceux qui, dès le milieu de la nuit, se hâtaient d'occuper au cirque les places gratuites, il les fit chasser à coups de fouet. Plus de vingt chevaliers romains furent écrasés dans cette bagarre, tout autant de matrones, et une foule d'autres personnes. Pour semer la discorde entre le peuple et les chevaliers, il faisait commencer les distributions scéniques [67] avant l'heure ordinaire, afin que les bancs des chevaliers fussent occupés par les gens de la plus basse condition. Au spectacle de gladiateurs, il faisait souvent retirer le *velum* par le soleil le plus ardent, et ne souffrait pas

insignes debilitate aliqua corporis, subjiciebat. Ac nonnunquam, horreis præclusis, populo famem indixit.

XXVII. Sævitiam ingenii per hæc maxime ostendit. Quum ad saginam ferarum, muneri præparatarum, carius pecudes compararentur, ex noxiis laniandos annotavit ; et, custodiarum seriem recognoscens, nullius inspecto elogio, stans tantummodo intra porticum mediam, a calvo ad calvum duci imperavit. Votum exegit ab eo, qui pro salute sua gladiatoriam operam promiserat, spectavitque ferro dimicantem; nec dimisit, nisi victorem, et post multas preces. Alterum, qui se periturum ea de causa voverat, cunctantem pueris tradidit; verbenatum infulatumque, votum reposcentes, per vicos agerent, quoad præcipitaretur ex aggere. Multos honesti ordinis, deformatos prius stigmatum notis, ad metalla et munitiones viarum, aut ad bestias condemnavit, aut bestiarum more quadrupedes cavea coercuit, aut medios serra dissecuit; nec omnes gravibus ex causis, verum male de munere suo opinatos, vel quod nunquam per genium suum dejerassent. Parentes supplicio filiorum interesse cogebat. Quorum uni valetudinem excusanti lecticam misit; alium a spectaculo pœnæ epulis statim

que personne sortît : au lieu des combattans ordinaires, il y faisait entrer des bêtes féroces épuisées, ce qu'il y avait de plus vieux et de plus abject parmi les gladiateurs, et même des gladiateurs de tréteaux; enfin, des chefs de famille connus, mais affligés de quelque défaut du corps. De temps à autre, Caïus faisait fermer les greniers publics, et dénonçait une famine au peuple.

XXVII. Voici les principaux traits de la férocité de son caractère : l'on achetait fort cher les animaux pour la nourriture des bêtes féroces destinées au combat : il ordonna de leur livrer les coupables. A cet effet, il fit lui-même la visite des prisons; et, sans lire la cause de la détention de chacun des prisonniers, il se tint sous le portique, et de là ordonna qu'on les prît tous d'*un chauve à l'autre*[68]. Il exigea l'accomplissement du vœu que quelqu'un avait prononcé de se faire gladiateur pour son salut; il le vit combattre et ne le renvoya que lorsqu'il fut vainqueur, et après beaucoup de supplications. Il livra aux enfans un autre homme qui avait fait vœu de périr pour la même cause, et qui hésitait à l'accomplir. On le couronna de feuillage et de bandelettes[69], et les enfans, lui rappelant son vœu, le promenèrent de quartier en quartier, jusqu'à ce qu'il fût précipité du haut des remparts. Beaucoup de personnes de condition honnête, flétries d'abord par un fer brûlant, furent condamnées par lui au travail des mines ou des chemins, ou livrées aux bêtes féroces. Il y en eut qu'il enferma dans des cages, en les mettant à quatre pattes, à la manière des bêtes sauvages; il en fit scier d'autres par le milieu du corps. Ces cruautés n'avaient pas même de motifs graves : les uns avaient mal parlé de son spec-

adhibuit, atque omni comitate ad hilaritatem et jocos provocavit. Curatorem munerum ac venationum, per continuos dies in conspectu suo catenis verberatum, non prius occidit, quam offensus putrefacti cerebri odore. Atellanæ poetam, ob ambigui joci versiculum, media amphitheatri arena igni cremavit. Equitem romanum, objectum feris, quum se innocentem proclamasset, reduxit; abscisaque lingua, rursus induxit.

XXVIII. Revocatum quemdam a vetere exsilio sciscitatus, quidnam ibi facere consuesset, respondente eo per adulationem, « Deos semper oravi, ut, quod evenit, periret Tiberius, et tu imperares; » opinans, sibi quoque exsules suos mortem imprecari, misit circum insulas, qui universos contrucidarent. Quum discerpi senatorem concupisset, subornavit, qui ingredientem curiam, repente hostem publicum appellantes, invaderent, graphiisque confossum, lacerandum ceteris traderent. Nec ante satiatus est, quam membra et artus et viscera hominis tracta per vicos, atque ante se congesta vidisset.

XXIX. Immanissima facta augebat atrocitate verbo-

tacle de gladiateurs; les autres n'avaient jamais juré par son génie. Il forçait les parens à assister au supplice de leurs fils; l'un d'eux ayant prétexté une maladie, il lui envoya sa litière; ce fut après avoir assisté à un supplice pareil qu'un autre fut entraîné à un festin [70], et il n'y eut sorte de politesse par laquelle Caïus ne l'excitât à la gaîté et à la plaisanterie. Il fit charger de chaînes son intendant des jeux et de la chasse, le fit fouetter plusieurs jours de suite, et ne le tua que lorsqu'il se sentit incommodé de l'odeur de sa cervelle en putréfaction. Il fit brûler, au milieu de l'amphithéâtre, l'auteur d'une Atellane, à cause d'un vers qui renfermait une plaisanterie à double sens. Un chevalier romain, exposé aux bêtes, criait qu'il était innocent; il le fit emmener, on lui coupa la langue, et on l'exposa de nouveau.

XXVIII. Ayant demandé à un citoyen rappelé de l'exil, à quoi il avait passé son temps, celui-ci lui répondit par flatterie : « J'ai toujours prié les dieux de faire périr Tibère, et de te donner l'empire; mon vœu a été accompli. » Imaginant alors que tous les exilés priaient les dieux pour sa mort, Caïus envoya dans toutes les îles pour les massacrer [71]. Il désirait qu'un sénateur fût mis en pièces [72] : il aposta donc des sicaires pour le traiter d'ennemi public quand il entrerait à la curie, le percer de leurs stylets, et le livrer à d'autres, qui le déchireraient : il ne fut satisfait que quand il vit entassés devant lui les membres et les entrailles de cet homme, que l'on avait auparavant traînés à travers tous les quartiers de la ville.

XXIX. Ses plus horribles actions étaient rendues

rum. « Nihil magis in natura sua laudare se ac probare, » dicebat, « quam, » ut ipsius verbo utar, « ἀδιατρεψίαν. » Monenti Antoniæ aviæ, tanquam parum esset non obedire, « Memento, ait, omnia mihi et in omnes licere. » Trucidaturus fratrem, quem metu venenorum præmuniri medicamentis suspicabatur, « Antidotum, inquit, adversus Cæsarem ? » Relegatis sororibus, non solum insulas habere se, sed etiam gladios, minabatur. Prætorium virum ex secessu Anticyræ, quam valetudinis causa petierat, propagari sibi commeatum sæpius desiderantem, quum mandasset interimi, adjecit : « Necessariam esse sanguinis missionem, cui tam diu non prodesset elleborum. » Decimo quoque die, numerum puniendorum ex custodia subscribens, « Rationem se purgare, » dicebat. Gallis Græcisque aliquot uno tempore condemnatis, gloriabatur, « Gallogræciam sese subegisse. »

XXX. Non temere in quemquam, nisi crebris et minutis ictibus animadverti passus est : perpetuo notoque jam præcepto, « Ita feri, ut se mori sentiat. » Punito per errorem nominis alio, quam quem destinaverat, ipsum quoque paria meruisse dixit. Tragicum illud subinde jactabat, *Oderint, dum metuant.* Sæpe in cunctos pariter senatores, ut Sejani clientes, ut matris ac fratrum suorum delatores, invectus est ; prolatis libellis, quos crematos simulaverat, defensaque Tiberii sævitia, quasi necessaria, quum tot criminantibus credendum esset.

plus odieuses encore par l'atrocité de ses paroles; et, pour me servir de sa propre expression, il ne trouvait, dans son caractère, rien de plus beau et de plus louable que son insensibilité [73]. Antonia, sa grand'mère, lui ayant fait quelques remontrances, il ne se contenta point de ne pas lui obéir, il lui dit : « Apprenez que tout m'est permis, et envers tous. » Au moment de faire massacrer son frère, qu'il soupçonnait de s'être muni de remèdes contre le poison : « Quoi! s'écria-t-il, un antidote contre César! » En exilant ses sœurs, il dit « que non-seulement il avait des îles, mais des glaives. » Un ancien préteur était allé à Anticyre, pour cause de santé; du fond de sa retraite, il lui demanda une prolongation de congé : Caïus ordonna de le tuer, disant « qu'une saignée était nécessaire à qui avait si long-temps, en vain, essayé l'ellébore. » Tous les dix jours, il signait la liste des prisonniers à envoyer au supplice, et il appelait cela mettre ses comptes à jour. Quelques Gaulois et quelques Grecs ayant été condamnés en même temps, il se vanta d'avoir soumis la Gallo-Grèce.

XXX. Il ne faisait guère périr ses victimes que sous des coups fréquens et réitérés, d'après son précepte éternel et déjà connu : « Frappez-le de manière à ce qu'il sente la mort! » Une erreur de nom ayant fait punir un autre homme que celui qu'il destinait au supplice, il dit « qu'il l'avait aussi mérité. » Il répétait sans cesse ce passage d'une tragédie : *Qu'ils me haïssent, pourvu qu'ils me craignent.* Souvent, il s'emportait contre tous les sénateurs, les appelait les créatures de Séjan, les dénonciateurs de sa mère et de ses frères; et, produisant des pièces qu'il avait feint de brûler, il prenait le parti de la cruauté de Tibère, en disant « qu'elle avait été néces-

Equestrem ordinem, ut scenæ arenæque devotum, assidue proscidit. Infensus turbæ, faventi adversus studium suum, exclamavit : « Utinam populus romanus unam cervicem haberet ! » Quumque Tetrinius latro postularetur, « et qui postularent, Tetrinios esse, » ait. Retiarii tunicati quinque numero gregatim dimicantes, sine certamine ullo totidem secutoribus succubuerant : quum occidi juberentur, unus, resumta fuscina, omnes victores interemit. Hanc ut crudelissimam cædem et deflevit edicto, et eos, qui spectare sustinuissent, exsecratus est.

XXXI. Queri etiam palam de conditione temporum suorum solebat, quod nullis calamitatibus publicis insignirentur : Augusti principatum clade Variana; Tiberii, ruina spectaculorum apud Fidenas, memorabilem factum : suo oblivionem imminere prosperitate rerum. Atque identidem exercituum cædes, famem, pestilentiam, incendia, hiatum aliquem terræ optabat.

XXXII. Animum quoque remittenti, ludoque et epulis dedito, eadem dictorum factorumque sævitia aderat. Sæpe in conspectu prandentis vel comissantis seriæ quæstiones per tormenta habebantur. Miles decollandi artifex quibuscunque e custodia capita amputabat. Puteolis, dedicatione pontis, quem excogitatum ab eo significavimus, quum multos e litore invitasset ad se,

saire en présence de tant d'accusateurs. » Il ne cessait d'invectiver l'ordre des chevaliers, comme n'étant attaché qu'à la scène et aux jeux. Irrité contre la foule qui applaudissait contre son gré, il s'écria : « Oh! si le peuple romain n'avait qu'une seule tête! » Comme l'on demandait d'amener dans l'arène le voleur Tetrinius, il dit « que ceux qui le réclamaient étaient aussi des Tetrinius. » Cinq des champions en tunique que l'on appelle *rétiaires*[74], et qui combattent en troupe, ayant succombé sans résistance à tout autant de gladiateurs, on avait résolu de les faire mourir; mais l'un d'eux, reprenant sa fourche, tua tous les vainqueurs : Caïus s'en plaignit dans un édit comme du meurtre le plus cruel, et il maudit ceux qui avaient pu supporter ce spectacle.

XXXI. On l'entendait aussi se plaindre du temps dans lequel il vivait, en ce qu'il n'était affligé d'aucune calamité publique, tandis que le règne d'Auguste avait été mémorable par la défaite de Varus, celui de Tibère par la chute de l'amphithéâtre de Fidènes. Il ajoutait que le bien-être général menaçait le sien d'oubli, et il souhaitait le massacre de ses armées, la famine, la peste, les incendies, ou que quelque gouffre s'ouvrît au sein de la terre.

XXXII. Cette cruauté présidait à ses actions et à ses paroles, lors même qu'il se livrait à une récréation, ou qu'il s'adonnait aux jeux et aux repas. Souvent, pendant qu'il dînait ou qu'il soupait avec ses amis, on appliquait la question sous ses yeux. Un soldat, habile dans l'art de décapiter, coupait indifféremment toutes les têtes des prisonniers. A la dédicace du pont qu'il imagina de construire à Pouzzoles, il appela près de lui beaucoup de personnes qui étaient sur le rivage;

repente omnes præcipitavit. Quosdam gubernacula apprehendentes, contis remisque detrusit in mare. Romæ publico epulo servum, ob detractam lectis argenteam laminam, carnifici confestim tradidit, ut manibus abscisis, atque ante pectus e collo pendentibus, præcedente titulo, qui causam pœnæ indicaret, per cœtus epulantium circumduceretur. Mirmillonem e ludo, rudibus secum batuentem, et sponte prostratum, confodit ferrea sica, ac more victorum cum palma discucurrit. Admota altaribus victima, succinctus poparum habitu, elato alte malleo, cultrarium mactavit. Lautiore convivio effusus subito in cachinnos, consulibus, qui juxta cubabant, quidnam rideret, blande quærentibus : « Quid, inquit, nisi uno meo nutu jugulari utrumque vestrum statim posse? »

XXXIII. Inter varios jocos, quum assistens simulacro Jovis Apellem tragœdum consuluisset, uter illi major videretur, cunctantem flagellis discidit, collaudans subinde vocem deprecantis, quasi etiam in gemitu prædulcem. Quoties uxoris vel amiculæ collum exoscularetur, addebat, « Tam bona cervix, simul ac jussero, demetetur. » Quin et subinde jactabat, « exquisiturum se vel fidiculis de Cæsonia sua, cur eam tanto opere diligeret. »

tout à coup, il les fit tous précipiter dans la mer. Quelques-uns d'entre eux s'attachaient au gouvernail des navires : il les fit enfoncer à coups de rame et d'aviron. A Rome, dans un repas public, un esclave avait dérobé une lame d'argent qui garnissait un lit : il le remit sur-le-champ au bourreau, lui fit couper les mains et les fit suspendre à son cou; puis on promena cet esclave de convive en convive, en le faisant précéder d'un écriteau qui indiquait la cause de sa peine. Un gladiateur de ceux appelés *mirmillons*, s'exerçant avec lui à la baguette, fit semblant d'être vaincu, et s'étendit par terre; Caïus le perça d'un poignard; et, chargé de palmes, courut çà et là comme un vainqueur. Une victime était prête devant l'autel : Caïus se ceignit à la manière de ceux qui égorgent les victimes [75], éleva fort haut le maillet, et en frappa le sacrificateur. A un repas splendide, on le vit tout à coup éclater de rire; les consuls, assis à côté de lui, lui demandèrent, avec affabilité, pourquoi il riait : « C'est, dit-il, que je pense que, d'un seul geste, je puis vous faire étrangler tous deux. »

XXXIII. Un jour qu'il se mit à côté de la statue de Jupiter, il demanda, entre autres plaisanteries, à l'acteur tragique Apelle [76], lequel des deux lui paraissait le plus grand; et, comme cet acteur tardait à répondre, il le fit battre de verges, en louant beaucoup sa voix suppliante « qui, disait-il, était douce jusque dans ses gémissemens. » Chaque fois qu'il baisait le cou de sa femme ou de sa maîtresse, il ajoutait : « Cette tête si bonne sera moissonnée quand je le voudrai. » Souvent, il disait « qu'il voulait savoir de sa Césonia, fût-ce même par les tourmens de la question, pourquoi il l'aimait tant. »

XXXIV. Nec minore livore ac malignitate, quam superbia sævitiaque, pæne adversus omnis ævi hominum genus grassatus est. Statuas virorum illustrium, ab Augusto ex Capitolina area propter angustias in Martium campum collatas, ita subvertit atque disjecit, ut restitui salvis titulis non potuerint : vetuitque posthac viventium cuiquam usquam statuam aut imaginem, nisi se consulto et auctore, poni. Cogitavit etiam de Homeri carminibus abolendis; « Cur enim sibi non licere, dicens, quod Platoni licuisset, qui eum e civitate, quam constituebat, ejecerit? » Sed et Virgilii ac Titi Livii scripta et imagines, paulum abfuit, quin ex omnibus bibliothecis amoveret : quorum alterum, ut « nullius ingenii, minimæque doctrinæ; » alterum, ut « verbosum in historia, negligentemque » carpebat. De juris quoque consultis, quasi scientiæ eorum omnem usum aboliturus, sæpe jactavit, « se, mehercle, effecturum, ne qui respondere possint præter eum. »

XXXV. Vetera familiarum insignia nobilissimo cuique ademit : Torquato torquem ; Cincinnato crinem ; Cn. Pompeio, stirpis antiquæ, Magni cognomen. Ptolomæum, de quo retuli, et arcessitum e regno, et exceptum honorifice, non alia de causa repente perculit, quam quod, edente se munus, ingressum spectacula, convertisse hominum oculos fulgore purpureæ abollæ animadvertit. Pulchros et comatos, quoties sibi occur-

XXXIV. Il n'y eut pas moins d'envie et de malignité dans sa conduite envers les hommes de tous les siècles, que d'orgueil et de cruauté dans son caractère. Il renversa et dispersa si bien les statues des hommes illustres qu'Auguste avait fait transférer au Champ-de-Mars, du Capitole où elles étaient à l'étroit, que jamais on ne put en retrouver les inscriptions, ni les restituer. Il défendit qu'à l'avenir on élevât l'image ou la statue d'aucun vivant sans qu'il l'eût permis. Il conçut aussi la pensée de détruire les vers d'Homère : « Pourquoi, disait-il, ne me permettrait-on pas la même chose qu'à Platon, qui le bannit de sa république? » Il s'en fallut de peu qu'il n'éloignât de toutes les bibliothèques les écrits et les images de Virgile et de Tite-Live : « l'un, selon lui, n'avait ni génie, ni savoir, et l'autre était un historien verbeux et négligé. » Il se vantait aussi qu'il ferait tomber en désuétude la science des jurisconsultes, disant « qu'il ferait si bien, que personne ne donnerait plus d'avis que lui. »

XXXV. Il enleva aux plus nobles les insignes honorifiques de leurs familles : à Torquatus le collier, à Cincinnatus la chevelure, à Cn. Pompée, qui était de l'antique famille de ce nom[77], le titre de *Grand*. Il avait fait venir de son royaume, et reçu avec honneur ce Ptolémée dont j'ai parlé ; et il n'eut, pour le perdre, d'autre raison, si ce n'est qu'en entrant aux jeux, il avait attiré sur lui tous les regards par l'éclat de son manteau de pourpre. Chaque fois qu'il rencontrait des hommes beaux et d'une riche chevelure, il

rerent, occipitio raso deturpabat. Erat Esius Proculus patre primipilari, ob egregiam corporis amplitudinem et speciem *Colosseros* dictus. Hunc e spectaculis detractum repente, et in arenam deductum, Threci, et mox hoplomacho comparavit : bisque victorem constringi sine mora jussit, et pannis obsitum vicatim circumduci, ac mulieribus ostendi, deinde jugulari. Nullus denique tam abjectæ conditionis, tamque extremæ sortis fuit, cujus non commodis obtrectaret. Nemorensi regi, quod multos jam annos potiretur sacerdotio, validiorem adversarium subornavit. Quum quodam die muneris, essedario Porio, ob prosperam pugnam servum suum manumittenti, studiosius plausum esset, ita se proripuit e spectaculis, ut, calcata lacinia togæ, præceps per gradus iret, indignabundus et clamitans, « dominum gentium populum ex re levissima plus honoris gladiatori tribuentem, quam consecratis principibus, aut præsenti sibi. »

XXXVI. Pudicitiæ neque suæ, neque alienæ pepercit. M. Lepidum, Mnesterem pantomimum, quosdam obsides dilexisse fertur, commercio mutui stupri. Valerius Catullus, consulari familia juvenis, stupratum a se, ac latera sibi contubernio ejus defessa, etiam vociferatus est. Super sororum incesta, et notissimum prostitutæ Pyrallidis amorem, non temere ulla illustriore femina abstinuit : quas plerumque cum maritis ad cœnam vo-

leur faisait raser le derrière de la tête. Un certain Esius Proculus, fils d'un primilaire, était, pour la beauté et la force de son corps, surnommé *l'Amour-colosse*; Caïus le fit inopinément saisir au spectacle, le jeta dans l'arène, et lui donna à combattre d'abord un gladiateur, de ceux appelés *thrèces*, puis un homme armé de toutes pièces. Proculus fut deux fois vainqueur; mais Caïus le fit aussitôt garrotter et couvrir de haillons : on le conduisit de quartier en quartier, pour le montrer aux femmes, après quoi il fut égorgé. Il n'y avait homme de si basse condition, de si petite fortune dont il ne troublât le bien-être. Il suscita un concurrent plus robuste au grand-prêtre de Diane[78], parce que celui-ci était en possession du sacerdoce depuis plusieurs années. Un jour, on applaudit avec ardeur Porius, gladiateur de char, parce qu'après un combat heureux il avait affranchi son esclave; Caïus sortit avec tant de fureur et de précipitation, que, marchant sur un pan de sa toge, il tomba du haut des degrés; il s'écriait avec indignation « que le peuple souverain des nations, pour la plus légère cause, accordait plus d'honneur à un gladiateur qu'à ses princes déifiés, ou à lui-même, qui était présent. »

XXXVI. Il n'épargna ni sa pudeur, ni celle d'autrui. On dit qu'il aima M. Lepidus, le pantomime Mnester[79] et quelques ôtages, et qu'il entretint avec eux un commerce honteux. Valerius Catulle, jeune homme de famille consulaire, criait partout que Caïus s'était livré à lui, et qu'il avait les côtes rompues d'avoir passé les nuits avec lui. Il ne se contenta point de ses incestes avec ses sœurs, ni de son amour si connu pour Pyrallis la prostituée; il ne lui arrivait guère de laisser intactes les

catas, præterque pedes suos transeuntes, diligenter ac lente, mercantium more, considerabat; etiam faciem manu allevans, si quæ pudore summitterent. Quoties deinde libuisset, egressus triclinio, quum maxime placitam sevocasset, paulo post, recentibus adhuc lasciviæ notis, reversus vel laudabat palam, vel vituperabat; singula enumerans bona malave corporis, atque concubitus. Quibusdam, absentium maritorum nomine, repudium ipse misit, jussitque in acta ita referri.

XXXVII. Nepotatus sumtibus omnium prodigorum ingenia superavit, commentus novum balnearum usum, portentosissima genera ciborum atque cœnarum : ut calidis frigidisque unguentis lavaretur, pretiosissimas margaritas aceto liquefactas sorberet, convivis ex auro panes et opsonia apponeret, « aut frugi hominem esse oportere, dictitans, aut Cæsarem. » Quin et nummos non mediocris summæ e fastigio basilicæ Juliæ per aliquot dies sparsit in plebem. Fabricavit et deceres liburnicas, gemmatis puppibus, versicoloribus velis, magna thermarum et porticuum et tricliniorum laxitate, magnaque etiam vitium et pomiferarum arborum varietate : quibus discumbens de die inter choros ac symphonias, litora Campaniæ peragraret. In exstructionibus prætoriorum atque villarum, omni ratione posthabita, nihil tam effi-

femmes de famille illustre : le plus souvent, il les invitait à souper avec leurs maris, puis les faisait passer à ses pieds, les regardait avec attention et lentement, comme s'il eût été question de les acheter. Si quelques-unes baissaient les yeux par pudeur, il leur relevait le visage de la main. Ensuite, il sortait de la salle à manger autant de fois qu'il lui plaisait, en appelant celle qu'il avait préférée, et revenait peu après avec les marques récentes du plaisir, en louant ou critiquant ouvertement ce qu'il y avait de beau ou de laid sur leur corps, et en faisant le compte de ses exploits. Il répudia quelques femmes au nom de leurs maris absens, et ordonna l'insertion de ces divorces dans les registres publics.

XXXVII. En fait de dérèglemens, il surpassa toutes les inventions des prodigues [80]; il imagina une nouvelle espèce de bains, ainsi que les repas et les mets les plus extraordinaires. Il se faisait parfumer d'essences chaudes et froides, il avalait les perles les plus précieuses, après les avoir dissoutes dans le vinaigre; il servait à ses convives des pains et des viandes d'or, disant « qu'il fallait être économe ou vivre en César. » Pendant plusieurs jours, il prodigua au peuple une somme considérable de monnaies, qu'il jetait du haut de la basilique de Julia. Il fit construire des vaisseaux liburniens à dix rangs de rames : les poupes étaient garnies de pierreries, les voiles étaient de diverses couleurs. Sur ces vastes bâtimens, il y avait des bains, des portiques, des salles à manger; enfin, on y voyait des vignes et des arbres fruitiers. Caïus s'y couchait, et parcourait les côtes de Campanie au son des chœurs et des symphonies. Dans la construction de ses palais et de ses maisons de campagne, il ne tenait pas

cere concupiscebat, quam quod posse effici negaretur. Et jactae itaque moles infesto ac profundo mari, et excisae rupes durissimi silicis, et campi montibus aggere aequati, et complanata fossuris montium juga, incredibili quidem celeritate, quum morae culpa capite lueretur. Ac, ne singula enumerem, immensas opes, totumque illud Tiberii Caesaris vicies ac septies millies sestertium non toto vertente anno absumsit.

XXXVIII. Exhaustus igitur atque egens, ad rapinas convertit animum, vario et exquisitissimo calumniarum et auctionum et vectigalium genere. Negabat, jure civitatem romanam usurpare eos, quorum majores sibi posterisque eam impetrassent, nisi filii essent : neque enim intelligi debere *posteros* ultra hunc gradum : prolataque Divorum Julii et Augusti diplomata, ut vetera et obsoleta, delebat. Arguebat et perperam editos census, quibus postea quacunque de causa quicquam incrementi accessisset. Testamenta primipilarium, qui ab initio principatus Tiberii neque illum, neque se heredem reliquissent, ut ingrata rescidit; item ceterorum, ut irrita et vana, quoscunque quis diceret herede Caesare mori destinasse. Quo metu injecto, quum jam et ab ignotis inter familiares, et a parentibus inter liberos, palam heres nuncuparetur, derisores vocabat, quod post nuncupationem vivere perseverarent, et

compte des règles de l'art, et ne souhaitait rien tant que d'exécuter ce qui paraissait inexécutable. En conséquence, il fit construire des digues dans les mers les plus dangereuses et les plus profondes, et tailler des rochers de la pierre la plus dure. Il éleva des plaines à l'égal des montagnes, et nivela les sommets les plus élevés : le tout avec une incroyable célérité, car le moindre retard était puni de mort. En un mot, et pour ne point m'arrêter aux détails, les immenses trésors de Tibère, montant à deux milliards sept cents millions de sesterces*, furent épuisés en moins d'un an [81].

XXXVIII. Quand il fut à sec et sans ressource, il eut recours à la rapine, et imagina un nouveau genre de chicanes, d'enchères et d'impôt : il nia le droit de cité aux descendans de ceux qui l'avaient obtenu pour eux et leur postérité, à moins qu'ils n'en fussent les fils, se refusant à étendre à un degré plus éloigné la signification du mot *posteri*. Quand on produisait des titres émanés de Jules César ou d'Auguste, il les annulait, disant qu'ils étaient vieillis et tombés en désuétude. Lorsqu'une fortune s'était accrue d'une manière quelconque, il soutenait que le cens avait été faussement indiqué [82]. Il rescinda les testamens des primipilaires [83] qui, ayant fait des dispositions depuis le commencement du règne de Tibère, n'avaient institué héritier ni cet empereur ni lui-même. Il annula pareillement les testamens des autres citoyens; il suffisait, pour cela, que quelqu'un prétendît qu'ils avaient manifesté l'intention de mourir en désignant César pour héritier. La terreur qu'il jeta dans les esprits fit que des inconnus le nommèrent ouvertement parmi leurs amis, des parens parmi leurs

---

* 325,960,000 fr.

multis venenatas macteas misit. Cognoscebat autem de talibus causis, taxato prius modo summæ, ad quem conficiendum consideret : confecto demum excitabatur. Ac ne paululum quidem moræ patiens, super quadraginta reos quondam ex diversis criminibus una sententia condemnavit, gloriatusque est expergefactæ somno Cæsoniæ, « quantum egisset, dum ea meridiaret. »

XXXIX. Auctione proposita, reliquias omnium spectaculorum subjecit et venditavit, exquirens per se pretia, et usque eo extendens, ut quidam immenso coacti quædam emere, ac bonis exuti, venas sibi inciderent. Nota res est, Aponio Saturnino inter subsellia dormitante, monitum a Caio præconem, ne prætorium virum, crebro capitis motu nutantem sibi, præteriret : nec licendi finem factum, quoad tredecim gladiatores sestertio nonagies ignoranti addicerentur. In Gallia quoque, quum damnatorum ornamenta, et supellectilem, et servos, atque etiam libertos, immensis pretiis vendidisset ; invitatus lucro, quicquid instrumenti veteris aulæ erat, ab Urbe repetiit; comprehensis ad deportandum meritoriis quoque vehiculis, et pistrinensibus jumentis : adeo, ut et panis Romæ sæpe deficeret, et litigatorum plerique, quod occurrere absentes ad vadimonium non possent, causa caderent. Cui instrumento distrahendo nihil non fraudis ac lenocinii

enfans; mais alors il les traitait de mauvais plaisans qui s'obstinaient à vivre après l'avoir institué, et il y en eut beaucoup auxquels il envoya des mets empoisonnés. Caïus jugeait ordinairement les causes, en fixant d'avance la somme qui serait le prix de son jugement, et il levait l'audience après l'avoir reçue. Toujours impatient, il condamna d'une seule sentence plus de quarante accusés poursuivis pour divers crimes; et, quand Césonia s'éveilla, il se vanta beaucoup de tout le travail qu'il avait fait pendant sa méridienne.

XXXIX. Ayant annoncé une enchère, il y soumit et fit vendre tout ce qui restait de l'appareil des spectacles, fixant lui-même les prix et poussant les mises, au point que quelques citoyens, forcés d'acheter à un taux immense, et se voyant dépouillés de leurs biens, s'ouvrirent les veines. C'est une chose connue, qu'Aponius Saturninus s'étant endormi sur les bancs, Caïus avertit le crieur de ne point oublier cet ancien préteur qui, par ses fréquens mouvemens de tête, paraissait faire des signes affirmatifs : on ne finit d'enchérir que lorsque treize gladiateurs lui eurent été de la sorte adjugés à son insu, et pour neuf millions de sesterces*. Ayant vendu dans la Gaule, et pour des prix immenses, les bijoux, les meubles, les esclaves, et même les affranchis des condamnés[84], l'appât du gain l'engagea à faire venir de Rome tout ce qu'il y avait de mobilier de la vieille cour. Il s'empara, pour le conduire, de voitures de louage et de chevaux de meunier; si bien que le pain manqua souvent à Rome, et que la plupart des plaideurs, ne pouvant venir à l'assignation, encoururent

---

* 1,753,200.

adhibuit : modo avaritiæ singulos increpans, et, « quod non puderet eos, locupletiores esse, quam se; » modo pœnitentiam simulans, quod principalium rerum privatis copiam faceret. Compererat, provincialem locupletem ducenta sestertia numerasse vocatoribus, ut per fallaciam convivio interponeretur, nec tulerat moleste, tam magno æstimari honorem cœnæ suæ. Huic postero die sedenti in auctione misit, qui nescio quid frivoli ducentis millibus traderet, diceretque, « cœnaturum apud Cæsarem, vocatu ipsius. »

XL. Vectigalia nova atque inaudita, primum per publicanos, deinde, quia lucrum exuberabat, per centuriones tribunosque prætorianos exercuit, nullo rerum aut hominum genere omisso, cui non tributi aliquid imponeret. Pro edulibus, quæ tota Urbe venirent, certum statutumque exigebatur : pro litibus atque judiciis, ubicunque conceptis, quadragesima summæ, de qua litigaretur; nec sine pœna, si quis composuisse vel donasse negotium convinceretur : ex gerulorum diurnis quæstibus pars octava, ex capturis prostitutarum, quantum quæque uno concubitu mereret. Additumque ad caput legis, ut tenerentur publico, et quæ meretricium, et qui lenocinium fecissent; nec non et matrimonia obnoxia essent.

la déchéance[85]. Il n'y avait sorte de fraude ou d'artifice qu'il n'employât pour se défaire de ce mobilier : il accusait tantôt les uns, tantôt les autres d'avarice, leur demandant « s'ils n'avaient pas honte d'être plus riches que lui. » Puis, il feignait de se repentir d'avoir prodigué à des particuliers tous les meubles des princes. Il apprit un jour qu'un riche provincial avait payé deux cents sesterces* aux appariteurs, pour l'admettre à sa table quoiqu'il ne fût pas invité : Caïus ne trouva point mauvais qu'on mît tant de prix à l'honneur de manger avec lui, et le lendemain, voyant le provincial assis à l'enchère, il lui envoya pour deux cent mille sesterces** un objet frivole, en lui faisant dire « que pour cette fois il souperait chez l'empereur, par son invitation. »

XL. Il leva des impôts nouveaux et inconnus jusqu'alors; d'abord par des fermiers publics, puis, lorsqu'il vit qu'il y gagnerait immensément, par les centurions et les tribuns de la garde prétorienne. Il n'y avait homme ni chose sur laquelle il ne trouvât à lever une espèce de tribut. Il y eut un droit fixe et certain sur les comestibles que l'on vendait à Rome; on préleva sur les procès et les jugemens, en quelque lieu qu'ils fussent rendus, le quarantième de la somme en litige; et même il y eut une peine pour ceux qui seraient convaincus d'avoir transigé ou renoncé à l'affaire. Les porte-faix furent obligés de donner le huitième de leur gain journalier; les prostituées, ce que chacune gagnait dans chaque acte particulier. Il fut ajouté à ce chapitre de la loi que l'on exigerait ce droit, et de celles qui avaient été entremetteuses, et de celles qui avaient été prostituées; les mariages même furent soumis à cette évaluation[86].

---

* 38 fr. 96 cent. — ** 38,960 fr.

XLI. Ejusmodi vectigalibus indictis, neque propositis, quum per ignorantiam scripturæ multa commissa fierent, tandem flagitante populo proposuit quidem legem, sed et minutissimis litteris, et angustissimo loco, uti ne cui describere liceret. Ac, ne quod non manubiarum genus experiretur, lupanar in Palatio constituit: distinctisque et instructis pro loci dignitate compluribus cellis, in quibus matronæ ingenuique starent, misit circum fora et basilicas nomenculatores ad invitandos in libidinem juvenes senesque, præbita advenientibus pecunia fenebri, appositisque, qui nomina palam subnotarent, quasi adjuvantium Cæsaris reditus. Ac ne ex lusu quidem aleæ compendium spernens, plus mendacio atque etiam perjurio lucrabatur. Et quondam proximo collusori demandata vice sua, progressus in atrium domus, quum prætereuntes duos equites romanos locupletes sine mora corripi confiscarique jussisset; exsultans rediit, gloriansque, nunquam se prosperiore alea usum.

XLII. Filia vero nata, paupertatem, nec jam imperatoria modo, sed et patria conquerens onera, collationes in alimoniam atque dotem puellæ recepit. Edixit et strenas ineunte anno se recepturum : stetitque in vestibulo ædium kalendis januariis ad captandas stipes, quas plenis ante eum manibus ac sinu omnis generis turba fundebat. Novissime contrectandæ pecuniæ cupi-

XLI. Ces impôts avaient été proclamés, mais non pas affichés; il se commettait beaucoup de contraventions, par ignorance de leurs dispositions. Caïus se décida enfin sur les demandes réitérées du peuple à afficher sa loi, mais en très-petits caractères, et dans un lieu très-étroit, afin que personne ne pût la copier. Enfin, pour essayer de toute espèce de rapine, il établit un mauvais lieu dans le Palatium, et fit diviser et meubler, selon la majesté du lieu, plusieurs cabinets. Il y plaça des dames romaines, et des hommes de condition libre; des esclaves nomenclateurs furent envoyés aux places publiques et dans les basiliques, pour inviter à la volupté les jeunes gens et les vieillards. L'on donnait aux arrivans de l'argent à gros intérêts, et des hommes chargés de ce soin recueillaient publiquement leurs noms, comme de gens qui favorisaient les revenus de César. Il ne dédaignait pas même les profits des jeux de dés; mais il en retirait bien plus encore de la fraude et du parjure. Un jour qu'il avait remis sa chance au joueur le plus voisin, il alla dans le vestibule de son palais; de là il fit saisir deux riches chevaliers romains qui passaient, et confisqua leurs biens. En rentrant, il ne se possédait pas de joie, et se vanta de n'avoir jamais amené un meilleur coup de dés [87].

XLII. Quand il lui naquit une fille, il se plaignit d'être pauvre, non-seulement en ce qui concernait les charges impériales, mais aussi pour remplir les devoirs de la paternité; en conséquence, il reçut des contributions pour l'élever et la doter. Il annonça encore qu'il accepterait des étrennes au commencement de l'année; et, le jour des calendes de janvier, il se plaça debout dans le vestibule de son palais, pour y attendre les cadeaux qu'une foule de gens de toute condition répandait devant

dine incensus, sæpe super immensos aureorum acervos, patentissimo diffusos loco, et nudis pedibus spatiatus, et toto corpore aliquamdiu volutatus est.

XLIII. Militiam resque bellicas semel attigit, neque ex destinato, sed quum ad visendum nemus flumenque Clitumni Mevaniam processisset, admonitus de supplendo numero Batavorum, quos circa se habebat, expeditionis germanicæ impetum cepit : neque distulit, sed legionibus et auxiliis undique excitis, delectibus ubique acerbissime actis, contracto et omnis generis commeatu, quanto nunquam antea, iter ingressus est : confecitque modo tam festinanter et rapide, ut prætorianæ cohortes contra morem signa jumentis imponere, et ita subsequi cogerentur; interdum adeo segniter et delicate, ut octophoro veheretur, atque a propinquarum urbium plebe verri sibi vias et conspergi propter pulverem exigeret.

XLIV. Postquam castra attigit, ut se acrem et severum ducem ostenderet, legatos, qui auxilia serius ex diversis locis adduxerant, cum ignominia dimisit. At in exercitu recensendo, plerisque centurionum maturis jam, et nonnullis ante paucissimos, quam consummaturi essent, dies, primos pilos ademit, causatus senium

lui à pleines mains, et dont chacun avait rempli jusqu'à ses vêtemens. Dans les derniers temps, enflammé du désir de toucher l'argent, il se promenait souvent nu-pieds sur d'immenses monceaux d'or, répandus dans un lieu très-vaste : quelquefois aussi il s'y roulait de tout son corps.

XLIII. Il ne s'essaya qu'une seule fois à la guerre et aux affaires militaires; encore ne fut-ce pas par suite d'un projet arrêté. Étant allé voir le bois sacré et le fleuve Clitumnus[88], il avait poussé jusqu'à Mevania; là, il lui vint à l'esprit de compléter la garde batave qu'il avait autour de lui, et sur-le-champ il entreprit son expédition de Germanie. Sans aucun délai, il leva de toutes parts des légions et des troupes auxiliaires, se montra fort sévère sur le recrutement, fit en tous genres des approvisionnemens tels qu'on n'en avait jamais vus, et se mit en route. Il marchait parfois avec tant de préoccupation et si rapidement, que, pour le suivre, les cohortes prétoriennes se virent contraintes, contre l'usage, de mettre leurs enseignes sur des bêtes de somme. Quelquefois aussi il s'avançait avec tant de négligence et de mollesse, que huit personnes portaient sa litière, et qu'il exigeait du peuple des villes voisines qu'on balayât les chemins, et qu'on les arrosât pour lui épargner la poussière.

XLIV. Lorsqu'il fut arrivé au camp, il congédia ignominieusement ceux de ses lieutenans qui avaient amené leurs troupes trop tard, car il voulait se montrer chef exact et sévère. Mais, à la revue qu'il fit de son armée, il prétexta la vieillesse et la faiblesse des centurions d'un âge mûr, et leur enleva leurs places de primipiles. Quelques-uns même n'avaient plus que quelques jours à ser-

cujusque et imbecillitatem : ceterorum increpita cupiditate, commoda emeritæ militiæ ad sex millium summam rescidit. Nihil autem amplius, quam Adminio, Cynobellini Britannorum regis filio, qui, pulsus a patre, cum exigua manu transfugerat, in deditionem recepto; quasi universa tradita insula, magnificas Romam litteras misit, monitis speculatoribus, ut vehiculo ad forum usque et curiam pertenderent, nec nisi in æde Martis, ac frequente senatu, consulibus traderent.

XLV. Mox, deficiente belli materia, paucos de custodia Germanos trajici, occulique trans Rhenum jussit, ac sibi post prandium quam tumultuosissime, adesse hostem, nunciari. Quo facto, proripuit se cum amicis et parte equitum prætorianorum in proximam silvam; truncatisque arboribus, et in modum tropæorum adornatis, ad lumina reversus, eorum quidem, qui secuti non essent, timiditatem et ignaviam corripuit; comites autem et participes victoriæ, novo genere ac nomine coronarum donavit, quas, distinctas solis ac lunæ siderumque specie, *exploratorias* appellavit. Rursus obsides quosdam, abductos e litterario ludo, clamque præmissos, deserto repente convivio cum equitatu insecutus, veluti profugos ac reprehensos in catenis reduxit; in hoc quoque mimo præter modum intemperans. Repetita coena, renunciantes coactum agmen, sicut erant, loricatos ad discumbendum adhortatus est. Monuit etiam

vir pour accomplir leur temps. Il accusa les autres de cupidité, et restreignit à six mille sesterces *[89] les avantages de la retraite. Du reste, il se borna, pour tout exploit, à recevoir la soumission d'Adminius[90], fils de Cynobellinus, roi des Bretons, qui, chassé par son père, s'était enfui avec fort peu de troupes. Néanmoins, comme si on lui eût livré l'île tout entière, Caïus écrivit à Rome des lettres pompeuses, ordonna aux courriers de se rendre en char au forum et jusqu'à la curie, et de ne remettre ces dépêches aux consuls que dans le temple de Mars et en plein sénat.

LXV. Bientôt, ne sachant plus contre qui guerroyer, il ordonna qu'on fît passer le Rhin à quelques Germains de sa garde, et qu'on les cachât, afin qu'après son dîner on vînt, avec le plus grand trouble, lui annoncer que l'ennemi était là. Cela fut fait : aussitôt il se précipita avec ses amis, et une partie des cavaliers prétoriens, dans le bois le plus voisin. Après y avoir coupé des arbres, et les avoir ornés en forme de trophées, il revint, à la lueur des flambeaux, accusant de timidité et de lâcheté ceux qui ne l'avaient point suivi. Quant aux compagnons qui avaient participé à sa victoire, il imagina pour eux un genre de couronnes, qu'il nomma d'un nom nouveau. Ces couronnes étaient ornées des images du soleil, de la lune et des astres, et il les appela *exploratoires*. Une autre fois, il fit enlever de l'école[91] et partir secrètement quelques jeunes ôtages; puis, quittant tout à coup le festin, il les poursuivit avec sa cavalerie, et les ramena chargés de chaînes, comme s'il les eût saisis dans leur fuite. Il ne garda pas plus de mesure dans cette comédie que dans tout le reste. Lorsqu'on revint à

* 1168 francs.

notissimo Virgilii versu, « Durarent, secundisque se rebus servarent. » Atque inter hæc absentem senatum populumque gravissimo objurgavit edicto, quod, « Cæsare prœliante, et tantis discriminibus objecto, tempestiva convivia, circum, et theatra, et amœnos secessus celebrarent. »

XLVI. Postremo, quasi perpetraturus bellum, directa acie in litore Oceani, ac balistis machinisque dispositis, nemine gnaro aut opinante, quidnam cœpturus esset, repente, ut conchas legerent, galeasque et sinus replerent, imperavit; « spolia Oceani » vocans, « Capitolio Palatioque debita. » Et in indicium victoriæ altissimam turrem excitavit, ex qua, ut ex Pharo, noctibus ad regendos navium cursus ignes emicarent : pronunciatoque militi donativo, centenis viritim denariis, quasi omne exemplum liberalitatis supergressus, « Abite, inquit, læti, abite locupletes. »

XLVII. Conversus hinc ad curam triumphi, præter captivos ac transfugas barbaros, Galliarum quoque procerissimum quemque, et, ut ipse dicebat, ἀξιοθριάμϐευτον, ac nonnullos ex principibus legit, ac seposuit ad pompam; coegitque non tantum rutilare et summittere comam, sed et sermonem germanicum addiscere, et nomina barbarica ferre. Præcepit etiam, triremes,

table, il dit à ceux qui lui annonçaient que la troupe était réunie, de s'asseoir cuirassés comme ils étaient. Il cita, dans cette occasion, un vers fort connu de Virgile, les engageant à *se conserver pour des temps plus heureux.* Cependant, il publia un édit très-sévère contre le sénat et contre le peuple, « sur ce qu'ils s'adonnaient à des excès de table 92, au cirque, au théâtre, et se retiraient à leurs maisons de campagne, pendant que César combattait et s'exposait à tant de dangers. »

XLVI. Enfin, comme s'il voulait terminer la guerre d'un coup, il dirigea son front de bataille vers le rivage de l'Océan, et disposa les machines et les balistes. Personne ne savait ni ne soupçonnait ce qu'il allait entreprendre; tout à coup il ordonna de ramasser des coquilles, et d'en remplir les casques et les vêtemens. « C'étaient, disait-il, des dépouilles de l'Océan; on les devait au Capitole et au Palatium. » Pour marquer sa victoire, il éleva une très-haute tour, du faîte de laquelle des feux devaient, comme d'un phare 93, briller durant les nuits, pour diriger la course des vaisseaux. Il décerna aussi des récompenses aux soldats; chacun eut cent deniers[*] : alors, comme s'il eût excédé toutes les libéralités des temps passés : « Allez-vous-en, dit-il, allez-vous-en joyeux et riches. »

XLVII. Occupé désormais du soin de son triomphe, il ne se contenta pas d'emmener les captifs et les transfuges barbares ; il choisit les Gaulois de la taille la plus grande, et, comme il le disait, de la tournure la plus triomphale, quelques-uns même des plus illustres familles, et les réserva pour le cortège. Non-seulement il les contraignit à se teindre les cheveux en blond, il

[*] 70 francs.

quibus introierat Oceanum, magna ex parte itinere terrestri Romam devehi. Scripsit et procuratoribus : « Triumphum appararent quam minima summa, sed quantus nunquam alius fuisset; quando in omnium hominum bona jus haberent. »

XLVIII. Priusquam provincia decederet, consilium iniit nefandæ atrocitatis, legiones, quæ post excessum Augusti seditionem olim moverant, contrucidandi, quod et patrem suum Germanicum ducem, et se, infantem tunc, obsedissent. Vixque a tam præcipiti cogitatione revocatus, inhiberi nullo potuit modo, quin decimare velle perseveraret. Vocatas itaque ad concionem inermes, atque etiam gladiis depositis, equitatu armato circumdedit. Sed quum videret, suspecta re, plerosque dilabi ad resumenda, si qua vis fieret, arma, profugit concionem, confestimque Urbem petiit, deflexa omni acerbitate in senatum, cui ad avertendos tantorum dedecorum rumores palam minabatur; querens inter cetera, fraudatum se justo triumpho, quum ipse paulo ante, ne quid de honoribus suis ageretur, etiam sub mortis pœna denunciasset.

XLIX. Aditus ergo in itinere a legatis amplissimi ordinis, ut maturaret, orantibus, quam maxima voce, « Veniam, inquit, veniam, et hic mecum, » capulum gladii crebro verberans, quo cinctus erat. Edixit et,

leur fit encore apprendre la langue germaine, et leur imposa des noms barbares. Il ordonna aussi d'envoyer par terre à Rome les galères sur lesquelles il était entré dans l'Océan ; enfin, il écrivit à ses gens d'affaires « de préparer son triomphe avec le moins de frais possible, mais de le faire tel que jamais on en eût vu de pareil, puisqu'ils avaient le droit de disposer des biens de tous. »

XLVIII. Avant de quitter la province, il conçut un projet d'une indicible atrocité : il voulut faire massacrer les légions qui autrefois s'étaient révoltées après la mort d'Auguste, et cela, parce qu'elles avaient tenu assiégé son père Germanicus, qui était leur chef, et lui-même, qui alors était enfant. On eut bien de la peine à le faire revenir de cette furieuse pensée, mais on ne put l'empêcher en aucune façon de persister à les décimer. Les ayant donc appelées comme pour les haranguer, elles vinrent sans armes, et déposèrent jusqu'à leurs glaives ; puis il les entoura de cavalerie. Cependant il s'aperçut qu'on soupçonnait son dessein, et que la plupart s'échappaient pour reprendre leurs armes, afin de résister à la violence ; aussitôt il partit pour Rome, reportant toute sa colère sur le sénat, contre lequel il proférait ouvertement des menaces, afin de détourner l'effet de bruits si fâcheux pour lui. Entre autres choses, il se plaignit que le sénat l'eût privé du triomphe d'usage, tandis que, peu auparavant, il avait lui-même défendu, sous peine de mort, qu'il fût fait aucune motion sur des honneurs à lui décerner.

XLIX. Les envoyés du sénat étant venus à sa rencontre, pour le prier de hâter son retour, « Je viendrai, s'écria-t-il d'une voix terrible, je viendrai, et celui-ci avec moi, » et il frappait à coups réitérés sur la garde

« reverti se, sed iis tantum, qui optarent, equestri ordini et populo : nam se neque civem neque principem senatui amplius fore. » Vetuit etiam, quemquam senatorum sibi occurrere : atque omisso, vel dilato triumpho, ovans Urbem natali suo ingressus est. Intraque quartum mensem periit, ingentia facinora ausus, et aliquanto majora moliens. Siquidem proposuerat Antium, deinde Alexandriam, commigrare, interemto prius utriusque ordinis electissimo quoque. Quod ne cui dubium videatur, in secretis ejus reperti sunt duo libelli, diverso titulo : alteri GLADIUS, alteri PUGIO index erat. Ambo nomina et notas continebant morti destinatorum. Inventa et arca ingens, variorum venenorum plena : quibus mox a Claudio demersis, infecta maria traduntur, non sine piscium exitio, quos enectos æstus in proxima litora ejecit.

L. Statura fuit eminenti, colore expallido, corpore enormi, gracilitate maxima cervicis et crurum, oculis et temporibus concavis, fronte lata et torva, capillo raro ac circa verticem nullo, hirsutus cetera. Quare, transeunte eo, prospicere ex superiore parte, aut omnino quacunque de causa *capram* nominare, criminosum et exitiale habebatur. Vultum vero natura horridum ac tetrum etiam ex industria efferabat, componens ad speculum in omnem terrorem ac formidinem. Valetudo ei neque corporis neque animi constitit. Puer comitiali

du glaive qui pendait à sa ceinture. Il dit aussi « qu'il revenait, mais seulement pour ceux qui le souhaitaient, c'est-à-dire pour l'ordre équestre et pour le peuple, » ajoutant « que le sénat ne le verrait plus ni citoyen ni prince. » Il défendit de plus qu'aucun sénateur vînt à sa rencontre, et, renonçant à son triomphe ou le différant, il rentra en ville le jour de sa naissance, avec le simple appareil de l'ovation. Caïus périt avant l'expiration du quatrième mois [94] : il avait commis de grands forfaits, il en méditait de plus affreux. Il songea d'abord à s'établir à Antium, puis il choisit Alexandrie ; mais auparavant il voulait faire mourir les citoyens les plus distingués des deux ordres. Cela n'est point douteux, car l'on trouva dans ses papiers secrets deux écrits, dont les titres étaient, pour l'un, *le Glaive*, pour l'autre, *le Poignard*. L'un et l'autre contenaient les noms et les désignations de ceux qu'il destinait à la mort. On trouva aussi un grand coffre rempli de divers poisons, et l'on dit que, quand Claude l'eut fait jeter à la mer, elle en fut infectée à tel point, que le flux jeta sur le rivage beaucoup de poissons qui en avaient péri [95].

L. Il était de haute stature, avait le teint fort pâle, le corps très-gros, mais son cou et ses jambes étaient maigres, ses yeux et ses tempes enfoncés ; son front était large et recourbé, ses cheveux étaient rares, et le sommet de la tête en était dégarni, quoique le reste du corps fût très-velu. Aussi, était-ce un sujet d'accusation fort dangereux que d'avoir regardé d'en haut à son passage, ou d'avoir, pour quelque raison que ce fût, prononcé le mot *chèvre*. Il s'étudiait à rendre plus terrible sa figure, que déjà la nature avait faite repoussante, et il n'est sorte d'effets de terreur et d'effroi qu'il n'ait essayés devant un miroir. Il n'était sain de corps ni d'es-

morbo vexatus, in adolescentia ita patiens laborum erat, ut tamen nonnunquam subita defectione ingredi, stare, colligere semet, ac sufferre vix posset. Mentis valetudinem et ipse senserat, ac subinde de secessu, deque purgando cerebro cogitavit. Creditur potionatus a Cæsonia uxore, amatorio quidem medicamento, sed quod in furorem verterit. Incitabatur insomnia maxime : neque enim plus quam tribus nocturnis horis quiescebat; ac ne his quidem placida quiete, sed pavida miris rerum imaginibus, ut qui inter ceteras, pelagi quondam speciem colloquentem secum videre visus sit. Ideoque magna parte noctis vigiliæ cubandique tædio, nunc toro residens, nunc per longissimas porticus vagus, invocare identidem atque exspectare lucem consuerat.

LI. Non immerito mentis valetudini attribuerim diversissima in eodem vitia, summam confidentiam, et contra nimium metum. Nam qui deos tanto opere contemneret, ad minima tonitrua et fulgura connivere, caput obvolvere, ad vero majora proripere se e strato, sub lectumque condere solebat. Peregrinatione quidem siciliensi, irrisis multorum locorum miraculis, repente a Messana noctu profugit, Ætnæi verticis fumo ac murmure pavefactus. Adversus barbaros quoque minacissimus, quum trans Rhenum inter angustias densumque agmen iter essedo faceret, dicente quodam, « non

prit. Quoique le mal caduc eût affligé son enfance, il supportait les fatigues dans son adolescence, mais non sans éprouver des défaillances subites qui lui laissaient à peine la faculté de marcher, de se tenir debout, de revenir à lui, ou de se soutenir. Il avait connu lui-même le mauvais état de son esprit, et il songea à la retraite et à se purifier la cervelle. On croit qu'il reçut de Césonia un breuvage[97] qui devait être un philtre amoureux, mais qui le mit en fureur. Il était excité surtout par les insomnies, car il ne dormait pas plus de trois heures par nuit; encore ne goûtait-il pas un plein repos. Son sommeil était agité par les plus singulières images; par exemple, il vit un jour la mer s'entretenir avec lui. Aussi, le dégoût de veiller et d'être couché lui fit-il prendre l'habitude de passer la plus grande partie de la nuit tantôt assis sur son lit, tantôt en se promenant dans de longues galeries, en invoquant à vœux réitérés, et en attendant le retour du jour.

LI. C'est avec raison, sans doute, que j'imputerai au mauvais état de son esprit les vices les plus opposés de son caractère, l'excès de la confiance et l'excès de la crainte. Celui-là même qui méprisait si fort les dieux fermait l'œil au moindre éclair, au plus léger coup de tonnerre; quand l'orage était plus fort, il s'élançait de sa couche, et se cachait sous son lit. Dans son voyage de Sicile, il se moqua des miracles dont se vantaient beaucoup de villes, mais il s'enfuit la nuit de Messine, parce qu'au haut de l'Etna se montra de la fumée, et qu'un murmure souterrain se fit entendre. Il avait sans cesse à la bouche des menaces contre les barbares; mais, un jour, se trouvant au delà du Rhin, dans un défilé,

mediocrem fore consternationem, sicunde hostis appareat, » equum illico conscendit; ac propere reversus ad pontes, ut eos calonibus et impedimentis stipatos reperit, impatiens moræ, per manus ac super capita hominum translatus est. Mox etiam, audita rebellione Germaniæ, fugam et subsidia fugæ, classes apparabat; uno solatio acquiescens, transmarinas certe sibi superfuturas provincias, si victores Alpium juga, ut Cimbri, vel etiam Urbem, ut Senones quondam, occuparent: unde credo, percussoribus ejus postea consilium natum apud tumultuantes milites ementiendi, ipsum sibi manus intulisse, nuncio malæ pugnæ perterritum.

LII. Vestitu calciatuque, et cetero habitu, neque patrio, neque civili, ac ne virili quidem, ac denique humano, semper usus est. Sæpe depictas gemmatasque indutus pænulas, manuleatus et armillatus in publicum processit: aliquando sericatus, et cycladatus: ac modo in crepidis vel cothurnis, modo in speculatoria caliga, nonnunquam socco muliebri, plerumque vero aurea barba, fulmen tenens, aut fuscinam, aut caduceum, deorum insignia, atque etiam Veneris cultu conspectus est. Triumphalem quidem ornatum etiam ante expeditionem assidue gestavit; interdum et Magni Alexandri thoracem, repetitum e conditorio ejus.

LIII. Ex disciplinis liberalibus minimum eruditioni,

au milieu des rangs serrés de ses troupes, il entendit dire à quelqu'un que si l'ennemi apparaissait subitement, cela ne produirait pas une médiocre confusion : aussitôt il se mit à cheval, et s'en retourna précipitamment vers le pont; mais le voyant encombré par les bagages et les valets de l'armée, il ne put souffrir ce retard, et se fit porter à bras, par dessus la tête de ceux qui y étaient. Un jour, il apprit que la Germanie s'était révoltée; tout aussitôt il prépara sa fuite et rassembla une flotte. Son unique consolation était qu'il conserverait du moins les provinces d'outre-mer, si les vainqueurs franchissaient les Alpes, à l'exemple des Cimbres, ou s'ils occupaient Rome, à l'exemple des Sénonais. Je crois que c'est ce qui donna à ses meurtriers l'idée de dire aux soldats, que sa mort avait mis en effervescence, qu'il s'était tué lui-même à la nouvelle d'une défaite.

LII. Ses vêtemens, sa chaussure et sa tenue en général n'étaient ni d'un Romain, ni d'un citoyen, ni même d'un homme. Souvent il portait une espèce de casaque peinte et ornée de pierreries, et se montrait ainsi en public, avec des manches et des bracelets; d'autres fois, il était vêtu de soie, et s'habillait d'une jupe[98]. Tantôt il se chaussait de semelles ou de cothurnes, tantôt il mettait la botte militaire, tantôt enfin des socques de femme; mais, le plus ordinairement, il paraissait avec une barbe d'or, tenant en main la foudre, le trident ou le caducée, insignes des dieux; on le vit aussi avec les attributs de Vénus. Quant aux ornemens du triomphe, il les porta fréquemment avant son expédition, et quelquefois il revêtait la cuirasse d'Alexandre-le-Grand, qu'il avait fait tirer de son tombeau.

LIII. En fait d'études libérales, il s'adonna fort peu

eloquentiæ plurimum attendit, quantumvis facundus et promtus, utique, si perorandum in aliquem esset. Irato et verba et sententiæ suppetebant; pronunciatio quoque et vox, ut neque eodem loci præ ardore consisteret, et exaudiretur a procul stantibus. Peroraturus, « stricturum se lucubrationis suæ telum, » minabatur; lenius comtiusque scribendi genus adeo contemnens, ut Senecam, tum maxime placentem, « commissiones meras » componere, et « arenam esse sine calce, » diceret. Solebat etiam prosperis oratorum actionibus rescribere, et magnorum in senatu reorum accusationes defensionesque meditari; ac, prout stylus cesserat, vel onerare sententia sua quemque, vel sublevare; equestri quoque ordine ad audiendum invitato per edicta.

LIV. Sed et aliorum generum artes studiosissime et diversissimas exercuit, Threx et auriga, idem cantor, atque saltator. Batuebat pugnatoriis armis, aurigabat exstructo plurifariam circo. Canendi ac saltandi voluptate ita efferebatur, ut ne publicis quidem spectaculis temperaret, quo minus et tragœdo pronuncianti concineret, et gestum histrionis quasi laudans vel corrigens palam effingeret. Nec alia de causa videtur eo die, quo periit, pervigilium indixisse, quam ut initium in scenam prodeundi licentia temporis auspicaretur. Saltabat autem nonnunquam etiam noctu : et quondam tres consulares secunda vigilia in Palatium accitos, multa-

à l'érudition, beaucoup à l'éloquence ; il avait la parole abondante et facile, surtout quand il s'agissait de parler contre quelqu'un. La colère lui fournissait les mots et les idées, la prononciation et la voix répondaient à son emportement ; il ne pouvait plus se tenir en place, et les personnes les plus éloignées le comprenaient. Quand il devait parler, il menaçait de « s'armer des traits de ses veilles. » Il méprisait tellement le style doux et élégant, qu'il disait de Sénèque, l'auteur qui plaisait alors le plus généralement, qu'il n'écrivait que de vaines amplifications d'école, et que c'était un sable sans ciment. Il avait coutume encore de répondre aux discours des orateurs qui avaient obtenu des suffrages, et il entreprenait de défendre devant le sénat, ou d'attaquer les accusés : alors, selon que l'entraînait sa plume, il les accablait de son opinion ou les sauvait du danger. Dans ces occasions, il invitait, par une publication, l'ordre des chevaliers à venir l'entendre.

LIV. Il exerça avec beaucoup d'ardeur des talens d'un autre genre, et même les plus opposés. Il était gladiateur et cocher, chanteur et danseur. Il s'escrimait avec des armes acérées, et conduisait des chars dans le cirque qu'il avait fait construire. Il était tellement emporté par le plaisir de chanter et de danser, qu'au spectacle il ne pouvait s'empêcher de chanter avec le tragédien qui était en scène, et que, soit pour le louer, soit pour le reprendre, il imitait publiquement le geste de l'histrion. Le jour où il fut tué, il ne paraît pas avoir eu d'autre raison d'indiquer une veille générale que pour faire, à la faveur de l'obscurité, son début sur la scène. Souvent il dansait aussi la nuit ; on se rappelle qu'il fit

que et extrema metuentes, super pulpitum collocavit; deinde repente magno tibiarum et scabellorum crepitu, cum palla tunicaque talari prosiluit, ac desaltato cantico abiit. Atque hic tam docilis ad cetera, natare nesciit.

LV. Quorum vero studio teneretur, omnibus ad insaniam favit. Mnesterem pantomimum etiam inter spectacula osculabatur : ac si quis saltante eo vel leniter obstreperet, detrahi jussum manu sua flagellabat. Equiti romano tumultuanti per centurionem denunciavit, abiret sine mora Ostiam, perferretque ad Ptolemæum regem in Mauritaniam codicillos suos. Quorum exemplum erat : « Ei, quem istuc misi, neque boni quicquam, neque mali, feceris. » Threces quosdam Germanis corporis custodibus præposuit. Mirmillonum armaturas recidit. Columbo victori, leviter tamen saucio, venenum in plagam addidit, quod ex eo *Columbinum* appellavit. Sic certe inter alia venena scriptum ab eo repertum est. Prasinæ factioni ita addictus et deditus, ut cœnaret in stabulo assidue, et maneret. Agitatori Eutycho commissatione quadam in apophoretis vicies sestertium contulit. Incitato equo, cujus causa pridie Circenses, ne inquietaretur, viciniæ silentium per milites indicere solebat, præter equile marmoreum, et præsepe eburneum, præterque purpurea tegumenta, ac monilia e gemmis, domum etiam, et familiam, et supellectilem

venir au Palatium, à la seconde veille, trois hommes consulaires : ils craignaient les plus affreux malheurs; mais, quand on les eut placés sur l'avant-scène, Caïus parut, au grand bruit des trompettes et des pédales[100]; puis, vêtu d'un manteau et d'une longue robe, il s'élança sur le théâtre, et quand il eut dansé, il se retira. Cet homme, si docile à tout apprendre, ne savait pas nager.

LV. Il poussait jusqu'à la démence sa faveur envers ceux qu'il aimait. Il embrassait le pantomime Mnester, même en plein spectacle. Si, pendant qu'il dansait, quelqu'un faisait le moindre bruit, il le faisait entraîner, et le fouettait de sa main. Un chevalier romain occasiona du tapage; il lui fit ordonner par un centurion de se rendre sur-le-champ à Ostie, et de porter en Mauritanie, à Ptolémée, des lettres dont le contenu était : « Ne faites à celui que je vous envoie ni bien ni mal. » Il mit à la tête de sa garde germaine quelques gladiateurs de ceux appelés Thrèces; il diminua l'armure des Mirmillons[101]. L'un d'eux, Columbus, étant vainqueur, mais légèrement blessé, il mit du poison dans la plaie, et depuis lors nomma ce poison *Columbinum*, ainsi qu'on le trouva écrit de sa main, parmi les autres étiquettes de ses poisons. Il s'était tellement voué et abandonné à la faction des verts[102], qu'il soupait souvent dans leur écurie, et y passait la nuit. Après un repas, il donna jusqu'à deux millions de sesterces* à titre de présent de table à Eutychus le coureur de char. La veille des jeux du Cirque, il faisait ordonner le silence à tout le voisinage, pour qu'on ne troublât point le repos d'Incitatus, son cheval. Outre une écurie de marbre, une crèche d'ivoire, des couvertures de pourpre, des licous garnis de pierres précieuses, il

* 369,600 francs.

dedit, quo lautius nomine ejus invitati acciperentur : consulatum quoque traditur destinasse.

LVI. Ita bacchantem atque grassantem non defuit plerisque animus adoriri. Sed una alteraque conspiratione detecta, aliis per inopiam occasionis cunctantibus, duo consilium communicaverunt, perfeceruntque : non sine conscientia potentissimorum libertorum, præfectorumque prætorii; quod ipsi quoque, etsi falso, in quadam conjuratione quasi participes nominati, suspectos tamen se et invisos sentiebant. Nam et statim seductis magnam fecit invidiam, destricto gladio affirmans, « sponte se periturum, si et illis morte dignus videretur : » nec cessavit ex eo criminari alterum alteri, atque inter se omnes committere. Quum placuisset Palatinis ludis spectaculo egressum meridie aggredi, primas sibi partes Cassius Chærea, tribunus cohortis prætoriæ, depoposcit : quem Caius seniorem jam, ut mollem et effeminatum denotare omni probro consuerat, et modo, signum petenti, *Priapum* aut *Venerem* dare, modo, ex aliqua causa agenti gratias, osculandam manum offerre, formatam commotamque in obscœnum modum.

LVII. Futuræ cædis multa prodigia exstiterunt. Olympiæ simulacrum Jovis, quod dissolvi transferrique Romam placuerat, tantum cachinnum repente edidit, ut

lui fit don d'un palais, composa sa maison, et lui donna un mobilier, afin que ceux qu'on inviterait en son nom fussent reçus plus magnifiquement. On dit même qu'il lui destinait le consulat.

LVI. Le courage ne manquait point à la plupart des Romains, pour l'attaquer au milieu de ses fureurs et de ses folies. Deux conspirations cependant furent découvertes [103], et, pendant que d'autres hésitaient faute d'occasion, deux hommes s'entendirent, et accomplirent leur dessein, non sans se ménager des intelligences avec les plus puissans de ses affranchis, et avec les préfets du prétoire. Ceux-ci avaient été désignés, quoique à tort, comme faisant partie d'un complot, et ils avaient bien compris que depuis lors ils étaient suspects et odieux. Dans le premier moment, Caïus les avait pris à part, leur avait fait de graves reproches, et, le glaive nu, il avait protesté « qu'il se tuerait de sa main, s'il leur semblait digne de mort. » Il ne cessa depuis lors de se plaindre des uns aux autres, et de les compromettre entre eux. On résolut de l'attaquer à midi, quand il sortirait des jeux Palatins; Cassius Chérea, tribun de la cohorte prétorienne, demanda pour lui le premier coup. Il était déjà d'un âge avancé, et Caïus ne cessait de lui prodiguer l'outrage, en le traitant de mou et d'efféminé. S'il venait lui demander le mot d'ordre, il lui répondait *Priape* ou *Vénus*; s'il lui faisait quelque remercîment, il lui présentait sa main à baiser, mais il la disposait et la remuait d'une manière obscène.

LVII. Plusieurs prodiges annoncèrent ce meurtre. A Olympie, la statue de Jupiter, qu'il voulait enlever pour la transférer à Rome, fit un si violent éclat de rire, que

machinis labefactis opifices diffugerint. Supervenitque illico quidam Cassius quoque nomine, jussum se somnio affirmans, immolare taurum Jovi. Capitolium Capuæ idibus martiis de cœlo tactum est : item Romæ cella Palatini atriensis. Nec defuerunt, qui conjectarent, altero ostento periculum a custodibus domino portendi; altero, cædem rursus insignem, qualis eodem die facta quondam fuisset. Consulenti quoque de genitura sua, Sulla mathematicus, « certissimam necem appropinquare, » affirmavit. Monuerunt et sortes Antiatinæ, « ut a Cassio caveret. » Qua causa ille Cassium Longinum, Asiæ tum proconsulem, occidendum delegaverat, immemor, Chæream Cassium nominari. Pridie, quam periret, somniavit, consistere se in cœlo juxta solium Jovis, impulsumque ab eo dextri pedis pollice, et in terras præcipitatum. Prodigiorum loco habita sunt etiam, quæ forte illo ipso die paulo prius acciderant. Sacrificans respersus est phœnicopteri sanguine. Et pantomimus Mnester tragœdiam saltavit, quam olim Neoptolemus tragœdus ludis, quibus rex Macedonum Philippus occisus est, egerat. Et quum in Laureolo mimo, in quo actor proripiens se ruina sanguinem vomit, plures secundarum certatim experimentum artis darent, cruore scena abundavit. Parabatur et in noctem spectaculum, quo argumenta inferorum per Ægyptios et Æthiopas explicarentur.

les machines cédèrent, et que les ouvriers prirent la fuite. Il survint aussitôt un homme appelé Cassius, qui dit qu'en songe Jupiter lui avait ordonné d'immoler un taureau. Aux ides de mars, le Capitole de Capoue fut frappé de la foudre, et, à Rome, la chapelle d'Apollon Palatin [104]. On ne manqua pas de conjecturer que l'un de ces prodiges annonçait au maître un danger de la part de sa garde, et que l'autre présageait le meurtre d'un homme distingué, comme celui qui avait eu lieu déjà à pareil jour [105]. Caïus, ayant consulté le mathématicien Sylla, en obtint pour réponse « qu'il était menacé d'une fin prochaine et violente. » Les sorts d'Antium [106] l'avertirent de « se garder de Cassius, » et, pour cette raison, il avait envoyé tuer Cassius Longinus, proconsul d'Asie, oubliant que Chérea s'appelait aussi Cassius. La veille de sa mort, il rêva qu'il était au ciel, à côté du trône de Jupiter, mais que celui-ci le précipitait sur la terre en le repoussant de l'orteil du pied droit. On mit encore au nombre des prodiges plusieurs choses arrivées le même jour. Dans un sacrifice il avait été aspergé du sang d'un phénicoptère; le pantomime Mnester dansa dans une tragédie qu'autrefois avait jouée le tragédien Néoptolème, aux jeux pendant lesquels fut tué Philippe, roi de Macédoine; dans la pièce intitulée Laureolus [107], où l'acteur échappe à la ruine d'un édifice et vomit du sang, plusieurs de ceux qui jouaient les doublures [108] s'évertuèrent à donner une preuve de leur talent, et la scène fut couverte de sang. Enfin, on avait préparé pour la nuit un spectacle dans lequel les Égyptiens et les Éthiopiens devaient représenter des sujets empruntés aux enfers.

LVIII. Nono kalendas februarias, hora quasi septima, cunctatus, an ad prandium surgeret, marcente adhuc stomacho pridiani cibi onere, tandem suadentibus amicis egressus est. Quum in crypta, per quam transeundum erat, pueri nobiles ex Asia ad edendas in scena operas evocati præpararentur; ut eos inspiceret hortareturque, restitit. Ac, nisi princeps gregis algere se diceret, redire ac repræsentare spectaculum voluit. Duplex dehinc fama est. Alii tradunt, alloquenti pueros a tergo Chæream cervicem gladio cæsim graviter percussisse, præmissa voce, « Hoc age! » dehinc Cornelium Sabinum, alterum e conjuratis tribunum, ex adverso trajecisse pectus. Alii, Sabinum, summota per conscios centuriones turba, signum more militiæ petisse, et, Caio *Jovem* dante, Chæream exclamasse, « Accipe iratum! » respicientique maxillam ictu discidisse. Jacentem, contractisque membris clamitantem se vivere, ceteri vulneribus triginta confecerunt. Nam signum erat omnium, « *Repete!* » Quidam etiam per obscœna ferrum adegerunt. Ad primum tumultum lecticarii cum asseribus in auxilium accucurrerunt : mox Germani corporis custodes : ac nonnullos ex percussoribus, quosdam etiam senatores innoxios, interemerunt.

LIX. Vixit annis undetriginta : imperavit triennio et

LVIII. Le vingt-quatre janvier, environ vers la septième heure, il hésitait à se lever pour le dîner, car son estomac était encore chargé des alimens de la veille; enfin, il sortit à la prière de ses amis. Il y avait, dans une voûte qu'il fallait traverser, de nobles jeunes gens d'Asie, qu'on avait fait venir pour les donner en spectacle sur la scène, et qui se préparaient à y figurer. Caïus s'arrêta pour les voir et les encourager; et, si le chef de la troupe ne se fût pas plaint d'indisposition, Caïus serait retourné sur ses pas, pour commencer la représentation sur-le-champ. Il y a sur ce qui se passa ensuite deux versions. Les uns disent que, pendant qu'il adressait la parole à ces jeunes garçons, Chérea le frappa violemment de son glaive à la nuque[109], en s'écriant : « Imitez-moi[110]! » qu'aussitôt Cornelius Sabinus[111], le second des tribuns conjurés, lui perça la poitrine. D'autres veulent que, les centurions ayant à dessein écarté la foule, Sabinus ait, selon l'usage militaire, demandé le mot d'ordre; à quoi Caïus aurait répondu *Jupiter;* Chérea à son tour se serait écrié : « Reçois une marque de sa colère[112], » et l'aurait atteint à la mâchoire, au moment où il se retournait vers lui. Couché à terre, Caïus se replia sur lui-même, en criant qu'il vivait encore; mais les autres lui portèrent trente coups, selon le mot d'ordre qu'ils s'étaient donné : *Réitérez.* Quelques-uns lui enfoncèrent le fer dans les parties honteuses. Dans le premier trouble, les porteurs de sa litière accoururent à son secours avec leurs perches; ils furent suivis par sa garde germaine[113], et l'on tua quelques-uns de ses meurtriers, ainsi que quelques sénateurs qui étaient innocens.

LIX. Il vécut vingt-neuf ans[114], et régna trois ans,

decem mensibus, diebusque octo. Cadaver ejus clam in hortos Lamianos asportatum, et tumultuario rogo semiambustum, levi cespite obrutum est : postea per sorores ab exsilio reversas erutum, et crematum, sepultumque. Satis constat, priusquam id fieret, hortorum custodes umbris inquietatos : in ea quoque domo, in qua occubuerit, nullam noctem sine aliquo terrore transactam, donec ipsa domus incendio consumta sit. Periit una et uxor Cæsonia, gladio a centurione confossa, et filia parieti illisa.

LX. Conditionem temporum illorum etiam per hæc existimare quivis possit. Nam neque cæde vulgata statim creditum est : fuitque suspicio, ab ipso Caio famam cædis simulatam et emissam, ut eo pacto hominum erga se mentes deprehenderet; neque conjurati cuiquam imperium destinaverunt. Et senatus in asserenda libertate adeo consensit, ut consules primo non in curiam, quia Julia vocabatur, sed in Capitolium convocarint; quidam vero, sententiæ loco, abolendam Cæsarum memoriam, ac diruenda templa, censuerint. Observatum autem notatumque est inprimis, Cæsares omnes, quibus Caii prænomen fuerit, ferro perisse, jam inde ab eo, qui Cinnanis temporibus sit occisus.

dix mois et huit jours. Son corps fut porté dans les jardins des Lamius [115] : là, on le brûla comme on put sur un bûcher rassemblé à la hâte, puis on le couvrit d'un peu de gazon. Dans la suite, ses sœurs, revenues de l'exil, l'en retirèrent, le brûlèrent, et lui donnèrent la sépulture. On sait que jusque-là des spectres poursuivaient les gardiens de ces jardins, et que, dans l'édifice où il fut tué, il ne se passait point de nuit sans quelque scène terrible : cet édifice enfin fut consumé par un incendie. Césonia, la femme de Caïus, périt en même temps[116] que lui, frappée par un centurion, et sa fille fut écrasée contre un mur.

LX. Ce que nous allons dire suffira pour mettre chacun à même de juger quels étaient ces temps-là. Quand la nouvelle de ce meurtre se répandit, on n'y crut pas sur-le-champ ; l'on soupçonna que Caïus avait imaginé et semé le bruit de sa mort, pour connaître les dispositions où l'on était à son égard. Les conjurés n'avaient destiné l'empire à personne, et le sénat songeait tellement à ressaisir la liberté, que les consuls en indiquèrent la convocation, non pas d'abord à la curie, parce qu'elle s'appelait Julia [117], mais au Capitole. Quelques-uns voulurent qu'on abolît la mémoire des Césars, et qu'on détruisît leurs temples. On a remarqué que les Césars qui avaient le prénom de Caïus sont tous morts par le fer, à partir de celui qui fut tué au temps de Cinna.

NOTES

SUR CALIGULA.

1. Voyez ce qui a été dit au chapitre xv de la Vie de Tibère : ce fait remonte à l'an de Rome 757.

2. *Il géra la questure cinq ans plus tôt que ne le permettaient les lois.* Ce fut en 760 ; Germanicus avait alors un peu plus de vingt ans, puisqu'il était né en 739; mais l'âge requis (ainsi que nous l'apprend Dion, l. LII, c. 20, et Juste-Lipse, dans un *excursus* sur Tacite) était de vingt-cinq ans.

3. *Parvint sans intermédiaire au consulat.* C'est-à-dire qu'il fut dispensé de l'édilité et de la préture par lesquelles on arrivait ordinairement de la questure au consulat.

4. *Envoyé à l'armée de Germanie.* L'auteur, pressé d'arriver à son sujet, saute ici beaucoup d'expéditions de Germanicus, qui avait été antérieurement en Germanie dès l'an 762, et qui avait aussi fait une campagne en Pannonie.

5. *Et triompha.* Ce fut en 770, sous le consulat de Caïus Cécilius et de L. Pomponius : les peuples vaincus étaient les Chérusques, les Cattes, les Angrivares.

6. *Nommé consul pour la seconde fois.* Ce fut pour l'année 771; mais il partit immédiatement après son triomphe, et ne prit possession de sa charge qu'à Nicopolis, où il était venu par la côte d'Illyrie.

7. *Après avoir vaincu le roi d'Arménie.* Germanicus, après avoir chassé Vonon, établit pour roi Zénon, le fils de Polémon, roi de Pont, prince qui s'était gagné la faveur des Arméniens par son affectation à suivre leurs usages.

8. *Il venait d'être mis à la tête de la Syrie.* En 770, c'était

Silanus qui y commandait avant Pison; mais la fille de ce Silanus était fiancée à Néron, fils aîné de Germanicus. Il importait donc d'éloigner ce gouverneur et de lui substituer Pison, homme d'un caractère violent et sans aucune espèce de délicatesse.

9. *Il excellait en grec comme en latin.* Le latin dit *in utroque eloquentiæ doctrinæque genere præcellens*, ce qui serait susceptible de recevoir encore une autre interprétation; mais nous renvoyons à la note 174 de la Vie de Tibère, tome 1, page 478.

10. *Sous une même tombelle.* On peut voir dans Tacite, liv. 1, page 62, des détails sur cette touchante cérémonie. Je me suis servi du mot *tombelle*, parce qu'il peint mieux le genre de sépulture que reçurent les guerriers. Germanicus les enterra à la manière des Germains. *Sepulcrum cespes erigit*, selon la traduction de M. Panckoucke dans sa Germanie : *un simple tertre de gazon marque le lieu du tombeau.* Nos provinces possèdent encore un grand nombre de ces tombelles, et l'Allemagne en est couverte. On y trouve des armes, des squelettes et différens ustensiles de ménage, etc., etc.

11. *En vain Pison révoquait ses décrets.* A son retour d'Égypte vers son armée, Germanicus trouva toutes les mesures qu'il avait prises, soit pour les légions, soit pour l'administration des villes, anéanties ou même remplacées par des mesures opposées.

12. *Une renonciation à son amitié.* Tacite nous dit que ce fut par lettre. Juste-Lipse en a fait le sujet d'une dissertation. Les amis de Germanicus, en prenant la main du mourant, jurèrent qu'ils perdraient plutôt la vie que le soin de le venger.

13. *Après avoir délibéré long-temps s'il le prendrait pour son successeur.* Tacite rapporte ce fait; il paraît qu'en prenant un autre parti, Auguste ne fit que céder aux instances de Livie.

14. *Exposèrent les enfans, etc.* Il y a sans doute de l'exagération dans tous les signes de douleur, et l'adulation en a produit, de nos jours, qui les surpassent encore.

15. Dion est ici d'accord avec Suétone, car il fait naître Caïus le dernier jour du mois d'août. Ce fut en l'an de Rome 765.

16. *Cn. Lentulus Getulicus.* Il est différent de l'augure dont il

a été question au chap. XLIX de *Tibère*, tome I, page 415. Il ne s'agit pas non plus de Lentulus Getulicus le père, dont Tacite rapporte la mort, liv. IV des Annales, chap. 44, an de Rome 778. Il s'agit du fils de ce dernier; il était célèbre comme historien et comme poète, et fut consul en 779. Caligula le fit mourir, sous prétexte de conspiration, en 792 (*Voyez*, sur tout cela, DION, liv. LIX, chap. 22, et SUÉTONE, *Claude*, chap. 9). Juste-Lipse a réuni tous les passages d'auteurs qui concernent ces personnages (*Voyez* l'édition de Lemaire, tome I, page 460).

17. *Dans un village du canton appelé Ambiatinus*. Dans un *excursus* où Juste-Lipse se montre fort irrévérentieux envers Suétone, il soutient l'opinion de Pline, et réfute les autres allégations sur la naissance de Caligula. Quant à la situation du *vicus Ambiatinus*, on cite communément Cellarius, *Geogr. ant.*, II, page 321, et le célèbre Mannert, tome II, page 185. La tradition locale des environs de Coblentz s'est fortement arrêtée à un village appelé *Calsch*, dans le nom duquel se retrouve celui de Caligula contracté et abrégé à l'allemande; ce village est près de Munster-Mayenfeld : c'est à quoi M. Tross ne paraît pas avoir fait attention dans son excellente traduction du poëme de la Moselle, publiée en 1821. La première édition ne parle que de *Winningen*. Dans la seconde il s'étend davantage sur ce sujet; éclairé par les Annales Tréviroises de Masenius, il revient de son opinion. Une charte de 761 parle d'un *pagus Ambiativus*. Nous voici bien clairement sur la trace. Pépin fait don au chapitre de Saint-Maximien d'une église située dans le *pagus Ambiativus*. J'en conclus que c'est le canton, le *pagus* qui s'appelait ainsi, et que, dans Suétone, *Ambiatinus* est l'adjectif et non pas la dénomination du village : la situation de Calsch, près de Munster-Mayenfeld, la tradition qui donne à ce village l'honneur de la naissance de Caligula, tout concourt à justifier notre conjecture.

18. *Caïus n'a pu naître là*. Toute cette longue dissertation de Suétone est parfaitement réfutée par Juste-Lipse, qui pense avec raison que les actes publiés ont été accessibles à Pline et à Tacite aussi bien qu'à Suétone. D'ailleurs les vers (que nous avons transcrits d'après la traduction de Laharpe) auraient-ils pu être répandus à l'avènement de l'empereur, s'il n'eût été effectivement

mis au monde dans les camps? En suivant tous les pas de Germanicus, Juste-Lipse dit qu'il resta en Germanie depuis la défaite de Varus jusqu'à son consulat, et que sa femme qui était enceinte a bien pu rester dans le pays de Trèves jusqu'après son accouchement.

19. *Sur le territoire d'une cité voisine.* C'est-à-dire d'un pays confié à la garde d'autres légions, d'un pays que celles-ci n'occupaient point. Il ne faut point traduire *civitas* par *ville.* Tacite dit: *pergere ad Treveros*, aller chez les Trévirs.

20. *Il en fit l'éloge à la tribune aux harangues.* Livie mourut en 782 : Caïus avait donc seize ans.

21. *A vingt et un ans.* Il y a dans le texte deux leçons différentes. La vulgate porte *undevicesimo*, ce qui ne fait que dix-neuf ans; mais Oudendorp et Wolf ont fort bien démontré qu'il faut lire *unetvicesimo*, ne fût-ce qu'à cause du passage de Tacite, *sub idem tempus C. Cæsar, discedente Capreas avo comes, etc.:* passage qui se rapporte à l'an de Rome 786.

22. *En avait pénétré toute la férocité.* Un jour que, dans la conversation, Caïus se moquait de Sylla, Tibère lui prédit qu'il aurait tous les vices de ce grand homme, sans aucune de ses vertus; puis il saisit en pleurant le plus jeune de ses petits-fils, et dit : *Tu feras périr celui-ci; mais un autre te fera périr à ton tour.*

23. *Il épousa Junia Claudilla.* Les opinions varient beaucoup sur l'époque de ce mariage, les uns le fixant à l'année 786, ce qui résulte de la narration de Tacite; les autres à l'année 788, ce que l'on peut appuyer de l'autorité de Dion. Ce qu'il y a de certain, c'est que Suétone mêle et confond les époques, et que le pontificat de Caïus est tout au moins de deux années antérieur, Séjan étant mort en 784.

24. *A la suite de couches.* Ce fut en 789, selon le récit de Suétone et de Tacite. D'après Dion, il faudrait reporter la mort de Junie à 790.

25. *Ennia Névia, femme de Macron.* Névius Sertorius Macron avait secondé Tibère pour renverser Séjan; il lui succéda dans le commandement des prétoriens. On a lieu de croire, d'après Tacite, que ce fut Macron lui-même qui excita sa femme à séduire Caïus, et à s'en faire un moyen de puissance. Dans la suite, Caïus le fit périr.

26. *Il empoisonna Tibère.* — *Veneno Tiberium agressus est.* Je n'ai pas cru qu'il convenait de conserver l'expression latine.

27. *Lorsqu'il partit de Misène.* Où mourut Tibère (*Voyez* sa Vie, c. 72 et 75, t. 1, p. 449 et 455).

28. *Malgré le testament de Tibère* (*Voyez* c. 76 de Tibère, t. 1, p. 455). Cet empereur avait voulu que Tibère, son petit-fils par Drusus, partageât sa succession avec Caïus. Dion, Josèphe et Philon rapportent le même fait.

29. *Caïus fit une maladie grave.* Philon dit que ce fut le huitième mois de son règne, par suite de son intempérance.

30. *Combattre pour son rétablissement.* On croyait ainsi détourner la colère des dieux, et l'appeler sur soi-même. Quant aux inscriptions, elles exposaient aux regards la formule de ce vœu.

31. *Les cendres de sa mère et de son frère.* Sa mère avait péri à Pandateria, son frère à Pontia (*Voyez* les notes t. 1, p. 425).

32. *Ce ne fut pas avec moins d'appareil.* Le latin est plus fort, *nec minore scena.* Cela exprime bien la comédie que jouait Caligula.

33. *Il s'adjoignit,* etc. Ce fut en 790 que son oncle Claudius devint son collègue dans le consulat : Tibère l'avait jusque-là tenu éloigné des honneurs qui donnent entrée au sénat.

34. *Les inventeurs de voluptés monstrueuses* (*Voyez* tome 1, p. 409, où il est aussi question des *spintriæ*).

35. *Cordus Cremutius.* Il en est parlé dans notre note 168. Ses livres avaient été condamnés à être brûlés de la main des édiles. Quant à Cassius Severus, c'est celui dont la licence avait déterminé Auguste à prendre des mesures contre les écrivains.

36. *De rendre au peuple son droit de suffrage.* Tibère avait transféré les comices du peuple aux patrices. On se borne à dire ici que Caïus essaya de les rendre au peuple; mais deux ans après, en 792, il les lui enleva de nouveau. D'ailleurs, toutes les affaires graves se décidaient selon le bon plaisir du prince.

37. *Le deux-centième des ventes.* Quelques commentateurs ont voulu corriger le texte et substituer *centesimam* à *ducentesimam*; de façon qu'il fût question du *centième*, et non du *deux-centième*. Cet impôt avait été imaginé par Auguste après les guerres civiles. Tibère, déférant aux réclamations du peuple, avait d'abord réduit de moitié cette taxe, que, dans son avarice, il reporta bientôt à

l'ancien taux. On a, pour conserver la leçon *ducentesimam*, l'autorité d'une médaille se rapportant au troisième consulat de Caïus César, et sur laquelle on lit R CC, c'est-à-dire *remissa est ducentesima*. Il paraît que d'abord il y eut réduction, puis suppression.

38. *Antiochus Comagène.* Tibère avait réduit la Comagène en province à la mort du second Antiochus, père de celui-ci. Caïus le rétablit en 790, puis lui ôta de nouveau son royaume; mais Claude le lui restitua, et il régna jusqu'à Vespasien, qu'il soutint contre Vitellius. Il prit part encore au siège de Jérusalem, que faisait Titus. La capitale de la Comagène était Samosate.

39. *Depuis les calendes de juillet, pendant deux mois.* Le premier semestre avait eu pour consuls ordinaires Cn. Acerronius Proculus et C. Pontius Nigrinus.

40. Le consulat de Caïus est de l'an 792, le troisième de l'an 793. Il ne faut pas croire qu'il y ait erreur dans l'assertion qu'il ne le garda que quinze jours. Quand Tacite dit qu'Agricola naquit sous ce consulat, aux ides de juin, il ne fait que se conformer à l'usage, qui laissait la dénomination de l'empereur à toute l'année qu'il avait seulement commencée. Le quatrième consulat fut interrompu par la mort de Caïus, au commencement de janvier.

41. *Tant à l'amphithéâtre de Taurus que dans les* SEPTES. Il avait été construit par Statilius Taurus, sous Auguste, ainsi qu'on peut le voir tome 1, p. 193. Je conserve ici le mot de *septes*, dénomination que nous avons expliquée page 329 du tome 1, et qui désigne l'enceinte des comices au Champ-de-Mars. Ce lieu était entouré de portiques.

42. *Les plus habiles au pugilat.* Je crois que c'est le véritable sens, et non comme l'a traduit La Harpe, *des athlètes de l'élite de la nation :* ce qui exprime une idée assez ridicule.

43. *Maison dite Gelotiana.* Il est question de cette maison dans les *Inscriptions* de Gruter, à la page DXCVIII.

44. *Sur une longueur de trois mille six cents pas.* Il faut lire, sur cela, ce que dit Dion, l. LIX, c. 17. Le texte de cet auteur et celui de Tacite ont fait penser à Oudendorp qu'il convenait d'écrire *Baulorum*, au lieu de *Baiarum*.

45. *De deux chevaux des plus renommés.* La Harpe traduit : *deux chevaux d'une rare beauté ;* ce qui fait contre-sens. Les au-

teurs les plus anciens se servent du mot *famosus* pour exprimer une célébrité défavorable ; mais les autres l'emploient en bonne comme en mauvaise part. *Famosi equi* sont donc, dans Suétone, des coursiers célèbres, fameux.

46. *Des jeux isélastiques.* La Harpe a suivi la leçon *atticos*; dans l'édition Lemaire on lit *asticos*, parce qu'on les aurait célébrés dans la ville, et c'est l'opinion de Scaliger et de Casaubon. Je me suis rangé à l'avis d'Oudendorp, Burmann, Ernesti, qui lisent *iselasticos*, en dérivant ce mot du verbe εἰσελαύνειν, et le rapportant aux jeux grecs et aux honneurs des vainqueurs qui faisaient leur entrée par une ouverture pratiquée dans les murailles des villes. Les lettres de Pline font foi d'ailleurs de la fréquence de ces sortes de jeux sous les empereurs de Rome, et Burmann en a cité beaucoup d'exemples.

47. *Des jeux mélangés à Lyon.* Ils furent sans doute célébrés auprès de l'autel d'Auguste, en 792.

48. *Il acheva le temple d'Auguste.* Ce fut en 790 qu'il le dédia : quant au théâtre de Pompée, il le fut par Claude.

49. *Il commença un aquéduc.* Ce fut aussi Claude qui l'acheva à grands frais : on lui donna une telle élévation, qu'il fournissait d'eau toutes les collines de Rome.

50. *Percer l'isthme d'Achaïe.* Voyez *Vie de César*, t. 1, p. 61, et notre note 100 p. 134.

51. *Des rois venus à Rome.* Il s'agit d'Agrippa et d'Antiochus Comagène. En disant *qu'il n'y ait qu'un maître, qu'un roi*, Caligula citait un passage d'Homère : c'est le deux cent quatrième vers du livre II de l'*Iliade*.

52. *Celle de Jupiter Olympien.* C'était l'ouvrage de Phidias. Memmius Regulus fut chargé de la faire venir, et, s'il en faut croire Josèphe, d'effrayans présages l'empêchèrent d'accomplir sa mission. On ne put bouger la statue de sa place.

53. *Détruis-moi, ou je te détruirai.* Nous avons suivi, dans le texte et dans la version, l'autorité des meilleurs manuscrits. Autrefois on lisait εἰς γαῖαν Δαναῶν περάω σε, et La Harpe a traduit : *je te renverrai en Grèce, d'où je t'ai fait venir*. La leçon que nous avons adoptée ramène à un vers de l'*Iliade*, l. XXIII, 724. Non-seulement Sénèque nous dit que Caïus défia Jupiter, mais Dion

nous apprend qu'à l'aide d'une machine il tonnait aussi contre le dieu.

54. *Qui lui paraissait trop ignoble.* Tacite (liv. 1, ch. 3) dit d'Agrippa, *ignobilis loco*, et Velleius (11, 96), *novitatem rebus multis nobilaverat*. Sénèque parle aussi de la bassesse de son origine.

55. *Que sa mère était née d'un inceste commis par Auguste avec sa fille Julie.* L'opinion commune rapporte à cet inceste l'exil d'Ovide; mais *voyez* dans le huitième volume de l'*Ovide* Lemaire, p. 261, une dissertation de M. Villenave qui combat cette opinion.

56. *Qu'un décurion de Fondi.* Il s'agit d'Aufidius Lurco. On prétend que c'est celui dont parle Cicéron dans son discours pour Flaccus, et dans sa lettre 21 (de notre édition), et Pline, au liv. x, c. 20.

57. *Il n'est pas une de ses sœurs, etc.* Elles étaient trois, Agrippine, Drusilla et Livilla. Il avoua même, selon Eutrope, la naissance d'une fille; et, si l'on suivait une mauvaise leçon des manuscrits, il faudrait croire qu'il vécut encore avec cette fille qu'il avait eue de sa sœur.

58. *Cassius Longinus.* Il était d'une famille plébéienne ancienne et respectable; il fut ensuite préfet d'Asie.

59. *Un crime capital.* Les uns étaient accusés pour l'avoir pleurée, comme si elle eût été au nombre des mortels; les autres, pour ne l'avoir pas pleurée. Dion rapporte un exemple atroce : on fit périr quelqu'un pour avoir simplement vendu de l'eau chaude.

60. *Par la divinité de Drusilla.* Il y a des gens qui lisent *nomen*. Il faut néanmoins se rappeler que Caligula la plaça sur le même rang que Vénus, l'appela Panthéa, et qu'il fut ordonné aux femmes de l'attester dans leurs sermens comme une autre Junon.

61. *Dans le procès d'Émilius Lepidus.* Marié d'abord à Drusilla, il fut convaincu de conjuration contre Caligula, et d'adultère avec Agrippine et Livilla. Juste Lipse croit qu'il était fils de Paul-Émile et de Julie, petite-fille d'Auguste, et sœur d'Agrippine; en sorte qu'il eût été le cousin-germain de Caïus. On comprendrait donc que celui-ci lui eût destiné l'empire, et l'ait fait arriver aux magistratures cinq ans avant le terme fixé par la loi.

62. *Lollia Paulina était la femme de Caïus Memmius.* Elle était fille du consulaire Lollius, et petite-fille de M. Lollius, dont il a été question dans la *Vie de Tibère*, au chapitre 12. Après la mort de

Messaline, elle brigua la main de l'empereur Claude. C. Memmius, son mari, avait été consul au moment de la chute de Séjan, puis préfet de Macédoine et d'Achaïe. Nous l'avons vu, plus haut, chargé du soin de faire venir à Rome la statue de Jupiter Olympien.

63. *Séléné.* D'autres lisent Hélène. Mais Antoine avait appelé sa fille du nom de la lune, comme son fils du nom du soleil : aussi dit-on qu'Auguste faisait marcher devant son char triomphant le soleil et la lune. Ptolémée était petit-fils d'Antoine, Caïus arrière-petit-fils ; car son aïeule était Antonie.

64. Il a été parlé d'Ennia et de Macron au chapitre 12.

65. *Il priva de leur magistrature des consuls.* Ce fut en 792. L'un était Cn. Corbulon ; le nom de l'autre est inconnu.

66. *Il fit battre de verges son questeur.* C'était Betilienus Bassus.

67. *Il faisait commencer les distributions scéniques.* C'est ainsi que j'ai rendu *decimas*. Il est évident qu'il s'agit de quelque libéralité, et que le peuple, pour en jouir, se précipitait sur les premiers bancs. Boulanger et Ernesti proposent néanmoins une correction, qu'il ne faut pas passer sous silence ; ils veulent substituer *tesseras* à *decimas* : ce seraient les billets à l'aide desquels on allait occuper les places.

68. *D'un chauve à l'autre.* Il y a pour ce passage une autre interprétation qui paraîtrait plus naturelle, si Caïus n'était venu pour faire une désignation. On veut que l'expression de *calvo ad calvum* ait été proverbiale avant cet évènement, et que le proverbe se soit formé de ce qu'un jour les deux hommes placés aux extrémités d'une légion se trouvèrent tous deux chauves ; d'où il arriva que, pour désigner la totalité des hommes qui la composaient, on dit *d'un chauve à l'autre.*

69. *On le couronna de feuillage et de bandelettes.* Cela rappelle l'usage de Marseille. Quand la peste régnait, un pauvre se dévouait : on le nourrissait pendant un an ; puis on le chargeait d'imprécations, en le promenant par la ville. Il était aussi couronné et vêtu à la manière des victimes. Enfin on le précipitait d'un lieu élevé.

70. *Fut entraîné à un festin.* Il s'agit de Pastor, chevalier romain, dont le fils avait déplu à Caïus par son élégance. Pastor étant venu lui demander la grâce de son fils, Caïus, comme si cette supplication lui eût rappelé cet objet, ordonna de le conduire

sur-le-champ au supplice; puis il invita le père à dîner, et Pastor y vint sans que son visage en parût altéré.

71. *Envoya dans toutes les îles pour les massacrer.* Cette cruauté est attestée encore par Dion, et Sénèque y fait allusion.

72. *Qu'un sénateur fût mis en pièces.* Ce fut, selon Dion, Scribonius Proculus.

73. *Insensibilité.* Le mot grec dont se sert Suétone signifie *immobilité de l'âme.* Caïus faisait consister la force de l'âme à voir sans émotion les plus cruels supplices.

74. *Rétiaires* (*Voyez*, sur ce genre de combat, Juste-Lipse, *Saturn.* II, c. 7 à 10). Le rétiaire ne se couvrait point le front d'un casque; de la main droite il tenait un filet, dont il cherchait à envelopper son adversaire, qu'il tuait ensuite avec une espèce de trident ou de fourche (*Voyez* aussi Juvénal, *Sat.* VIII, v. 200, et *Sat.* II, v. 143).

75. *A la manière de ceux qui égorgent les victimes.* Les principaux ministres des sacrifices s'appelaient *Popœ* et *victimarii.* Les premiers tuaient les animaux; les autres les préparaient, ainsi que l'eau, le feu, le couteau, etc.

76. *L'acteur tragique Apelle.* Philon en parle au sujet de la querelle des Ascalonites et des Juifs. Apelle était d'Ascalon. Caïus l'aimait beaucoup.

77. *Qui était de l'antique famille de ce nom.* Ces mots *stirpis antiquæ* sont ajoutés ici pour marquer que ce Pompée n'était pas le descendant d'un des nombreux affranchis de la famille.

78. *Il suscita un concurrent plus robuste au grand-prêtre de Diane.* Le latin dit *nemorensi regi.* C'était une sorte de royauté de sacerdoce, que les esclaves se disputaient en combattant : le vainqueur s'emparait de la place.

79. *Mnester.* Messaline aima éperdûment ce pantomime, que Claude fit tuer.

80. *Il surpassa toutes les inventions des prodigues.* Sénèque, dans sa consolation *ad Helviam*, dit qu'en un seul repas il dépensa le revenu de trois provinces.

81. *Épuisés en moins d'un an.* Dion diffère sur la somme; il en indique à la fois de plus fortes et de moindres, selon diverses autorités.

82. *Il soutenait que le cens avait été faussement indiqué.* Et cette prétention devenait pour lui occasion de confiscation.

83. *Les testamens des primipilaires.* Il regardait la fortune de ces centurions comme acquise à la guerre.

84. *Des condamnés.* La vulgate porte *damnatarum sororum*, et La Harpe a suivi cette leçon, *de ses sœurs qu'il avait exilées ;* mais cela fait anachronisme, et s'accorde d'ailleurs fort mal avec Dion. Pour ramener à son texte, l'édition Lemaire a suivi la correction d'Oudendorp, *damnatorum sociorum*, *d'alliés condamnés.* Cela vaut mieux, sans doute ; mais l'opinion émise dans la note est encore préférable : elle réduit le texte à *damnatorum*, prenant pour glose les substantifs ajoutés probablement par de maladroits interprètes.

85. *Ne pouvant venir à l'assignation, encoururent la déchéance.* Le latin dit *occurrere ad vadimonium.* Nous n'avons rien pu ajouter à notre version ; mais l'original implique l'idée d'un cautionnement, d'un gage de comparution.

86. *Les mariage mêmes furent soumis à cette évaluation.* La Harpe a fait un contre-sens en disant : *et il fut ordonné que l'on tiendrait registre de celles qui faisaient ce commerce, fussent-elles mariées.* Burmann entend ce passage d'un droit de première nuit. Je préfère le sens d'Ernesti, qui l'entend d'un tribut annuel pour l'usage qu'on fait de sa femme et de la dot.

87. *Se vanta de n'avoir jamais amené un meilleur coup de dés.* Dion rapporte ce fait à un séjour de l'empereur dans la Gaule.

88. *Le bois sacré et le fleuve Clitumnus.* Pline le Jeune (liv. VIII, let. 8) décrit le temple de Clitumnus dans l'Ombrie.

89. *Six mille sesterces.* Nous suivons ici la correction proposée par Juste-Lipse, au lieu de la vulgate, qui portait *ad sexcentorum millium summam :* ce qui produirait une somme exorbitante. Auguste avait fixé la retraite, après vingt ans de service, à douze mille sesterces : Caïus la réduisit à six. Ce sens est raisonnable.

90. *Adminius.* Dion cite deux autres fils du roi Cynobellinus : ce sont *Cataratacus* et *Togodumnus.* Leur capitale était Camulodumum, qui sans doute tirait son nom de Camulus, dieu indigène. Il y avait deux villes de ce nom, qui sont toutes deux citées par Ptolémée : l'une chez les *Brigantes,* l'autre chez les *Trinobantes.*

NOTES.

91. *Il fit enlever de l'école.* — *Abductos e litterario ludo*, de *l'exercice littéraire.* Il faut que cela soit arrivé dans quelque colonie ou dans une ville voisine du Rhin. Perizonius se refuse à croire que de pareils exercices aient eu lieu dans les camps.

92. *Des excès de table.* Le latin dit *tempestiva convivia*, qu'il faut conserver en dépit de l'inepte correction des copistes, qui y ont substitué *intempestiva*. — *Tempestiva convivia* sont des festins commencés avant la neuvième ou dixième heure du jour, c'est-à-dire avant le temps ordinaire.

93. *Comme d'un phare.* Dans le Supplément de Montfaucon (t. IV, pl. 50), une tour voisine de Bologne est représentée comme étant celle que Caligula fit élever dans cette occasion.

94. *César périt avant l'expiration du quatrième mois.* Perizonius voulait qu'on lût *intraque quintum mensem* : en effet, le jour de naissance de Caligula était le 1er septembre, et il mourut le 24 janvier.

95. Orose semble avoir copié mot à mot toute la fin de ce paragraphe.

96. P. 79, l. 1re. *Quoique le mal caduc eût affligé son enfance.* On voit que je me range à l'opinion de ceux qui voudraient changer le mot *ita* en *idem* : la phrase en marcherait beaucoup mieux.

97. *On croit qu'il reçut de Césonia un breuvage.* Beaucoup d'auteurs favorisent cette opinion : nous citerons, entre autres, Josèphe et Juvénal, qui la rapportent tous deux.

98. *S'habillait d'une jupe.* Le latin dit *cycladatus* : or, *cyclas* est une espèce de jupe à bordure dorée.

99. P. 83, l. 9. *Sénèque.* Selon Dion, il courut danger de la vie pour avoir plaidé avec succès devant le sénat en présence de Caïus. *Commissiones meras* se trouve très-bien rendu par *de vaines amplifications d'école* : c'est ce qu'on récitait dans les assauts de poésie et d'éloquence. On pourrait aussi se servir convenablement de l'expression *déclamations académiques.* Caligula ajoutait que c'était un sable sans ciment, parce que le plus souvent ces courtes sentences n'avaient aucune liaison entre elles. Cependant il est une autre interprétation non moins ingénieuse, et qui est empruntée aux jeux du cirque, auxquels Caligula s'adonnait beaucoup. Il voulait dire, peut-être, que c'était une arène sans but où le vainqueur pût se reposer.

100. *Au grand bruit des trompettes et des pédales.* Les *scabella* étaient attachés, comme des souliers, aux pieds des danseurs. Plusieurs auteurs en parlent, entre autres Cicéron, Arnobe et saint Augustin. Rubenius en fait la description dans son traité *de Re vest.*, II, 17.

101. *Diminua l'armure des mirmillons.* Non-seulement il lui enleva sa richesse et son élégance, mais il la rendit moins redoutable, afin que les gladiateurs thrèces qu'il favorisait eussent moins de peine à vaincre les mirmillons.

102. *La faction des verts.* Il y en avait encore trois autres, celle des bleus, des blancs et des rouges. Boulanger, dans son traité *de Circo*, nous apprend que Domitien en ajouta deux, celle d'or et celle de pourpre.

103. *Deux conspirations cependant furent découvertes.* — *Voyez* ZONARAS, sur la mort de Sext. Papinius, et DION, sur la conspiration d'Émilius Lepidus. Quant à cette dernière, Josèphe en fait un récit circonstancié.

104. *La chapelle d'Apollon Palatin.* Ce passage est susceptible de plusieurs interprétations; mais il faut se rappeler que Caligula avait joint le Palatium et le Capitole, de telle sorte que le temple d'Apollon pouvait être regardé comme le vestibule, l'*atrium* de Jupiter Capitolin.

105. *Celui qui avait eu lieu déjà à pareil jour.* César fut aussi tué aux ides de mars.

106. *Les sorts d'Antium.* Le mot *sortes* pourrait bien être le résultat de la glose, et la leçon *Fortunæ* est préférable : cependant La Harpe a tort de traduire par *l'oracle du temple de la Fortune.* Il y avait à Antium deux Fortunes rendant des oracles : on les appelait les sœurs véridiques (*Voyez* BOULANGER, *de Sortibus*).

107. *Dans la pièce intitulée Laureolus.* On ne sait si ce *mime* était de Lutatius, de Catulus, de Névius ou de Laberius. Il paraît, d'après un vers de Juvénal, qu'on y crucifiait quelqu'un; mais cela n'empêche pas que la chute d'un édifice n'ait pu s'y rencontrer aussi.

108. *Plusieurs de ceux qui jouaient les doublures.* Je maintiens cette interprétation de *plures secundarum*, etc.; elle est de Bremi, et c'est mal-à-propos qu'on l'a blâmée, pour faire venir, après la pièce jouée, des gens qui s'exerceraient à vomir.

109. *Le frappa violemment de son glaive à la nuque.* Josèphe dit que Chérea, ayant encore demandé le mot d'ordre, reçut pour réponse ces mêmes paroles obscènes dont il se plaignait, et qu'alors il frappa l'empereur entre le cou et l'épaule.

110. *Imitez-moi.* Ce n'est pas plus une traduction exacte du *hoc age* que les mots *à moi* dont se sert La Harpe. La formule latine était usitée dans les sacrifices pour commander l'attention : on la rapporte à la discipline de Pythagore.

111. *Qu'aussitôt Cornelius Sabinus.* S'il en faut croire Josèphe, celui-ci l'aurait frappé au moment où il voulait prendre la fuite. Caïus serait alors tombé à genoux, et, dans cette attitude, il aurait reçu les coups de tous les conjurés : ce serait Aquilas qui lui aurait porté le coup mortel.

112. *Reçois une marque de sa colère.* On voit que nous avons accueilli la correction de Juste-Lipse, *accipe iratum*. La vulgate porte *ratum, que son vœu soit accompli* : mots dont La Harpe a fait *va le rejoindre*.

113. Josèphe parle beaucoup de la fureur de sa garde germaine, qui tua Asprenas, Norbanus, Antéius et d'autres encore.

114. *Il vécut vingt-neuf ans.* Depuis le 1er septembre 765 jusqu'au 24 janvier 794 ; de sorte qu'il n'avait réellement que vingt-huit ans et quelques mois. Il y a aussi de petites variations de date sur la durée de son règne.

115. *Jardins des Lamius.* La famille Lamia était d'une antique et noble origine : ses jardins étaient à côté de ceux de Mécène.

116. *Césonia... périt en même temps.* Josèphe rapporte que ce fut le centurion Julius Lupus qui la tua par ordre de Chérea.

117. *Non pas à la curie.* Cette curie s'appelait Julia : le sénat avait chargé César de faire reconstruire l'ancienne, qui s'appelait Hostilia. Ce fut Auguste qui la dédia.

118. P. 93, l. 26. *Qui fut tué au temps de Cinna.* Il s'agit d'un fait arrivé en 667, et que rapporte Cicéron au livre III *de Oratore*, c. 3. Julius et Caïus César furent tués par la perfidie de leur hôte, qui était Étrusque (*Voyez* tome IV de notre Cicéron, p. 15).

CLAUDIUS.

I. Patrem Claudii Cæsaris Drusum, olim Decimum, mox Neronem prænomine, Livia, quum Augusto gravida nupsisset, intra mensem tertium peperit : fuitque suspicio, ex vitrico per adulterii consuetudinem procreatum. Statim certe vulgatus est versus :

Τοῖς εὐτυχοῦσι καὶ τρίμηνα παιδία.

Is Drusus in quæsturæ præturæque honore dux rhætici, deinde germanici belli, Oceanum septemtrionalem primus romanorum ducum navigavit : trans Rhenum fossas novi et immensi operis effecit, quæ nunc adhuc *Drusinæ* vocantur : hostem etiam frequenter cæsum, ac penitus in intimas solitudines actum, non prius destitit insequi, quam species barbaræ mulieris, humana amplior, victorem tendere ultra, sermone latino prohibuisset. Quas ob res ovandi jus et triumphalia ornamenta percepit; ac post præturam confestim inito consulatu, atque expeditione repetita, supremum diem morbo obiit in æstivis castris, quæ ex eo *Scelerata* sunt appellata. Corpus ejus per municipiorum coloniarumque primores, suscipientibus obviis scribarum decuriis, ad Urbem de-

CLAUDE.

I. Il ne s'était pas encore écoulé trois mois depuis le mariage de Livie avec Auguste, lorsqu'elle donna le jour à Drusus, père du César Claude. Ce Drusus fut d'abord surnommé Decimus, puis Néron, et l'on soupçonnait qu'il était né de l'adultère de son beau-père avec elle; tout aussitôt se répandit ce vers :

> Il naît aux gens heureux des enfans en trois mois.

Pendant sa questure et sa préture, Drusus commanda dans la guerre de Rhétie[1] et dans celle de Germanie. Le premier des généraux romains, il navigua sur l'Océan septentrional, et, par un travail immense et d'un genre nouveau, fit creuser, au delà du Rhin, les fossés qui portent encore son nom[2]. Il battit fréquemment l'ennemi, le repoussa jusque dans ses solitudes les plus retirées, et ne cessa de le poursuivre qu'après l'apparition d'une femme de taille plus qu'humaine[3], qui lui défendit en langue latine d'aller plus avant. Ces exploits lui firent décerner l'ovation avec les ornemens du triomphe. Après sa préture, le consulat lui fut sur-le-champ déféré; il retourna à son expédition et mourut à son camp d'été[4], qui en retint le nom de *camp de Malheur*[5]. Son corps fut porté jusqu'à Rome par les premiers citoyens des municipes[6] et des colonies : là, il fut reçu par les décuries des secrétaires[7] de l'état, et

vectum, sepultumque est in campo Martio. Ceterum exercitus honorarium ei tumulum excitavit, circa quem deinceps stato die quotannis miles decurreret, Galliarumque civitates publice supplicarent. Præterea senatus, inter alia complura, marmoreum arcum cum tropæis via Appia decrevit, et Germanici cognomen ipsi posterisque ejus. Fuisse autem creditur non minus gloriosi, quam civilis animi. Nam ex hoste super victorias opima quoque spolia captasse, summoque sæpius discrimine duces Germanorum tota acie insectatus : nec dissimulasse unquam, pristinum se reipublicæ statum, quandoque posset, restituturum. Unde existimo, nonnullos tradere ausos, suspectum eum Augusto, revocatumque ex provincia, et, quia cunctaretur, interceptum veneno. Quod equidem magis, ne prætermitterem, retuli, quam quia verum aut verisimile putem; quum Augustus tantopere et vivum dilexerit, ut coheredem semper filiis instituerit, sicut quondam in senatu professus est, et defunctum ita pro concione laudaverit, ut deos precatus sit, « similes ei Cæsares suos facerent, sibique tam honestum quandoque exitum darent, quam illi dedissent. » Nec contentus elogium tumulo ejus versibus a se compositis exsculpsisse, etiam vitæ memoriam prosa oratione composuit. Ex Antonia minore complures quidem liberos tulit; verum tres omnino reliquit, Germanicum, Livillam, Claudium.

porté au Champ-de-Mars. Quant à l'armée, elle éleva en son honneur un *tumulus*[8], autour duquel les soldats devaient, chaque année, s'exercer à la course, tandis que les villes de la Gaule y feraient des sacrifices solennels. Entre autres honneurs, le sénat lui vota un arc de triomphe de marbre orné de trophées sur la voie Appienne; il lui décerna aussi le nom de Germanicus à lui et à sa postérité. On dit qu'il aimait la gloire autant qu'il respectait les lois[9], et l'on ajoute que, non content de la victoire, il souhaitait des dépouilles opimes, recherchant les chefs des Germains et s'exposant, pour les rencontrer, aux plus grands dangers. Il ne se cachait point, ajoute-t-on encore, de son projet de rétablir la république sur l'ancien pied, dès qu'il en aurait la possibilité. C'est pour cette raison, je pense, que quelques-uns ont osé dire qu'il devint suspect à Auguste, qui le rappela de sa province, et que ce prince, voyant qu'il tardait à exécuter son ordre, s'en défit par le poison. Je rapporte ce bruit uniquement pour ne le pas omettre, et sans y attacher aucune idée de vérité ou de vraisemblance. On sait combien Auguste aimait Drusus; il le donnait toujours pour cohéritier à ses fils, ainsi qu'il l'annonça lui-même au sénat : après sa mort, il le loua publiquement, et pria les dieux de rendre les Césars semblables à Drusus, et de leur accorder une aussi belle fin. L'on convint de faire graver sur sa tombe des vers de sa composition. Il écrivit aussi, en prose, l'histoire de sa vie. Drusus avait eu de la plus jeune Antonia beaucoup d'enfans, mais trois seulement lui survécurent, Germanicus, Livilla et Claude.

II. Claudius natus est, Julo Antonio, Fabio Africano consulibus, Kalendis augustis, Lugduni, eo ipso die, quo primum ara ibi Augusto dedicata est, appellatusque Tiberius Claudius Drusus. Mox, fratre majore in Juliam familiam adoptato, Germanici cognomen assumsit. Infans autem relictus a patre, ac per omne fere pueritiæ atque adolescentiæ tempus variis et tenacibus morbis conflictatus est; adeo ut, animo simul et corpore hebetato, ne progressa quidem ætate ulli publico privatove muneri habilis existimaretur. Diu, atque etiam post tutelam receptam, alieni arbitrii, et sub pædagogo fuit; quem «barbarum et olim superjumentarium, ex industria sibi appositum, ut se quibuscunque de causis quam sævissime coerceret,» ipse quodam libello conqueritur. Ob hanc eamdem valetudinem et gladiatorio munere, quod simul cum fratre memoriæ patris edebat, palliolatus novo more præsedit; et togæ virilis die, circa mediam noctem, sine sollemni officio, lectica in Capitolium latus est.

III. Disciplinis tamen liberalibus ab ætate prima non mediocrem operam dedit, ac sæpe experimenta cujusque etiam publicavit. Verum ne sic quidem quicquam dignitatis assequi, aut spem de se commodiorem in posterum facere potuit. Mater Antonia «portentum eum hominis» dictitabat, «nec absolutum a natura, sed tantum

II. Claude naquit à Lyon, sous le consulat de Jules Antoine[10] et de Fabius Africanus, le premier d'août, le jour même où, pour la première fois, on y avait consacré[11] un autel à Auguste. Il fut appelé Tibère Claude Néron; mais son frère aîné ayant ensuite passé par adoption dans la famille Julia, il prit le surnom de Germanicus. Quand son père mourut, il était bien jeune; et, pendant presque tout le temps de son enfance et de son adolescence, il eut à lutter contre diverses maladies fort opiniâtres. Il en fut tellement affaibli d'esprit et de corps, que, parvenu à l'âge de remplir des fonctions, on ne le jugea capable ni d'affaires publiques, ni d'affaires particulières. Long-temps encore après l'expiration de sa minorité, il fut confié à la garde d'autrui et placé sous l'autorité d'un pédagogue. Il s'en plaint dans un de ses écrits, et dit qu'on lui avait imposé à dessein[12] ce barbare, ce *bouvier*, afin qu'il en fût durement traité sous toutes sortes de prétextes. Le mauvais état de sa santé fut cause encore qu'aux jeux de gladiateurs qu'il donnait avec son frère en l'honneur de son père, il présida la tête couverte, chose tout-à-fait inusitée[13]. Enfin, lorsqu'il prit la toge virile, il fut porté en litière au Capitole, vers le milieu de la nuit, et sans aucune solennité.

III. Cependant, dès le premier âge, Claude s'appliqua avec zèle aux études libérales, et souvent même il en donna des preuves en public[14]. Néanmoins, il n'en put accroître sa considération ni faire naître pour lui l'espérance d'un meilleur avenir. Sa mère Antonia l'appelait ordinairement une ombre d'homme; elle disait que « la nature ne l'avait point achevé, mais seulement ébauché. » Voulait-elle accuser quelqu'un de sottise,

inchoatum : » ac si quem socordiæ argueret, « stultiorem » aiebat « filio suo Claudio. » Avia Augusta pro despectissimo semper habuit : non affari, nisi rarissime; non monere, nisi acerbo et brevi scripto, aut per internuncios, solita. Soror Livilla quum audisset, ipsum quandoque imperaturum, tam iniquam et tam indignam sortem populi romani palam et clare detestata est. Nam et avunculus major Augustus quid de eo in utramque partem opinatus sit, quo certius cognoscatur, capita ex ipsius epistolis posui.

IV. « Collocutus sum cum Tiberio, ut mandasti, mea Livia, quid nepoti tuo Tiberio faciendum esset ludis martialibus. Consensit autem uterque nostrum, semel nobis esse statuendum, quod consilium in illo sequamur. Nam si est ἄρτιος, et, ut ita dicam, ὁλόκληρος, quid est, quod dubitemus, quin per eosdem articulos et gradus producendus sit, per quos frater ejus productus fuit? Sin autem ἠλαττῶσθαι sentimus eum, καὶ βεβλάφθαι, καὶ εἰς τὴν τοῦ σώματος, καὶ εἰς τὴν τῆς ψυχῆς ἀρτιότητα, præbenda materia deridendi et illum et nos non est hominibus, τὰ τοιαῦτα σκώπτειν καὶ μυκτηρίζειν εἰωθόσι. Nam semper æstuabimus, si de singulis articulis temporum deliberabimus, μὴ προϋποκείμενον ἡμῖν, posse eum gerere honores arbitremur, nec ne. In præsentia tamen, quibus de rebus consulis, curare eum ludis martialibus triclinium sacerdotum, non displicet nobis, si est pas-

elle le disait « plus stupide que son fils Claude. » Son aïeule Augusta eut toujours le plus grand mépris pour lui ; elle ne lui adressait la parole que très-rarement ; elle ne lui donnait ses avis que par des billets fort secs et fort courts, ou bien elle se servait d'intermédiaire. Quand sa sœur Livilla apprit qu'un jour il règnerait, elle accusa publiquement et à haute voix le sort du peuple romain d'injustice et d'indignité. Afin de mieux faire connaître le bien et le mal que pensait de Claude son grand-oncle Auguste[15], je transcris ici plusieurs passages de ses lettres.

IV. « Ainsi que vous l'avez désiré, je me suis entretenu avec Tibère, sur ce qu'il convenait de faire de votre petit-fils Tibère, aux fêtes de Mars[16]. Nous avons été d'avis tous deux qu'il fallait déterminer une fois pour toutes le plan à suivre à son égard ; car, s'il est comme il doit être, et, qu'on me permette l'expression, s'il est accompli, pourquoi hésiterions-nous à le faire passer, à chaque nouvelle période de son âge[17], par les mêmes honneurs par lesquels a passé son frère ? Si, au contraire, nous le trouvons incapable, s'il est émoussé, tant pour les qualités du corps que pour celles de l'esprit[18], il ne faut pas donner aux hommes, qui ont coutume de railler et de s'égayer de tout, l'occasion de rire et de nous et de lui. Nous flotterons toujours incertains si, sans avoir rien décidé à l'avance, nous examinons à chaque nouvelle occasion, s'il est capable, ou non, de charges publiques. Quant à ce que vous voulez savoir maintenant, je ne m'oppose point à ce qu'il prenne soin de la table des prêtres, pour les fêtes de Mars, pourvu qu'il souffre que

surus, se ab Silani filio, homine sibi affini, admoneri, ne quid faciat, quod conspici et derideri possit. Spectare eum circenses ex pulvinari, non placet nobis. Expositus enim in prima fronte spectaculorum conspicietur. In Albanum montem ire eum, non placet nobis, aut esse Romæ latinarum diebus. Cur enim non præficitur Urbi, si potest fratrem suum sequi in montem? Habes nostras, mea Livia, sententias, quibus placet semel de tota re aliquid constitui, ne semper inter spem et metum fluctuemus. Licebit autem, si voles, Antoniæ quoque nostræ des hanc partem epistolæ hujus legendam. » Rursus alteris litteris : « Tiberium adolescentem ego vero, dum tu aberis, quotidie invitabo ad cœnam, ne solus cœnet cum suo Sulpicio et Athenodoro. Qui vellem, diligentius et minus μετεώρως deligeret sibi aliquem, cujus motum, et habitum, et incessum imitaretur, misellus;

Ἀτυχεῖ πάνυ ἐν τοῖς σπουδαίοις λίαν·

ubi non aberravit ejus animus, satis apparet ἡ τῆς ψυχῆς αὐτοῦ εὐγένεια. » Item tertiis litteris : « Tiberium nepotem tuum placere mihi declamantem potuisse, peream, nisi, mea Livia, admiror. Nam qui tam ἀσαφῶς loquatur, qui possit, quum declamat, σαφῶς dicere, quæ dicenda sunt, non video. » Nec dubium est, quin post hæc Augustus constituerit, et reliquerit eum nullo, præter auguralis sacerdotii, honore impertitum, ac ne heredem quidem, nisi inter tertios ac pæne extraneos, e parte

le fils de Silanus [19], son parent, le dirige, et l'empêche de rien faire qui puisse être remarqué, ou tourné en ridicule. Je n'approuve pas qu'aux jeux du Cirque il soit assis au *pulvinar :* ainsi placé sur le devant, il serait exposé à tous les regards. Je ne voudrais pas non plus qu'il allât au mont Albain, ni qu'il fût à Rome le jour des fêtes latines; car enfin, pourquoi ne le pas mettre à la tête de la ville, s'il est capable de suivre son frère sur la montagne? Vous avez maintenant toute ma pensée, ma chère Livie, et, afin de ne pas vivre toujours entre la crainte et l'espérance, il convient de prendre enfin un parti. Vous pouvez, si vous le voulez, faire lire ce passage de ma lettre à Antonia.» Dans un autre, Auguste disait : «Pendant votre absence, j'inviterai tous les jours le jeune Tibère à souper, de peur qu'il ne soupe seul avec son Sulpicius et Athénodore. Combien je voudrais qu'il choisît avec plus de soin quelque ami dont le pauvre homme pût imiter les gestes, la tenue, la démarche!

Il est maladroit dans les choses les plus importantes;

mais, quand il ne s'égare pas, le bon naturel de son âme se fait assez connaître.» Dans une troisième lettre : « Je n'en reviens pas d'étonnement, ma chère Livie; je ne sais pas comment votre petit-fils a pu me plaire en déclamant; car je ne comprends pas que celui qui ne prononce pas clairement [20], parle aussi distinctement quand il déclame.» La détermination que prit ensuite Auguste n'est pas douteuse; il n'accorda d'honneurs à Claude, que le sacerdoce des augures; ne le nomma parmi ses héritiers qu'en troisième ordre, presque parmi

sexta nuncuparit, legato quoque non amplius, quam octingentorum sestertiorum, prosecutus.

V. Tiberius patruus petenti honores consularia ornamenta detulit. Sed instantius legitimos flagitanti, id solum codicillis rescripsit, « Quadraginta aureos in Saturnalia et Sigillaria misisse ei. » Tunc demum, abjecta spe dignitatis, ad otium concessit, modo in hortis et suburbano, modo in Campaniæ secessu delitescens; atque ex contubernio sordidissimorum hominum, super veterem segnitiæ notam, ebrietatis quoque et aleæ infamiam subiit.

VI. Quum interim, quamquam hoc modo agenti, nunquam aut officium hominum, aut reverentia publica defuit. Equester ordo bis patronum eum perferendæ pro se legationis elegit : semel, quum deportandum Romam corpus Augusti humeris suis a consulibus exposcerent; iterum, quum oppressum Sejanum apud eosdem gratularentur. Quin et spectaculis advenienti assurgere, et lacernas deponere solebant. Senatus quoque, ut ad numerum sodalium augustalium sorte ductorum extra ordinem adjiceretur, censuit; et mox, ut domus ei, quam incendio amiserat, publica impensa restitueretur, dicendæque inter consulares sententiæ jus esset. Quod decretum abolitum est, excusante Tiberio imbecillitatem ejus, ac damnum liberalitate sua resarturum pollicente. Qui tamen moriens et in tertiis heredibus eum ex parte

les étrangers, et seulement pour le sixième; enfin, il ne lui légua pas au delà de huit cent mille sesterces*.

V. Lorsqu'il demanda les honneurs, son oncle Tibère lui déféra les ornemens consulaires; mais, quand il insista pour obtenir le consulat effectif, il se contenta de lui répondre par un billet : « Je vous ai envoyé quarante pièces d'or pour les Saturnales et les Sigillaires [21]. » Abandonnant tout espoir de remplir des fonctions, Claude se livra au repos, tantôt se cachant dans ses jardins ou dans sa maison de campagne, et tantôt s'en allant au fond de sa retraite de Campanie. La société des hommes les plus abjects [22] joignit à son ancienne réputation de bêtise la honte de l'ivrognerie et celle du jeu.

VI. Malgré cette conduite, il ne manqua point d'hommages, et on lui donna parfois des marques publiques de respect. Deux fois l'ordre des chevaliers [23] le choisit pour chef d'une députation; d'abord, quand ils demandèrent aux consuls l'honneur de porter sur leurs épaules le corps d'Auguste jusqu'à Rome; en second lieu, quand on félicita les consuls d'avoir fait justice de Séjan. On avait coutume de se lever quand il entrait au spectacle, et chacun ôtait son manteau [24]. Le sénat lui-même voulut qu'il fût adjoint extraordinairement aux prêtres d'Auguste [25] désignés par le sort, et, plus tard, il ordonna que sa maison, consumée par les flammes, serait rebâtie aux frais du trésor public, enfin que désormais Claude voterait avec les consulaires. Mais ce dernier décret fut révoqué, parce que Tibère allégua la faiblesse de sa tête, et promit de l'indemniser par ses libéralités. Toutefois, en mourant, il le nomma parmi ses héritiers de troisième classe, et

---

* 159,000 francs.

tertia nuncupatum, legato etiam circa sestertium vicies prosecutus, commendavit insuper exercitibus, ac senatui populoque romano inter ceteras necessitudines nominatim.

VII. Sub Caio demum fratris filio, secundam existimationem circa initia imperii omnibus lenociniis colligente, honores auspicatus, consulatum gessit una per duos menses : evenitque, ut primitus ingredienti cum fascibus Forum, prætervolans aquila dexteriore humero consideret. Sortitus est et de altero consulatu in quartum annum; præseditque nonnunquam spectaculis in Caii vicem, acclamante populo, « Feliciter , » partim « patruo imperatoris , » partim « Germanici fratri. »

VIII. Nec eo minus contumeliis obnoxius vixit. Nam et si paulo serius ad prædictam cœnæ horam occurrisset, non nisi ægre, et circuito demum triclinio, recipiebatur : et, quoties post cibum addormisceret, quod ei fere accidebat, olearum ac palmularum ossibus incessebatur : interdum ferula flagrove, velut per ludum, excitabatur a copreis. Solebant et manibus stertentis socci induci, ut repente expergefactus faciem sibi confricaret.

IX. Sed ne discriminibus quidem caruit : primum in ipso consulatu, quod Neronis et Drusi, fratrum Cæsaris, statuas segnius locandas ponendasque curasset, pæne honore summotus est; deinde, extraneo vel etiam

lui fit en même temps un legs de deux millions de sesterces*; de plus, il le recommanda nommément, parmi ses autres parens, aux armées, au sénat, et au peuple romain.

VII. Enfin, sous Caïus, fils de son frère, lorsque celui-ci cherchait par toute sorte de moyens à inspirer une bonne opinion des commencemens de son règne, Claude parvint aux honneurs, et géra le consulat avec lui pendant deux mois : or, il arriva, quand pour la première fois il vint au Forum avec les faisceaux, qu'un aigle, en passant, se posa sur son épaule droite. Pour son second consulat, le sort lui assigna la quatrième année [26]; il présida quelquefois aux spectacles, à la place de Caïus, au milieu des acclamations du peuple, qui criait : « Bonheur à l'oncle de l'empereur [27], au frère de Germanicus! »

VIII. Il n'en fut pas moins exposé aux humiliations : s'il venait un peu plus tard que l'heure indiquée pour le souper, il ne trouvait que difficilement à se placer, et se voyait obligé à faire tout le tour de la table. Toutes les fois qu'il s'endormait après le repas, ce qui lui arrivait assez ordinairement, on lui lançait des noyaux d'olives ou de dattes. Quelquefois des bouffons le faisaient lever à coups de férule ou de verge; enfin, quand il ronflait, on ne manquait pas de lui mettre aux mains des souliers de femme, afin que, réveillé subitement, il s'en frottât la figure [28].

IX. Il ne fut pas toujours à l'abri du danger : d'abord, pendant son consulat, il faillit être privé de sa dignité, pour avoir mis de la négligence à placer et à faire dresser les statues de Néron et de Drusus, frères de l'empe-

---

* 389,600 fr.

domesticorum aliquo deferente, assidue varieque inquietatus. Quum vero detecta esset Lepidi et Gætulici conjuratio, missus in Germaniam inter legatos ad gratulandum, etiam vitæ periculum adiit : indignante ac fremente Caio, patruum potissimum ad se missum, quasi ad puerum regendum ; adeo, ut non defuerint, qui traderent, præcipitatum quoque in flumen, sicut vestitus advenerat. Atque ex eo nunquam non in senatu novissimus consularium sententiam dixit, ignominiæ causa post omnes interrogatus. Etiam cognitio falsi testamenti recepta est, in quo et ipse signaverat. Postremo etiam sestertium octogies pro introitu novi sacerdotii coactus impendere, ad eas rei familiaris angustias decidit, ut, quum obligatam ærario fidem liberare non posset, in vacuum lege prædiatoria venalis pependerit sub edicto præfectorum.

X. Per hæc ac talia maxima ætatis parte transacta, quinquagesimo anno imperium cepit, quantumvis mirabili casu. Exclusus inter ceteros ab insidiatoribus Caii, quum, quasi secretum eo desirante, turbam summoverent, in diætam, cui nomen est Hermæum, recesserat. Neque multo post rumore cædis exterritus, prorepsit ad solarium proximum, interque prætenta foribus vela se abdidit : latentem discurrens forte gregarius miles, animadversis pedibus, e studio sciscitandi, quisnam esset,

reur ; puis, il fut tourmenté de cent manières diverses, sur les dénonciations que faisaient contre lui, soit des étrangers, soit des gens de sa maison. Lorsqu'on découvrit la conspiration de Lepidus et de Gétulicus [29], il courut risque de perdre la vie, pour avoir été envoyé en Germanie parmi les députés chargés de féliciter Caïus ; car celui-ci s'indigna que l'on eût choisi précisément son oncle, comme s'il s'agissait de régenter un enfant. Il y a même des auteurs qui prétendent qu'on le précipita dans le fleuve, tout habillé, comme il était venu. Depuis lors, il ne donna plus son avis au sénat que le dernier parmi les consulaires, parce que, pour lui faire outrage, on ne l'interrogeait jamais qu'après tous les autres. On admit aussi une procédure en faux contre un testament qu'il avait signé. Forcé dans la suite de dépenser huit millions de sesterces*, pour prendre possession d'un nouveau sacerdoce [30], il tomba dans une telle gêne, que, ne pouvant se libérer envers le trésor du capital qu'il devait, ses biens furent mis en vente, conformément à la loi hypothécaire, et sur la mise à prix des préposés du fisc [31].

X. Il avait passé la plus grande partie de sa vie dans cet état, ou au milieu de contradictions du même genre : un évènement tout-à-fait extraordinaire le fit arriver à l'empire, dans la cinquantième année de son âge [32]. Renvoyé comme les autres par les meurtriers de Caïus, qui éloignaient la foule, sous prétexte que l'empereur voulait être seul, Claude s'était d'abord retiré dans un cabinet appelé Hermæum. Effrayé par la nouvelle de ce meurtre, il se traîna jusqu'à une galerie voisine [33], où il se cacha derrière les voiles qui couvraient la porte : un simple

* 1,590,000 fr.

agnovit, extractumque, et præ metu ad genua sibi accidentem, imperatorem salutavit. Hinc ad alios commilitones, fluctuantes, nec quicquam adhuc quam frementes, perduxit. Ab his lecticæ impositus, et, quia sui diffugerant, vicissim succollantibus in castra delatus est, tristis ac trepidus, miserante obvia turba, quasi ad pœnam raperetur insons. Receptus intra vallum, inter excubias militum pernoctavit, aliquanto minore spe, quam fiducia. Nam consules cum senatu et cohortibus urbanis Forum Capitoliumque occuparant, asserturi communem libertatem : accitusque et ipse per tribunos plebis in Curiam ad suadenda, quæ viderentur, « vi se et necessitate teneri, » respondit. Verum postero die, et senatu segniore in exsequendis conatibus, per tædium ac dissensionem diversa censentium, et multitudine, quæ circumstabat, unum rectorem jam et nominatim exposcente, armatos pro concione jurare in nomen suum passus est; promisitque singulis quina dena sestertia, primus Cæsarum fidem militis etiam præmio pigneratus.

XI. Imperio stabilito, nihil antiquius duxit, quam id biduum, quo de mutando reipublicæ statu hæsitatum erat, memoriæ eximere. Omnium itaque factorum dictorumque in eo veniam et oblivionem in perpetuum sanxit, ac præstitit; tribunis modo ac centurionibus paucis e conjuratorum in Caium numero interemtis, exempli simul causa, et quod suam quoque cædem depoposcisse

soldat qui passait aperçut ses pieds, voulut savoir qui il était, le reconnut, le fit sortir de ce lieu; et, tandis que Claude se précipitait à ses genoux, ce soldat le salua empereur, et le conduisit à ses compagnons, qui étaient encore indécis et ne prenaient conseil que de leur rage. Ils le mirent en litière, et, comme ses gens s'étaient enfuis, ils le portèrent tour-à-tour jusqu'au camp. Claude était triste et tremblant; les passans avaient pitié de lui, comme d'un innocent que l'on conduirait au supplice. Reçu dans le vallum, il passa la nuit parmi ses gardes, sans défiance, il est vrai, mais aussi sans espérance; car les consuls, avec le sénat et les cohortes urbaines, avaient occupé le Forum et le Capitole, pour rétablir la liberté. Appelé lui-même à la Curie par les tribuns, afin de donner son avis sur les circonstances présentes, il répondit « qu'il était retenu par la force et la nécessité. » Mais, le lendemain, le sénat, dégoûté de divisions et d'avis contraires, agissait avec moins de vigueur : d'ailleurs, la foule qui l'entourait réclamait hautement et nommément un seul maître; Claude reçut enfin les sermens des soldats sous les armes, promit à chacun d'eux quinze mille sesterces[34], et le premier des Césars acheta la foi de l'armée à prix d'argent.

XI. Ayant affermi son pouvoir, il n'eut rien de plus à cœur que de faire oublier ces deux jours, pendant lesquels on avait songé à changer la face de l'état : il accorda donc à jamais le pardon de tout ce qui avait été fait ou dit pendant ce temps, et l'observa. Seulement il fit périr quelques centurions du nombre des meurtriers de Caïus, tant pour l'exemple, que parce qu'il apprit qu'ils avaient aussi demandé sa mort. S'appliquant ensuite à ses devoirs religieux, il institua, comme le plus saint et le plus

cognoverat. Conversus hinc ad officia pietatis, jusjurandum neque sanctius sibi, neque crebrius, instituit, quam *per Augustum*. Aviæ Liviæ divinos honores, et circensi pompa currum elephantorum, augustino similem, decernenda curavit; parentibus inferias publicas, et hoc amplius, patri circenses annuos natali die; matri carpentum, quo per Circum duceretur, et cognomen Augustæ, ab viva recusatum. Ad fratris memoriam, per omnem occasionem celebratam, comœdiam quoque græcam neapolitano certamine docuit, ac de sententia judicum coronavit. Ne Marcum quidem Antonium inhonoratum ac sine grata mentione transmisit, testatus quondam per edictum, « Tanto impensius petere se, ut natalem patris Drusi celebrarent, quod idem esset et avi sui Antonii. » Tiberio marmoreum arcum juxta Pompeii theatrum, decretum quidem olim a senatu, verum omissum, peregit. Caii quoque etsi acta omnia rescidit, diem tamen necis, quamvis exordium principatus sui, vetuit inter festos referri.

XII. At in semet augendo parcus atque civilis, prænomine *imperatoris* abstinuit, nimios honores recusavit, sponsalia filiæ, natalemque geniti nepotis silentio, ac tantum domestica religione, transegit. Neminem exsulum, nisi ex senatus auctoritate, restituit. Ut sibi in Curiam præfectum prætorii tribunosque militum secum inducere liceret, utque rata essent, quæ procuratores

fréquent des sermens, l'usage de jurer *par Auguste*. Les honneurs de son aïeule Livie [35] furent augmentés à la marche triomphale du Cirque, d'un char traîné par des éléphans, absolument semblable à celui d'Auguste. Il fit célébrer des fêtes funèbres en l'honneur de ses parens, et des jeux annuels, au Cirque, le jour de la naissance de son père; il décréta à sa mère un char pour conduire son image autour du Cirque, et le surnom d'Augusta qu'elle avait refusé de son vivant. Il ne cessa d'honorer en toute occasion la mémoire de son frère, et fit aussi répéter à Naples une comédie grecque [36] qu'il couronna, d'après l'avis de juges nommés à cet effet. Dans l'accomplissement de tous ces devoirs, il n'omit pas même Marc-Antoine, en fit mention avec gratitude, et, dans un édit, proclama qu'il insistait d'autant plus pour que l'on célébrât le jour de la naissance de son père Drusus, que c'était aussi celui de son aïeul Antoine. Il acheva l'arc de triomphe de marbre, que le sénat avait décrété à Tibère, à côté du théâtre de Pompée, et que l'on avait négligé. Enfin, quoiqu'il eût révoqué tous les actes du gouvernement de Caïus, il ne voulut point qu'on rangeât parmi les fêtes le jour de sa mort, qui, cependant, avait commencé son propre règne.

XII. Claude apporta beaucoup de modération et de retenue dans son élévation; il s'abstint du titre d'empereur, refusa tous les honneurs exagérés, et célébra en silence, comme une cérémonie domestique, les fiançailles de sa fille, et la naissance de son petit-fils [37]. Il ne rappela aucun des exilés, sans l'autorisation du sénat; il demanda comme une faveur qu'il lui fût permis d'amener avec lui à la Curie le préfet du prétoire et les tribuns militaires, et que l'on tînt pour valables les sen-

sui in judicando statuerent, precario exegit. Jus nundinarum in privata praedia a consulibus petiit : cognitionibus magistratuum, ut unus e consiliariis, frequenter interfuit. Eosdem, spectacula edentes, surgens et ipse cum cetera turba, voce ac manu veneratus est. Tribunis plebis adeuntibus se pro tribunali excusavit, quod propter angustias non posset audire eos, nisi stantes. Quare in brevi spatio tantum amoris favorisque collegit, ut, quum profectum eum Ostiam periisse ex insidiis nunciatum esset, magna consternatione populus, et militem quasi proditorem, et senatum quasi parricidam, diris exsecrationibus incessere non ante destiterit, quam unus atque alter, et mox plures, a magistratibus in Rostra producti, salvum et appropinquare confirmarent.

XIII. Nec tamen expers insidiarum usquequaque permansit, sed et a singulis, et per factionem, et denique civili bello infestatus est. E plebe homo nocte media juxta cubiculum ejus cum pugione deprehensus est : reperti et equestris ordinis duo in publico cum dolone ac venatorio cultro praestolantes, alter, ut egressum theatro, alter, ut sacrificantem apud Martis aedem adoriretur. Conspiraverunt autem ad res novas Gallus Asinius et Statilius Corvinus, Pollionis ac Messalae oratorum nepotes, assumtis compluribus libertis ipsius atque servis.

tences que ses procureurs rendraient dans les affaires judiciaires[38]. Il sollicita des consuls le droit d'établir des marchés dans ses domaines. Souvent il assista aux instructions faites par les magistrats, comme l'un de leurs conseillers, et, quand ces magistrats donnaient des spectacles, il se levait avec le reste du peuple, et les honorait de la voix et de la main. Les tribuns étant venus devant son tribunal, il s'excusa de ce que, dans un espace aussi étroit, il ne pouvait les recevoir que debout. Toutes ces choses lui attirèrent en peu de temps la faveur et l'amour publics à tel point, que le peuple fut frappé de consternation, lorsque le bruit se répandit, pendant un voyage qu'il faisait à Ostie[39], qu'il avait péri victime d'un assassinat. On accusait le soldat comme s'il eût été traître, le sénat comme s'il eût été parricide, et l'on ne cessait de les accabler des plus terribles imprécations, jusqu'à ce que les magistrats firent avancer sur les Rostres un homme, puis un autre encore, enfin plusieurs successivement, qui tous affirmèrent que Claude se portait bien, et s'approchait de Rome.

XIII. Toutefois, il ne fut pas toujours à l'abri des pièges : il fut menacé par des particuliers, par des factions, enfin par des guerres civiles. Une nuit, on saisit près de son lit un homme du peuple, armé d'un poignard. Dans la rue, deux hommes de l'ordre des chevaliers[40], munis d'un stylet et d'un couteau de chasse, l'attendirent, l'un à la sortie du théâtre, l'autre pendant un sacrifice, près du temple de Mars. Gallus Asinius[41] et Statilius Corvinus[42], petit-fils des orateurs Pison et Messala, conspirèrent pour changer le gouvernement, et firent entrer dans leur complot un grand nombre de ses affranchis et de ses esclaves. Furius Camillus Scribonianus[43], son

Bellum civile movit Furius Camillus Scribonianus, Dalmatiæ legatus; verum intra quintum diem oppressus est, legionibus, quæ sacramentum mutaverant, in pœnitentiam religione conversis, postquam, denunciato ad novum imperatorem itinere, casu quodam, an divinitus, neque aquila ornari, neque signa convelli moverique potuerunt.

XIV. Consulatus super pristinum quatuor gessit: ex quibus duos primos junctim, sequentes per intervallum, quarto quemque anno, semestrem novissimum, bimestres ceteros, tertium autem, novo circa principem exemplo, in locum demortui suffectus. Jus et consul et extra honorem laboriosissime dixit, etiam suis suorumque diebus sollemnibus, nonnunquam festis quoque antiquitus et religiosis. Nec semper præscripta legum secutus, duritiam lenitatemve multarum, ex bono et æquo, perinde ut afficeretur, moderatus est. Nam et iis, qui apud privatos judices plus petendo formula excidissent, restituit actiones; et in majore fraude convictos, legitimam pœnam supergressus, ad bestias condemnavit.

XV. In cognoscendo autem ac decernendo mira varietate animi fuit, modo circumspectus et sagax, modo inconsultus ac præceps; nonnunquam frivolus amentique

lieutenant en Dalmatie, excita une guerre civile, mais il fut soumis en moins de cinq jours, et les légions qui avaient trahi leurs sermens furent ramenées au repentir par la religion. Soit hasard, soit volonté des dieux, lorsqu'on ordonna la marche pour aller rejoindre le nouvel empereur, l'aigle ni les enseignes ne purent être déracinées ni enlevées de leur place.

XIV. Outre son ancien consulat, il en géra quatre, savoir : les deux premiers l'un après l'autre [44]; il mit quatre ans d'intervalle pour chacun des suivans. Il retint le dernier six mois, les autres pendant deux seulement; pour le troisième, il fut substitué à un consul mort, ce qui, pour un prince, était quelque chose d'inusité. Qu'il fût consul ou non, il s'appliquait fort assidûment à rendre la justice, sans excepter de ses travaux les jours qui étaient solennels pour lui ou pour les siens; quelquefois même, il ne tenait aucun compte des fêtes ou des jours que la religion avait consacrés dès la plus haute antiquité. Sans s'attacher toujours aux préceptes des lois, il corrigeait, au moyen de l'équité, et selon le sentiment qu'il éprouvait, ce qu'elles avaient de trop dur ou de trop doux. De la sorte, il restituait dans l'exercice de leur action ceux qui, selon la rigueur de la formule, eussent été déchus devant les juges ordinaires [45], pour avoir trop demandé; et, d'autre part, il renchérissait sur la peine établie par les lois, et condamnait aux bêtes ceux qui étaient convaincus de fraudes plus importantes.

XV. Dans ses recherches, comme dans ses jugemens, il se montrait d'un caractère fort variable : parfois il était circonspect, et faisait preuve de sagacité; parfois il était inconsidéré, et se conduisait avec précipitation.

similis. Quum decurias rerum actu expungeret, eum qui, dissimulata vacatione, quam beneficio liberorum habebat, responderat, ut cupidum judicandi dimisit. Alium interpellatum ab adversariis de propria lite, negantemque, cognitionis rem, sed ordinarii juris esse, agere causam confestim apud se coegit, proprio negotio documentum daturum, quam æquus judex in alieno negotio futurus esset. Feminam, non agnoscentem filium suum, dubia utrinque argumentorum fide, ad confessionem compulit, indicto matrimonio juvenis. Absentibus secundum præsentes facillime dabat, nullo delectu, culpane quis, an aliqua necessitate, cessasset. Proclamante quodam, præcidendas falsario manus, carnificem statim acciri cum machæra mensaque lanionia, flagitavit. Peregrinitatis reum, orta inter advocatos levi contentione, togatumne an palliatum dicere causam oporteret, quasi æquitatem integram ostentans, mutare habitum sæpius, et prout accusaretur defendereturve, jussit. De quodam etiam negotio ita ex tabella pronunciasse creditur, « Secundum eos se sentire qui vera proposuissent. » Propter quæ usque eo eviluit, ut passim ac propalam contemtui esset. Excusans quidam testem, e provincia ab eo vocatum, negavit præsto esse posse, dissimulata diu causa; ac post longas demum interrogationes, « Mortuus est, » inquit : « puto, licuit. » Alius gratias agens, quod reum defendi pateretur, adjecit :

Un jour que, dans l'exercice de ses fonctions, il faisait la révision des décuries [46], Claude regarda comme avide de juger, et retrancha du nombre des juges, un homme qui ne s'était point prévalu de l'exemption que créait en sa faveur le nombre de ses enfans. Un juge, interpellé devant lui sur sa propre affaire, niait qu'elle fût de son attribution, et la soutenait de droit commun ; Claude le força à plaider sa cause sur-le-champ, afin qu'il fît savoir par son procès même jusqu'à quel point il serait équitable dans ceux des autres. Une femme ne voulait pas reconnaître son fils : de part et d'autre les argumens étaient douteux ; il la contraignit à l'aveu, en lui ordonnant d'épouser le jeune homme. Quand des parties étaient absentes, Claude prononçait très-ordinairement en faveur des présens, sans examiner si l'absence venait de quelque faute ou de force majeure. Quelqu'un ayant crié qu'il fallait couper les mains à un faussaire, il ordonna sur-le-champ de faire venir le bourreau avec son couteau et sa table d'exécution. Un homme étant poursuivi pour extranéité, il s'éleva parmi les avocats une légère discussion, pour savoir s'il plaiderait sa cause en toge ou en habit long : Claude ordonna qu'il changerait d'habit, et qu'il en aurait un pendant qu'on l'accuserait, un autre pendant la défense. On croit aussi qu'il rendit par écrit la sentence suivante : « Je prononce en faveur de ceux qui ont soutenu la vérité. » Ces décisions le déconsidérèrent à tel point, que parfois on lui donnait publiquement des marques de mépris. Quelqu'un, pour excuser un témoin absent qu'il avait fait citer en province, dit qu'il lui avait été impossible de venir, mais n'ajouta pas le motif de son absence. Ce ne fut qu'après des questions réitérées qu'il s'écria : « Il est

« Et tamen fieri solet. » Illud quoque a majoribus natu audiebam, adeo causidicos patientia ejus solitos abuti, ut descendentem e tribunali non solum voce revocarent, sed et lacinia togæ retenta, interdum pede apprehenso, detinerent. Ac ne cui hæc mira sint, litigatori græculo vox in altercatione excidit : Καὶ σὺ γέρων εἶ, καὶ μωρός. Equitem quidem romanum, obscœnitatis in feminas reum, sed falso et ab impotentibus inimicis conficto crimine, satis constat, quum scorta meritoria citari adversus se, et audiri pro testimonio videret, graphium et libellos, quos tenebat in manu, ita cum magna stultitiæ et sævitiæ exprobratione jecisse in faciem ejus, ut genam non leviter perstrinxerit.

XVI. Gessit et censuram, intermissam diu post Plancum Paulumque censores : sed hanc quoque inæquabiliter, varioque et animo et eventu. Recognitione equitum juvenem probri plenum, sed quem pater probatissimum sibi affirmabat, sine ignominia dimisit, « habere » dicens « censorem suum. » Alium, corruptelis adulteriisque famosum, nihil amplius quam monuit, « ut aut parcius ætatulæ indulgeret, aut certe cautius : » addiditque : « Quare enim ego scio, quam amicam habeas? » Et quum, orantibus familiaribus, demsisset cuidam appositam notam, « Litura tamen, » inquit, « exstet. »

mort; je pense que le voilà suffisamment excusé. » Un autre, remerciant Claude de ce qu'il permettait que l'accusé se défendît, ajouta : « Cependant c'est l'usage. » J'ai aussi entendu dire par des anciens, que les plaideurs avaient coutume d'abuser tellement de sa patience, que, non contens de le rappeler quand il descendait de son tribunal, ils s'accrochaient encore à sa robe, et quelquefois le retenaient par le pied. Pour que l'on ne s'en étonne pas, j'ajouterai que, dans la chaleur de la discussion, il échappa à un avocat grec de s'écrier : « Et toi aussi, tu es vieux et insensé. » On connaît généralement le trait suivant : Un chevalier romain était en butte à la haine d'ennemis, qui l'accusaient calomnieusement d'avoir attenté à la pudeur des femmes; voyant que l'on citait contre lui, et que l'on entendait en témoignage des prostituées de profession, il lança à la tête de Claude les tablettes et le stylet qu'il avait à la main, et l'en blessa assez fortement à la joue, en lui reprochant amèrement sa bêtise et sa cruauté.

XVI. Il géra encore la censure[47], interrompue depuis Plancus et Paulus; il s'y montra tout aussi inégal, changeant toujours de principe et de décision. A la revue des chevaliers, il renvoya, sans note d'infamie, un jeune homme d'une conduite honteuse, mais que son père affirmait être à l'abri du reproche. Claude dit « que son père était son meilleur censeur. » Un autre, qui était célèbre par ses débauches et ses adultères, fut simplement averti de ne pas s'abandonner autant au penchant de la jeunesse, ou, du moins, d'y apporter plus de prudence. Claude ajouta : « Car, enfin, pourquoi faut-il que je sache quelle est votre maîtresse? » Sur la prière d'amis, il effaça la note infligée à quelqu'un : « Que, du moins, dit-il, la rature

Splendidum virum, Græciæque provinciæ principem, verum latini sermonis ignarum, non modo albo judicum erasit, sed etiam in peregrinitatem redegit. Nec quemquam, nisi sua voce, utcunque quis posset, ac sine patrono, rationem vitæ passus est reddere. Notavitque multos, et quosdam inopinantes, et ex causa novi generis, quod se inscio ac sine commeatu Italia excessissent; quemdam vero et quod comes regis in provincia fuisset, referens, majorum temporibus, Rabirio Postumo, Ptolemæum Alexandriam, crediti servandi causa, secuto, majestatis crimen apud judices motum. Plures notare conatus, magna inquisitorum negligentia, sed suo majore dedecore, innoxios fere reperit, quibuscunque cœlibatum, aut orbitatem, aut egestatem objiceret, maritos, patres, opulentos se probantibus; eo quidem, qui sibimet vim ferro intulisse arguebatur, illæsum corpus veste deposita ostentante. Fuerunt et illa in censura ejus notabilia, quod essedum argenteum, sumtuose fabricatum, ac venale ad Sigillaria, redimi concidique coram, imperavit: quodque uno die viginti edicta proposuit: inter quæ duo, quorum altero admonebat, «ut uberi vinearum proventu bene dolia picarentur;» altero, «nihil æque facere ad viperæ morsum, quam taxi arboris succum.»

subsiste. » Il ne se contenta point de rayer du tableau des juges l'un des principaux de la province grecque [48], parce qu'il ne savait pas le latin, il le réduisit, de plus, à la condition de l'extranéité. Il ne souffrit pas que nul rendît compte de sa conduite autrement qu'en personne, chacun parlant comme il pouvait, et sans l'assistance d'un avocat. Il nota beaucoup de citoyens qui ne s'y attendaient pas, et par le motif tout nouveau qu'ils étaient sortis de l'Italie à son insu et sans sa permission. Un autre citoyen fut noté, pour avoir accompagné un roi en province, et, à ce sujet, Claude rappela que Rabirius Postumus [49] fut autrefois cité devant les juges pour crime de haute trahison, uniquement parce qu'il avait suivi à Alexandrie le roi Ptolémée, dans la vue de conserver un capital qu'il lui avait prêté. Il aurait voulu noter beaucoup plus de coupables; mais, par la négligence des instructeurs, et pour sa plus grande honte, tout le monde se trouvait innocent, et, s'il reprochait à quelqu'un le célibat, l'absence d'enfans, la pauvreté, tout aussitôt on prouvait que l'on était mari, père et opulent. Il arriva même que celui qu'on accusait de s'être frappé pour se donner la mort, se dépouilla de ses vêtemens, et montra que son corps était intact. Sa censure fut aussi remarquable, en ce qu'il ordonna d'acheter et de mettre en pièces un char d'argent magnifiquement façonné, que l'on avait mis en vente dans le quartier des Sigillaires [50]. En un seul jour, il rendit vingt édits. Il y en avait deux, dont l'un avertissait que, « la vendange devant être abondante, il importait de bien goudronner les tonneaux; » et l'autre, « que rien n'était plus salutaire contre la morsure des vipères que le suc de l'if. »

XVII. Expeditionem unam omnino suscepit, eamque modicam. Quum, decretis sibi a senatu ornamentis triumphalibus, leviorem majestati principali titulum arbitraretur, velletque, justi triumphi decus unde acquireret, *Britanniam* potissimum elegit, neque tentatam ulli post divum Julium, et tunc tumultuantem ob non redditos transfugas. Huc quum ab Ostia navigaret, vehementi circio bis pæne demersus est, prope Liguriam, juxtaque Stœchadas insulas. Quare, a Massilia Gesoriacum usque pedestri itinere confecto, inde transmisit: ac sine ullo prœlio aut sanguine intra paucissimos dies parte insulæ in deditionem recepta, sexto, quam profectus erat, mense Romam rediit, triumphavitque maximo apparatu. Ad cujus spectaculum commeare in Urbem non solum præsidibus provinciarum permisit, verum etiam exsulibus quibusdam; atque inter hostilia spolia, navalem coronam fastigio palatinæ domus juxta civicam fixit, trajecti et quasi domiti Oceani insigne. Currum ejus Messalina uxor carpento secuta est. Secuti et triumphalia ornamenta eodem bello adepti, sed ceteri pedibus et in prætexta; Crassus Frugi equo phalerato, et in veste palmata, quod eum honorem iteraverat.

XVIII et XIX. Urbis annonæque curam sollicitissime semper egit. Quum Æmiliana pertinacius arderent, in diribitorio duabus noctibus mansit: ac deficiente militum ac familiarum turba, auxilio plebem per magistratus ex

XVII. Il ne fit en tout qu'une seule expédition de peu d'importance. Le sénat lui ayant décerné les ornemens du triomphe, il pensa que c'était trop peu pour la majesté du prince, et voulut trouver une occasion d'obtenir le véritable triomphe. Il choisit la Bretagne, qui n'avait pas été attaquée depuis Jules César [51], et qui était en insurrection au sujet de transfuges que l'on n'avait point encore rendus. Étant parti d'Ostie pour s'y rendre, il faillit être deux fois submergé par un vent impétueux du nord-ouest [52], sur la côte de Ligurie, et près des îles Stœchades [53]. Aussi vint-il par terre de Marseille à Gesoriacum [54], où il opéra son passage. Là, sans obstacle, sans effusion de sang, il reçut en très-peu de jours la soumission [55] d'une partie de l'île, et, le sixième mois après son départ, s'en retourna à Rome avec grand appareil. Il permit aux présidens des provinces de venir jouir de ce spectacle; il accorda même cette faveur à quelques exilés, et plaça sur le faîte du palais, et parmi les dépouilles de l'ennemi [56], une couronne navale, qui fut mise à côté de la couronne civique, en commémoration de ce qu'il avait traversé et en quelque sorte dompté l'Océan. Sa femme Messaline était en voiture derrière son char. Ceux qui dans la même guerre avaient mérité les ornemens triomphaux, le suivaient à pied et en robe prétexte. Crassus Frugi [57], qui obtenait cet honneur pour la seconde fois, montait un cheval caparaçonné, et portait une robe brodée de palmes.

XVIII et XIX. Il eut toujours le plus grand soin de la ville et de ses approvisionnemens. Un violent incendie ayant éclaté dans le quartier Émilien [58], il se tint pendant deux nuits au *diribitorium*. Les soldats et les esclaves succombaient de fatigue; il fit appeler par les magis-

omnibus vicis convocavit; ac, positis ante se cum pecunia fiscis, ad subveniendum hortatus est, repræsentans pro opera dignam cuique mercedem. Arctiore autem annona ob assiduas sterilitates, detentus quondam medio Foro a turba, conviciisque et simul fragminibus panis ita infestatus, ut ægre, nec nisi postico, evadere in palatium valuerit, nihil non ex eo excogitavit ad invehendos etiam in tempore hiberno commeatus. Nam et negotiatoribus certa lucra proposuit, suscepto in se damno, si cui quid per tempestates accidisset, et naves mercaturæ causa fabricantibus magna commoda constituit, pro conditione cujusque : civi, vacationem legis Papiæ Poppææ; Latino, jus Quiritium; feminis, jus quatuor liberorum : quæ constituta hodieque servantur.

XX. Opera magna, potiusque necessaria, quam multa perfecit; sed vel præcipua, aquarum ductum, a Caio inchoatum : item, emissarium Fucini lacus, portumque ostiensem : quamquam sciret, ex his alterum ab Augusto precantibus assidue Marsis negatum, alterum a divo Julio sæpius destinatum, ac propter difficultatem omissum. Claudiæ aquæ gelidos et uberes fontes, quorum alteri Cæruleo, alteri Curtio et Albudino nomen est, simulque rivum Anienis novi lapideo opere in Urbem perduxit, divisitque in plurimos et ornatissimos lacus.

trats le peuple de tous les quartiers, puis, mettant devant lui des corbeilles remplies d'argent, il excitait chacun à porter du secours, et donnait des récompenses proportionnées au travail. Plusieurs années de stérilité ayant mis la cherté dans les grains, il fut un jour entouré par la foule [59], au milieu du Forum : on lui cria des injures, et on lui lança des morceaux de pain, si bien qu'il ne put qu'à grand'peine s'échapper et rentrer dans son palais par une porte de derrière. Depuis lors, il n'est rien qu'il n'imaginât pour faire arriver les convois même l'hiver, offrant aux négocians des bénéfices certains, et se chargeant du dommage, pour le cas où les tempêtes en causeraient. Il fit aussi de grands avantages à ceux qui construisaient des navires pour le commerce des grains, et les proportionnait [60] à la condition de chacun. Était-ce un citoyen, il l'affranchissait des dispositions de la loi Papia Poppæa [61] ; était-ce un Latin, il lui donnait le droit des Quirites; une femme, il lui conférait le privilège des quatre enfans [62], et ces ordonnances sont encore exécutées aujourd'hui.

XX. En fait de travaux publics, il s'attacha plus à faire ceux qui étaient nécessaires, qu'à en entreprendre un grand nombre. Les principaux furent l'achèvement de l'aquéduc commencé par Caïus, un canal d'écoulement pour le lac Fucin, un port à Ostie. Cependant il savait que l'une de ces constructions avait été refusée par Auguste aux fréquentes prières des Marses, et que l'autre avait été souvent projetée par Jules César, mais toujours remise, à cause des difficultés qu'offrait l'exécution. Les eaux fraîches et abondantes qui portent le nom de Claudius, et dont les sources s'appellent, l'une la source verte, les autres de Curtius et d'Albudinus, furent conduites à la

Fucinum aggressus est, non minus compendii spe, quam gloriæ; quum quidam, privato sumtu emissuros se, repromitterent, si sibi siccati agri concederentur. Per tria autem passuum millia, partim effosso monte, partim exciso, canalem absolvit ægre, et post undecim annos, quamvis continuis triginta hominum millibus sine intermissione operantibus. Portum Ostiæ exstruxit, circumducto dextra sinistraque brachio, et ad introitum profundo jam solo mole objecta: quam quo stabilius fundaret, navem ante demersit, qua magnus obeliscus ex Ægypto fuerat advectus, congestisque pilis superposuit altissimam turrim in exemplum alexandrini Phari, ut ad nocturnos ignes cursum navigia dirigerent.

XXI. Congiaria populo sæpius distribuit. Spectacula quoque complura et magnifica edidit, non usitata modo, ac solitis locis, sed et commentitia, et ex antiquitate repetita, et ubi præterea nemo ante eum. Ludos dedicationis pompeiani theatri, quod ambustum restituerat, e tribunali posito in orchestra commisit, quum prius apud superiores ædes supplicasset, perque mediam caveam, sedentibus ac silentibus cunctis, descendisset. Fecit et seculares, quasi anticipatos ab Augusto, nec legitimo tempori reservatos : quamvis ipse in historiis suis prodat, « intermissos eos Augustum multo post, diligentissime annorum ratione subducta, in ordinem

ville, ainsi que le canal du nouvel Anio, au moyen d'un aquéduc[63] en pierre, et elles y furent distribuées dans de nombreux et magnifiques réservoirs. Il commença les travaux du lac Fucin[64], tout autant par des raisons d'utilité que par intérêt pour sa gloire, quelques particuliers promettant d'exécuter l'entreprise à leurs dépens, si on leur concédait les terres desséchées. Enfin, à force de peine, il acheva ce canal, après avoir, pendant onze ans, employé sans relâche trente mille hommes à percer et à tailler la montagne sur un espace de trois mille pas. Quant au port d'Ostie[65], il le construisit en l'entourant à droite et à gauche de deux bras, et en élevant un môle en face de l'entrée, lieu où la mer était profonde : afin de mieux asseoir ce môle, il commença par enfoncer le navire sur lequel le grand obélisque était venu d'Égypte, puis il y établit des piliers, et le surmonta d'une tour semblable au phare d'Alexandrie, voulant que, la nuit, des feux dirigeassent la course des vaisseaux.

XXI. Il distribua souvent des cadeaux au peuple, donna des représentations en grand nombre et avec magnificence; car il ne se contentait pas des spectacles ordinaires, célébrés dans les lieux consacrés à cet usage, il en imaginait, ou plutôt en empruntait à l'antiquité, et les faisait jouer là où personne ne l'avait fait avant lui. Il avait restauré le théâtre Pompée[66] que les flammes avaient consumé; il célébra les jeux de la dédicace, du haut d'un tribunal placé dans l'orchestre, après avoir offert un sacrifice dans la partie supérieure de l'édifice, dont il descendit en traversant l'enceinte, au milieu de la multitude assise en silence. Il célébra aussi les jeux séculaires[67], disant qu'Auguste, au lieu de les réserver pour le temps où ils devaient arriver, en avait devancé

redegisse. » Quare vox præconis irrisa est, invitantis more sollemni ad ludos, « quos nec spectasset quisquam, nec spectaturus esset; » quum superessent adhuc, qui spectaverant, et quidam histrionum, producti olim, tunc quoque producerentur. Circenses frequenter etiam in Vaticano commisit, nonnunquam interjecta per quinos missus venatione. Circo vero maximo marmoreis carceribus, auratisque metis, quæ utraque et tophina ac lignea antea fuerant, exculto, propria senatoribus constituit loca, promiscue spectare solitis. Ac super quadrigarum certamina Trojæ lusum exhibuit, et Africanas, conficiente turma equitum prætorianorum, ducibus tribunis, ipsoque præfecto : præterea thessalos equites, qui feros tauros per spatia Circi agunt, insiliuntque defessos, et ad terram cornibus detrahunt. Gladiatoria munera plurifariam ac multiplicia exhibuit; anniversarium in castris prætorianis, sine venatione apparatuque; justum atque legitimum in septis; ibidem extraordinarium et breve, dierumque paucorum, quodque appellare cœpit *sportulam*, quia primum daturus edixerat, « velut ad subitam condictamque cœnulam invitare se populum. » Nec ullo spectaculi genere communior aut remissior erat, adeo, ut oblatos victoribus aureos, prolata sinistra pariter cum vulgo, voce digitisque numeraret, ac sæpe hortando rogandoque ad hilaritatem homines provocaret, *dominos* identidem appellans, immixtis interdum

le retour; cependant, lui-même dit dans son histoire « qu'Auguste, ayant supputé soigneusement les années, avait ramené ces jeux à leur véritable époque. » Aussi, se moqua-t-on du héraut, lorsque, selon la formule solennelle, il invita le peuple, en criant « que personne ne les avait vus, ni ne les reverrait jamais; » car beaucoup de ceux qui y avaient assisté vivaient encore, et l'on y faisait paraître des acteurs qui y avaient déjà figuré. Claude donna des jeux du Cirque sur la colline du Vatican, et, chaque fois que les chars avaient accompli cinq courses [68], on y faisait diversion par des combats d'animaux. Le grand Cirque eut des barrières de marbre : les colonnes du but furent dorées, tandis que les premières étaient autrefois de tuf, et les autres de bois. On y marqua des places réservées aux sénateurs, qui, auparavant, se perdaient dans la foule [69]. Outre les courses de quadriges, l'empereur fit représenter le jeu de Troie et les chasses d'Afrique, où figurait un escadron de cavaliers prétoriens conduits par leur tribun, et même par leur préfet. Il introduisit aussi dans le Cirque des cavaliers thessaliens [70], qui font courir des taureaux irrités, sautent sur eux quand ils sont fatigués, et les terrassent en les saisissant par les cornes. Claude donna très-souvent des combats de gladiateurs de diverses espèces, et fit une fondation annuelle [71] de ce genre, pour le camp des prétoriens, mais sans combat de bêtes et sans appareil. Il établit un autre combat plus parfait dans les Septes; enfin, dans le même lieu, il en célébra un à l'extraordinaire, qui ne dura que peu de jours, et qu'il appela *sportula* [72], ou *le petit repas*, parce que, avant de le donner, il avait proclamé « qu'il invitait le peuple comme à un souper improvisé et sans façon. » Il n'y avait point de genre de

frigidis et arcessitis jocis : qualis est, ut quum Palumbum postulantibus, « daturum se, » promisit, « si captus esset. » Illud plane quantumvis salubriter et in tempore : quum essedario, pro quo quatuor filii deprecabantur, magno omnium favore indulsisset rudem, tabulam illico misit, admonens populum, « quanto opere liberos suscipere deberet, quos videret et gladiatori præsidio gratiæque esse. » Edidit et in Martio campo expugnationem direptionemque oppidi ad imaginem bellicam, et deditionem Britanniæ regum, præseditque paludatus. Quin et, emissurus Fucinum lacum, naumachiam ante commisit. Sed quum, proclamantibus naumachiariis, « Ave, imperator, morituri te salutant, » respondisset, « Avete vos; » neque post hanc vocem, quasi venia data, quisquam dimicare vellet : diu cunctatus, an omnes igni ferroque absumeret, tandem e sede sua prosiluit, ac per ambitum lacus, non sine fœda vacillatione, discurrens, partim minando, partim adhortando, ad pugnam compulit. Hoc spectaculo classis sicula et rhodia concurrerunt, duodenarum triremium singulæ, exciente buccina Tritone argenteo, qui e medio lacu per machinam emerserat.

spectacles où il se montrât plus accessible et plus joyeux; il avançait la main gauche, comme faisait le peuple, et comptait sur ses doigts, à haute voix, les pièces d'or offertes aux vainqueurs. Ses questions, ses exhortations excitaient à la gaîté tous les spectateurs qu'il appelait ses maîtres, en mêlant à ses propos des plaisanteries froides et recherchées : par exemple, en jouant sur le nom du gladiateur Palumbus, que demandaient les assistans, il dit « qu'il le ferait venir dès qu'on pourrait le prendre. » Ce que nous allons rapporter avait du moins le mérite de l'à-propos : ayant, aux acclamations populaires, accordé la baguette émérite à un gladiateur de char, dont les quatre fils venaient de le supplier avec les plus vives instances, il fit sur-le-champ circuler une tablette, sur laquelle il écrivit un avertissement au peuple, « sur l'avantage qu'il trouverait à procréer des enfans, puisqu'ils étaient des sujets de faveur et de secours, même pour un gladiateur. » Claude fit donner dans le Champ-de-Mars le spectacle militaire de la prise et de la destruction d'une ville, et y présida lui-même en habit de général. Avant de dessécher le lac Fucin [73], il célébra une naumachie; mais les combattans s'étant écriés : « *Salut à l'empereur! nous te saluons avant de mourir,* » il répondit : « *Salut à vous!* » Ils prirent ce mot pour une grâce, et personne ne voulut plus combattre; Claude hésita long-temps; il ne savait s'il les ferait périr par le fer ou par le feu : enfin, il s'élança de son siège, courut çà et là autour du lac, en se balançant d'une manière ridicule, et les força, tant par ses menaces que par ses exhortations, à continuer le combat. A ce spectacle, on vit s'aborder mutuellement une flotte de Sicile et une flotte de Rhodes, chacune composée de douze trirèmes, et le

XXII. Quædam circa cerimonias, civilemque et militarem morem, item circa omnium ordinum statum, domi forisque, aut correxit, aut exoleta revocavit, aut etiam nova instituit. In cooptandis per collegia sacerdotibus, neminem nisi juratus nominavit; observavitque sedulo, ut quoties terra in Urbe movisset, ferias advocata concione prætor indiceret; utque, dira avi in Urbe aut in Capitolio visa, obsecratio haberetur, eamque ipse jure maximi pontificis, commonito pro Rostris populo, præiret, summotaque operariorum servorumque turba.

XXIII. Rerum actum, divisum antea in hibernos æstivosque menses, conjunxit. Jurisdictionem de fidei commissis, quotannis et tantum in Urbe delegari magistratibus solitam, in perpetuum atque etiam per provincias potestatibus demandavit. Capiti Papiæ Poppææ legis, a Tiberio Cæsare, quasi sexagenarii generare non possent, addito, obrogavit. Sanxit, ut pupillis extra ordinem tutores a consulibus darentur, utque hi, quibus a magistratibus provinciæ interdicerentur, Urbe quoque et Italia summoverentur. Ipse quosdam novo exemplo relegavit, ut ultra lapidem tertium vetaret egredi ab Urbe. De majore negotio acturus in Curia, medius inter

signal fut donné par un Triton d'argent, qu'une machine fit sortir du milieu du lac.

XXII. Il corrigea, remit en vigueur, ou institua de nouveau plusieurs usages relatifs aux cérémonies religieuses, et à la vie civile ou militaire, et fixa les rapports des divers ordres de l'état, tant pour Rome que pour la province. Quand les collèges de prêtres faisaient un choix, il ne nommait personne, sans avoir d'abord accompli la solennité du serment. Chaque fois que Rome éprouvait un tremblement de terre, il faisait proclamer des jours fériés, que le préteur annonçait au peuple assemblé. S'il se montrait à la ville ou au Capitole un oiseau de malheur, on faisait des prières expiatoires, et lui, en sa qualité de pontife suprême, haranguait les assistans du haut des Rostres, et prononçait la formule le premier, tandis qu'on écartait la foule des ouvriers et des esclaves.

XXIII. Il supprima toute interruption dans l'expédition des affaires, auparavant divisées entre les mois d'été et les mois d'hiver [74]. La juridiction des fidéicommis [75], qu'on avait coutume de déléguer tous les ans à des magistrats pris exclusivement dans la ville, fut fixée pour toujours, et conférée même aux autorités des provinces. Claude abrogea le chapitre ajouté par Tibère à la loi Papia Poppæa [76], d'après lequel les sexagénaires ne pouvaient plus procréer. Il voulut que les consuls nommassent, par une attribution extraordinaire, des tuteurs aux pupilles, et que ceux auxquels les magistrats avaient interdit l'accès des provinces, fussent éloignés aussi de la capitale et de l'Italie. Il créa une nouvelle espèce de ban, qui consistait à défendre à certaines personnes de s'éloigner de Rome au delà du troisième milliaire. Quand

consulum sellas, tribunicio subsellio sedebat. Commeatus, a senatu peti solitos, beneficii sui fecit.

XXIV. Ornamenta consularia etiam procuratoribus ducenariis indulsit. Senatoriam dignitatem recusantibus, equestrem quoque ademit. Latum clavum, quamvis initio affirmasset, non lecturum se senatorem, nisi civis romani abnepotem, etiam libertini filio tribuit; sed sub conditione, si prius ab equite romano adoptatus esset. Ac sic quoque reprehensionem verens, etiam Appium Cæcum censorem, generis sui proauctorem, libertinorum filios in senatum allegisse docuit; ignarus, temporibus Appii et deinceps aliquamdiu *libertinos* dictos, non ipsos, qui manumitterentur, sed ingenuos ex his procreatos. Collegio quæstorum pro stratura viarum gladiatorium munus injunxit; detractaque ostiensi et gallica provincia, curam ærarii Saturni reddidit, quam medio tempore prætores, aut, uti nunc, prætura functi sustinuerant. Triumphalia ornamenta Silano, filiæ suæ sponso, nondum puberi dedit; majoribus vero natu tam multis, tamque facile, ut epistola communis legionum nomine exstiterit, petentium, « ut legatis consularibus simul cum exercitu et triumphalia darentur, ne causam belli quoquo modo quærerent. » A. Plautio etiam ovationem decrevit; ingressoque Urbem obviam progressus, et in Capitolium eunti, et inde rursus revertenti latus

il avait à traiter au sénat une affaire importante, il s'asseyait sur un siège de tribun, entre les deux consuls. Il s'attribua aussi la connaissance des demandes de congé, que l'on portait ordinairement au sénat.

XXIV. Il accorda les insignes consulaires même aux *procuratores ducenarii* [77]. Ceux qui refusaient la dignité de sénateur, étaient privés de leur rang de chevalier. Quoique, au commencement de son règne, il eût affirmé qu'il ne choisirait pour sénateurs que les arrière-petits-fils de citoyens romains, il donna le laticlave à un fils d'affranchi, mais sous la condition qu'il serait préalablement adopté par un chevalier. Toutefois, ne se croyant pas encore à l'abri du reproche, il prétendit que le censeur Appius Cécus, premier auteur de sa race, avait appelé au sénat des fils d'affranchis. Il ignorait qu'au temps d'Appius, et dans la suite encore, on donnait le titre de *libertini*, non pas à ceux qui étaient affranchis, mais aux hommes libres, nés de ces affranchis. Au lieu de laisser au collège des questeurs la construction des chemins publics, Claude lui assigna le soin des jeux de gladiateurs, lui ôta le gouvernement d'Ostie et celui de la Gaule [78], et lui rendit la surveillance du trésor, que l'on gardait dans le temple de Saturne [79], surveillance qui, dans l'intervalle, avait appartenu aux préteurs, ou à ceux qui l'avaient été, comme cela se pratique encore aujourd'hui. Il décerna les honneurs du triomphe à Silanus [80], le fiancé de sa fille, quoiqu'il n'eût pas l'âge de puberté. Il les accorda à tant d'hommes adultes, et avec une si grande facilité, que, par une lettre écrite au nom de toutes les légions, on demanda « que les lieutenans consulaires en fussent gratifiés en même temps que du commandement, afin qu'ils n'eussent au-

texit. Gabinio Secundo, Chaucis, gente germanica, superatis, cognomen *Chaucius* usurpare concessit.

XXV. Equestres militias ita ordinavit, ut post cohortem, alam; post alam, tribunatum legionis daret: stipendiaque instituit, et imaginariæ militiæ genus, quod vocatur *supra numerum*, quo absentes, et titulo tenus fungerentur. Milites domus senatorias salutandi causa ingredi, etiam patrum decreto prohibuit. Libertinos, qui se pro equitibus romanis agerent, publicavit. Ingratos, et de quibus patroni quererentur, revocavit in servitutem; advocatisque eorum negavit, se adversus libertos ipsorum jus dicturum. Quum quidam ægra et affecta mancipia in insulam Æsculapii tædio medendi exponerent, omnes, qui exponerentur, liberos esse sanxit, nec redire in ditionem domini, si convaluissent: quod si quis necare quem mallet, quam exponere, cædis crimine teneri. Viatores ne per Italiæ oppida, nisi aut pedibus, aut sella, aut lectica transirent, monuit edicto. Puteolis et Ostiæ singulas cohortes ad arcendos incendiorum casus collocavit. Peregrinæ conditionis homines vetuit usurpare romana nomina, duntaxat gentilicia. Civitatem romanam usurpantes in campo Esquilino securi percussit. Provincias Achaiam et Macedoniam, quas Tiberius ad curam suam transtulerat, senatui red-

cun motif pour susciter la guerre. » Il décerna aussi l'ovation à A. Plautius [81], et, quand celui-ci entra dans la ville, Claude alla à sa rencontre, et l'accompagna pour monter au Capitole et pour en descendre. Gabinius Secundus [82] avait vaincu les Chauques, peuple germain ; il lui permit de porter le nom de *Chaucius*.

XXV. Il établit une hiérarchie entre les grades militaires des chevaliers : ce n'était qu'après le commandement d'une cohorte, qu'il donnait celui d'un escadron ; le tribunat de légion venait ensuite. Il créa aussi un genre de service imaginaire; ce n'était qu'un titre pour les absens, que l'on appela *surnuméraires*. Il empêcha les soldats, et même par un décret du sénat, d'entrer dans les maisons des sénateurs, pour leur rendre des devoirs. Il confisqua les biens des affranchis qui se faisaient passer pour chevaliers romains : quant à ceux qui étaient ingrats, ou dont les patrons avaient à se plaindre, il les replongeait dans la servitude, déclarant à leurs avocats que, puisqu'ils prenaient leur défense, il ne leur rendrait point justice envers leurs propres affranchis. Quelques personnes, pour n'avoir pas l'ennui de les faire guérir, exposaient leurs esclaves malades ou infirmes dans l'île d'Esculape [83]; Claude ordonna que tous ceux qui seraient exposés seraient libres, et qu'en cas de guérison ils ne rentreraient point sous la puissance de leurs maîtres. Il ajouta que, si quelqu'un tuait son esclave plutôt que de l'exposer, il serait poursuivi pour meurtre. Il interdit aux voyageurs, par un édit, de traverser les villes de l'Italie autrement qu'à pied, en chaise à porteur ou en litière [84]. Il mit à Pouzzoles une cohorte chargée de prévenir les incendies, et une à Ostie. Il défendit aux étrangers d'usurper des noms romains, du moins ceux de famille. Il

didit. Lyciis, ob exitiabiles inter se discordias, libertatem ademit: Rhodiis, ob pœnitentiam veterum delictorum, reddidit. Iliensibus, quasi romanæ gentis auctoribus, tributa in perpetuum remisit; recitata vetere epistola græca senatus populique romani, Seleuco regi amicitiam et societatem ita demum pollicentis, si consanguineos suos Ilienses ab omni onere immunes præstitisset. Judæos, impulsore Chresto assidue tumultuantes, Roma expulit. Germanorum legatis in orchestra sedere permisit, simplicitate eorum et fiducia motus, quod in popularia deducti, quum animadvertissent Parthos et Armenios sedentes in senatu, ad eadem loca sponte transierant, nihilo deteriorem virtutem aut conditionem suam prædicantes. Druidarum religionem apud Gallos, diræ immanitatis, et tantum civibus sub Augusto interdictam, penitus abolevit. Contra sacra Eleusinia etiam transferre ex Attica Romam conatus est; templumque in Sicilia Veneris Erycinæ, vetustate collapsum, ut ex ærario populi romani reficeretur, auctor fuit. Cum regibus fœdus in Foro icit, porca cæsa, ac vetere fecialium præfatione adhibita. Sed et hæc, et cetera, totumque adeo ex parte magna principatum, non tam suo, quam uxorum libertorumque arbitrio, administravit; talis ubique plerumque, qualem esse eum, aut expediret illis, aut liberet.

fit périr sous la hache, dans la plaine Esquiline [85], ceux qui s'étaient arrogé le titre de citoyen romain. Il restitua au sénat les provinces d'Achaïe et de Macédoine, que Tibère avait prises sous son administration [86]. Il ôta la liberté aux Lyciens, agités de funestes discordes, et la rendit aux Rhodiens [87], qui avaient expié leurs anciennes fautes. Il fit remise éternelle de tout tribut aux Iliens, parce qu'ils étaient les auteurs du peuple romain, et donna lecture d'une vieille lettre grecque, écrite par le sénat et le peuple romain au roi Seleucus, lettre dans laquelle ils lui promettaient amitié et alliance, s'il laissait libres de toute charge les Iliens [88], leurs parens. Il chassa de Rome les Juifs, qui s'agitaient d'après les excitations d'un certain Chrestus [89]. Il permit aux envoyés des Germains [90] de s'asseoir à l'orchestre; car il avait été touché de leur simplicité, et de la confiance qu'ils avaient dans leur mérite : lorsque ces envoyés, que l'on avait placés avec le peuple, surent que les Parthes et les Arméniens étaient assis avec le sénat, ils y passèrent de leur propre mouvement, en disant qu'ils ne valaient pas moins pour la naissance ni pour le courage. Il abolit complètement dans les Gaules la religion des druides [91], qui était d'une rare cruauté, et qu'Auguste n'avait interdite qu'aux citoyens. D'un autre côté, il entreprit de transférer de l'Attique à Rome les fêtes d'Éleusis, et ce fut lui qui proposa de reconstruire en Sicile, aux frais du trésor du peuple romain, le temple de Vénus Érycine [92], qui était tombé de vétusté. Au Forum, il contracta une alliance avec les rois, après avoir sacrifié une truie, et fait lire l'ancienne formule des féciaux. Mais toutes ces dispositions, ainsi que la plus grande partie des actes de son gouvernement, étaient inspirées plutôt par la volonté de ses femmes et

XXVI. Sponsas admodum adolescens duas habuit : Æmiliam Lepidam, Augusti proneptem; item Liviam Medullinam, cui et cognomen Camillæ erat, e genere antiquo dictatoris Camilli. Priorem, quod parentes ejus Augustum offenderant, virginem adhuc repudiavit : posteriorem ipso die, qui erat nuptiis destinatus, ex valetudine amisit. Uxores deinde duxit Plautiam Urgulanillam, triumphali, et mox Æliam Petinam, consulari patre. Cum utraque divortium fecit: sed cum Petina, ex levibus offensis; cum Urgulanilla, ob libidinum probra et homicidii suspicionem. Post has Valeriam Messalinam, Barbati Messalæ, consobrini sui, filiam, in matrimonium accepit. Quam quum comperisset, super cetera flagitia atque dedecora, C. Silio etiam nupsisse, dote inter auspices consignata, supplicio affecit; confirmavitque pro concione apud prætorianos, « Quatenus sibi matrimonia male cederent, permansurum se in cœlibatu : ac nisi permansisset, non recusaturum confodi manibus ipsorum. » Nec durare valuit, quin de conditionibus continuo tractaret, etiam de Petinæ, quam olim exegerat, deque Lolliæ Paulinæ, quæ C. Cæsari nupta fuerat. Verum illecebris Agrippinæ, Germanici fratris sui filiæ, per jus osculi et blanditiarum occasiones pellectus in amorem, subornavit, proximo senatu, qui censerent, cogendum se ad ducendum eam uxorem, quasi reipu-

de ses affranchies, que par la sienne. En tous lieux, et presque toujours, il se montrait tel que le commandait leur intérêt ou leur caprice.

XXVI. Très-jeune encore, il eut deux fiancées, Émilia Lepida, arrière-petite-fille d'Auguste [93], puis Livia Medullina, surnommée aussi Camilla, et qui était de la race antique du dictateur Camille. Il répudia la première encore vierge, parce que ses parens avaient offensé Auguste ; la seconde mourut de maladie le jour même qui avait été fixé pour ses noces. Il épousa ensuite Plautia Urgulanilla [94], d'une famille triomphale, et Élia Petina [95], née d'un père consulaire. Il fit divorce avec toutes deux, et se sépara de Petina pour de légers sujets, d'Urgulanilla pour ses débauches, et parce qu'elle était soupçonnée d'homicide. Après elles, il prit en mariage Valeria Messalina [96], fille de Barbatus Messala, son cousin ; mais, quand il sut qu'outre ses crimes et ses turpitudes elle s'était mariée à C. Silius [97], que même elle avait constitué une dot en présence des augures, il la fit périr [98], et déclara publiquement aux prétoriens que, « les mariages lui réussissant mal, il demeurerait dans le célibat. » Il ajouta que, « s'il ne tenait parole, il consentait à être percé de leurs mains. » Cependant, il ne put s'empêcher de négocier bientôt une nouvelle union, et rechercha même cette Petina qu'il avait renvoyée, et Lollia Paulina qui avait été mariée à Caïus César. Mais les artifices d'Agrippine, fille de son frère Germanicus, lui inspirèrent un amour qui devait naître aisément du droit de l'embrasser et de plaisanter familièrement avec elle. A la première assemblée du sénat, il aposta des gens qui votèrent pour qu'on le forçât à l'épouser, sous prétexte que cela importait beaucoup à la république ; et ils voulurent aussi que l'on

blicæ maxime interesset; dandamque ceteris veniam talium conjugiorum, quæ ad id tempus incesta habebantur. Ac vix uno interposito die confecit nuptias; non repertis, qui sequerentur exemplum, excepto libertino quodam, et altero primipilari, cujus officium nuptiarum et ipse cum Agrippina celebravit.

XXVII. Liberos ex tribus uxoribus tulit : ex Urgulanilla Drusum et Claudiam ; ex Petina Antoniam ; ex Messalina Octaviam, et quem primo Germanicum, mox Britannicum cognominavit. Drusum Pompeiis impuberem amisit, piro, per lusum in sublime jactato et hiatu oris excepto, strangulatum ; cui et ante paucos dies filiam Sejani despondisset. Quo magis miror, fuisse, qui traderent, fraude a Sejano necatum. Claudiam, ex liberto suo Botere conceptam, quamvis ante quintum mensem divortii natam, alique cœptam, exponi tamen ad matris januam, et nudam jussit abjici. Antoniam Cn. Pompeio Magno, deinde Fausto Sullæ, nobilissimis juvenibus, Octaviam Neroni privigno suo collocavit, Silano ante desponsatam. Britannicum, vicesimo imperii die, inque secundo consulatu natum sibi, parvulum etiam tum, et militi, pro concione manibus suis gestans, et plebi, per spectacula gremio aut ante se retinens, assidue commendabat, faustisque ominibus cum acclamantium turba prosequebatur. E generis Neronem adoptavit : Pompeium atque Silanum non recusavit modo, sed et interemit.

concédât aux autres la faculté de conclure ces mariages qui, jusque là, avaient été qualifiés d'inceste. A peine s'était-il écoulé un jour depuis ce décret, qu'il se maria sans trouver personne pour suivre son exemple [99], si ce n'est un affranchi, et un centurion primipilaire, aux noces duquel il assista lui-même avec Agrippine.

XXVII. Il eut des enfans de trois femmes; Urgulanilla lui donna Drusus et Claudia; il eut Antonia de Petina; de Messaline Octavie, et le fils que d'abord il appela Germanicus [100], et, dans la suite, Britannicus. Drusus mourut à Pompéies, avant l'âge de puberté; il fut étranglé par une poire qu'il reçut dans la bouche, après l'avoir lancée en l'air. Peu de jours avant ce malheur, on lui avait fiancé la fille de Séjan; j'ai donc lieu de m'étonner que l'on ait avancé que ce fut celui-ci qui le fit périr. Claudia était fille de l'affranchi Boter [101]; bien qu'elle fût née avant le cinquième mois qui suivit le divorce de Claude, et qu'il eût commencé à l'élever, il ordonna de l'exposer et de la jeter nue à la porte de sa mère. Il maria Antonia à Cn. Pompeius Magnus [102], puis à Faustus Sylla, jeunes gens de la plus illustre noblesse. Pour Octavie, il la donna à son beau-fils Néron, après l'avoir fiancée à Silanus. Britannicus était né le vingtième jour de son empire pendant son second consulat [103]; et il était encore fort petit, lorsque Claude l'élevait sur ses mains, le montrait aux soldats et au peuple, dans la place publique, et le prenait sur ses genoux, ou le plaçait devant lui au spectacle, en prononçant des vœux pour lui, aux acclamations de la multitude. Il adopta Néron [104]; quant à ses autres gendres, Pompée et Silanus, il ne se contenta pas de les répudier, il les fit périr.

XXVIII. Libertorum præcipue suspexit Posiden spadonem, quem etiam britannico triumpho inter militares viros hasta pura donavit : nec minus Felicem, quem cohortibus et alis provinciæque Judææ præposuit, trium reginarum maritum : et Arpocran, cui lectica per Urbem vehendi, spectaculaque publice edendi jus tribuit : ac super hos Polybium a studiis, qui sæpe inter duos consules ambulabat : sed ante omnes Narcissum ab epistolis, et Pallantem a rationibus, quos decreto quoque senatus non præmiis modo ingentibus, sed et quæstoriis prætoriisque ornamentis honorari libens passus est, tantum præterea acquirere et rapere, ut, querente eo quondam de fisci exiguitate, non absurde sit dictum, « Abundaturum, si a duobus libertis in consortium reciperetur. »

XXIX. His, ut dixi, uxoribusque addictus, non principem, sed ministrum egit. Compendio cujusque horum, vel etiam studio ac libidine, honores, exercitus, impunitates, supplicia largitus est : et quidem insciens plerumque et ignarus. Ac ne singillatim minora quoque enumerem, revocatas liberalitates ejus, judicia rescissa, suppositos aut etiam palam immutatos datorum officiorum codicillos; Appium Silanum, consocerum suum, Juliasque, alteram Drusi, alteram Germanici filiam, crimine incerto, nec defensione ulla data, occidit : item

XXVIII. Parmi ses affranchis, il faisait grand cas de Posides [105] l'eunuque, auquel, dans son triomphe sur la Bretagne, il décerna une pique sans fer. Il n'estimait pas moins Felix [106], qu'il mit successivement à la tête de cohortes, d'escadrons, et de la province de Judée, et qui fut le mari de trois reines. Il aimait aussi Arpocras [107], auquel il accorda le droit de parcourir la ville en litière, et de donner des spectacles [108]. Mais, plus encore que tous ceux-là, il aimait Polybe [109], qui participait à ses études, et qui marchait entre les deux consuls. Enfin, il avait une préférence plus signalée pour Narcisse [110], son secrétaire, et pour Pallas, préposé à sa comptabilité. Non-seulement il leur fit accorder, par un décret du sénat, des récompenses fort grandes, mais il souffrit avec complaisance qu'ils fussent honorés des ornemens de la questure et de la préture. Il les laissa pousser à tel point leurs bénéfices et leurs rapines, qu'un jour qu'il se plaignait de la maigreur du fisc, on lui répondit spirituellement « qu'il serait plus riche, si ses deux affranchis voulaient l'admettre dans leur société. »

XXIX. Abandonné à ses affranchis et à ses femmes, il fut plutôt un serviteur qu'un prince. Il prodiguait à l'intérêt de chacun d'eux, à leurs affections, et même à leurs caprices, les honneurs, les armées, l'impunité, et même les supplices, et le plus souvent à son insu. Pour ne point entrer dans de minutieux détails, pour ne point redire ici ses libéralités révoquées, ses jugemens rapportés, ses nominations à des offices tantôt contrefaites, tantôt publiquement altérées, je rappellerai Appius Silanus, qui était uni avec lui par les liens d'une commune paternité [111]. Je rappellerai aussi les deux Julies [112], l'une fille de Drusus, l'autre de Germanicus, qu'il fit périr toutes deux pour un

Cn. Pompeium, majoris filiæ virum, et L. Silanum, minoris sponsum. Ex quibus Pompeius in concubitu dilecti adolescentuli confossus est : Silanus abdicare se prætura ante quartum kalendas januarias, morique initio anni coactus, die ipso Claudii et Agrippinæ nuptiarum. In quinque et triginta senatores, trecentosque amplius equites romanos tanta facilitate animadvertit, ut, de nece consularis viri renunciante centurione, « factum esse quod imperasset, » negaret, quicquam se imperasse, nihilo minus rem comprobaret; affirmantibus libertis, officio milites functos, quod ad ultionem imperatoris ultro procucurrissent. Nam illud omnem fidem excesserit, quod nuptiis, quas Messalina cum adultero Silio fecerat, tabellas dotis et ipse consignaverit; inductus, quasi de industria simularentur, ad avertendum transferendumque periculum, quod imminere ipsi per quædam ostenta portenderetur.

XXX. Auctoritas dignitasque formæ non defuit vel stanti, vel sedenti, ac præcipue quiescenti. Nam et prolixo, nec exili, corpore erat; et specie canitieque pulchra, opimis cervicibus. Ceterum et ingredientem destituebant poplites minus firmi, et remisse quid vel serio agentem multa dehonestabant : risus indecens; ira turpior, spumante rictu, humentibus naribus; præterea linguæ titubantia, caputque, quum semper, tum in quantulocumque actu vel maxime tremulum.

crime incertain, et sans leur permettre la défense. Je citerai encore Cn. Pompée[113], le mari de sa fille aînée, et L. Silanus, le fiancé de la plus jeune : le premier, percé dans les bras d'un jeune adolescent qu'il aimait; le second, forcé d'abdiquer la préture, le 29 décembre, et se donnant la mort au commencement de l'année, le jour même des noces de Claude et d'Agrippine. Il sévit avec une coupable facilité contre trente-cinq sénateurs[114], et plus de trois cents chevaliers romains : à tel point qu'en lui annonçant la mort d'un homme consulaire, le centurion lui ayant dit « que ce qu'il avait ordonné était accompli, » il répondit qu'il n'avait rien ordonné, mais qu'il ne l'en approuvait pas moins; et cela, parce que ses affranchis lui assurèrent que les soldats avaient fait leur devoir, en s'empressant de venger leur empereur. Mais ce qui passera toute croyance, c'est qu'il signa lui-même le titre de la dot, aux noces de Messaline avec l'adultère Silius. On lui avait dit que tout cela n'était qu'une feinte, pour éloigner et détourner sur un autre un danger[115] dont l'avaient menacé quelques prodiges.

XXX. Il y avait dans sa tenue un certain air de grandeur et de dignité, soit qu'il fût debout, soit qu'il fût assis, et surtout lorsqu'il reposait. Il était de taille élancée, mais sans maigreur; sa figure et ses cheveux gris étaient d'une belle expression, et son cou avait de l'embonpoint. Du reste, ses genoux peu robustes fléchissaient quand il marchait, et, soit qu'il plaisantât, soit qu'il fût sérieux, beaucoup d'autres ridicules[116] le déparaient : un rire indécent, une colère plus basse encore, et qui faisait écumer sa bouche largement ouverte, en humectant ses narines. Ajoutez à tout cela un continuel bégaiement, et un tremblement de tête qui redoublait

XXXI. Valetudine sicut olim gravi, ita princeps perprospera usus est, excepto stomachi dolore, quo se correptum etiam de consciscenda morte cogitasse dixit.

XXXII. Convivia agitavit et ampla et assidua, ac fere patentissimis locis, ut plerumque sexcenteni simul discumberent. Convivatus est et super emissarium Fucini lacus, ac pæne summersus, quum emissa impetu aqua redundasset. Adhibebat omni cœnæ et liberos suos cum pueris puellisque nobilibus, qui more veteri ad fulcra lectorum sedentes vescerentur. Convivæ, qui pridie scyphum aureum surripuisse existimabatur, revocato in diem posterum, calicem fictilem apposuit. Dicitur etiam meditatus edictum, « quo veniam daret, flatum crepitumque ventris in convivio emittendi; » quum, periclitatum quemdam præ pudore ex continentia, reperisset.

XXXIII. Cibi vinique quocunque et tempore et loco appetentissimus. Cognoscens quondam in Augusti Foro, ictusque nidore prandii, quod in proxima Martis æde Saliis apparabatur, deserto tribunali, ascendit ad sacerdotes, unaque decubuit. Nec temere unquam triclinio abscessit, nisi distentus ac madens, et ut statim supino ac per somnum hianti pinna in os inderetur, ad exonerandum stomachum. Somni brevissimi erat (nam ante

encore, pour peu qu'il s'occupât de la moindre affaire.

XXXI. Autant sa santé avait été mauvaise autrefois, autant elle fut bonne depuis son avènement à l'empire, si l'on en excepte toutefois des douleurs d'estomac tellement violentes, qu'on lui a entendu dire que leur atteinte avait failli le pousser au suicide.

XXXII. Il donna des festins fréquens et copieux, et presque toujours dans des lieux découverts, afin de pouvoir placer autour de la table jusqu'à six cents convives à la fois. Un jour, il fit servir un repas, auprès du canal d'écoulement du lac Fucin, et y fut presque submergé par la crue des eaux, qui en sortirent subitement avec violence. Il appelait toujours à sa table ses enfans, et, avec eux, la jeunesse des deux sexes des familles nobles : selon l'usage ancien, ces enfans mangeaient assis au pied des lits. Un convive fut soupçonné d'avoir dérobé un vase d'or [117] : Claude l'invita encore pour le lendemain, et lui en fit donner un d'argile. On dit qu'il méditait un édit, « pour permettre à table le libre cours des vents, » parce qu'il avait lu quelque part que quelqu'un, pour s'être laissé retenir par la honte, avait couru le danger de perdre la vie.

XXXIII. En tout temps, en tout lieu, il se montra très-avide d'alimens et de vin. Un jour qu'il rendait la justice dans le Forum d'Auguste, il fut frappé du fumet d'un repas que l'on apprêtait pour les Saliens [118], dans le temple de Mars, qui était à côté du lieu où il jugeait ; il déserta son tribunal, monta chez ces prêtres, et se mit à table avec eux. Rarement il quittait la table, sans s'être chargé l'estomac de mets et de boissons ; il se couchait ensuite sur le dos, la bouche béante, et, pendant son sommeil, on y introduisait une plume, pour dégager

mediam noctem plerumque evigilabat) : ut tamen interdiu nonnunquam in jure dicendo obdormisceret, vixque ab advocatis, de industria vocem augentibus, excitaretur. Libidinis in feminas profusissimæ, marium omnino expers. Aleam studiosissime lusit: de cujus arte librum quoque emisit: solitus etiam in gestatione ludere, ita essedo alveoque adaptatis, ne lusus confunderetur.

XXXIV. Sævum et sanguinarium natura fuisse, magnis minimisque apparuit rebus. Tormenta quæstionum pœnasque parricidarum repræsentabat, exigebatque coram. Quum et spectare antiqui moris supplicium Tiburi concupisset, et, deligatis ad palum noxiis, carnifex deesset, accitum ab Urbe vesperam usque opperiri perseveravit. Quocunque gladiatorio munere, vel suo, vel alieno, etiam forte prolapsos jugulari jubebat, maxime retiarios, ut exspirantium facies videret. Quum par quoddam mutuis ictibus concidisset, cultellos sibi parvulos ex utroque ferro in usum fieri sine mora jussit. Bestiariis meridianisque adeo delectabatur, ut et prima luce ad spectaculum descenderet, et meridie, dimisso ad prandium populo, persederet; præterque destinatos, etiam levi subitaque de causa, quosdam committeret, de fabrorum quoque ac ministrorum, atque id genus numero, si automatum, vel pegma, vel quid tale aliud

son estomac. Claude ne dormait que fort peu de temps, et s'éveillait le plus souvent avant minuit. Aussi, le sommeil le surprenait-il souvent quand il rendait la justice : à peine si les avocats, en grossissant leur voix, parvenaient à le réveiller. Il était avec les femmes d'une volupté effrénée, mais il s'abstint toujours de tout commerce avec les hommes. Il aimait passionnément les dés, et écrivit un livre sur ce sujet. Il avait coutume de jouer même pendant ses promenades, et son char et sa table de jeu étaient arrangés de manière à ce que le mouvement n'y mît point de confusion.

XXXIV. Il parut, dans les plus grandes comme dans les plus petites choses, qu'il était cruel et sanguinaire. Il faisait, sur-le-champ, appliquer les tourmens de la question et les peines du parricide [119], et en était le témoin. A Tibur, il voulut voir un supplice à la manière des anciens; déjà les coupables étaient attachés au poteau, mais le bourreau manquait encore : il eut la patience d'attendre jusqu'au soir, qu'on le fit venir de la ville. A quelque combat de gladiateurs qu'il assistât, soit qu'il fût donné par lui, soit qu'il le fût par un autre, il ordonnait de tuer ceux qui étaient tombés, quand même le hasard seul avait causé leur chute, et cela surtout quand il s'agissait de gladiateurs rétiaires : il aimait à voir la figure qu'ils faisaient en expirant. Deux adversaires s'étant tués mutuellement, il ordonna de faire de leurs glaives de petits couteaux pour son usage particulier. Il aimait tant ceux qui combattaient les bêtes, et les gladiateurs du matin [120], qu'il allait à l'amphithéâtre dès le point du jour, et qu'à midi il restait assis, pendant que le peuple allait dîner. Il ne se contentait pas des hommes destinés à ces jeux, et saisissait le prétexte le plus léger et le plus im-

parum cessisset. Induxit et unum ex nomenculatoribus suis, sicut erat togatus.

XXXV. Sed nihil æque quam timidus ac diffidens fuit. Primis imperii diebus, quamquam, ut diximus, jactator civilitatis, neque convivia inire ausus est, nisi ut speculatores cum lanceis circumstarent, militesque vice ministrorum fungerentur: neque ægrum quemquam visitavit, nisi explorato prius cubiculo, culcitisque et stragulis prætentatis et excussis : reliquo autem tempore salutatoribus scrutatores semper apposuit, et quidem omnibus, et acerbissimos. Sero enim ac vix remisit, ne feminæ prætextatique pueri et puellæ contrectarentur, et ne cujus comiti aut librario calamariæ aut graphiariæ thecæ adimerentur. Motu civili, quum eum Camillus, non dubitans etiam circa bellum posse terreri, contumeliosa et minaci et contumaci epistola cedere imperio juberet, vitamque otiosam in privata re agere; dubitavit, adhibitis principibus viris, an obtemperaret.

XXXVI. Quasdam insidias temere delatas adeo expavit, ut deponere imperium tentaverit. Quodam, ut supra retuli, cum ferro circa sacrificantem se deprehenso,

prévu, pour en faire combattre d'autres, tels que des ouvriers ou des gens de service, pour peu qu'il arrivât qu'une machine ou un ressort manquât son effet. Il y força même un de ses nomenclateurs qui parut dans l'arène, revêtu de la toge, et comme il se trouvait dans le moment.

XXXV. Mais rien n'égalait sa peur et sa méfiance : dans les premiers jours de son règne, quoiqu'il affectât de se populariser, ainsi que nous l'avons rapporté, il n'osa s'aventurer à aucun repas, qu'il ne fût entouré de gardes armés de lances, et qu'il n'eût des soldats pour le servir. Jamais il ne visita un malade, que l'on n'eût préalablement vérifié et secoué son lit, son matelas, ses couvertures; il eut toujours soin de faire visiter tous ceux qui venaient le saluer, et l'on procédait à cette visite avec beaucoup de rigueur. Ce ne fut que dans la suite, et avec infiniment de peine, qu'il se décida à dispenser les femmes, les garçons revêtus de la robe prétexte, et les filles, du désagrément de se faire tâter le corps, et il ne souffrit que difficilement qu'on n'ôtât plus aux esclaves et aux scribes les boîtes à plumes ou à poinçons qu'ils portaient avec eux. Pendant une sédition, un certain Camillus, dans la conviction qu'on pouvait inspirer la terreur à Claude, sans recourir à des violences ni à des actes d'hostilité, lui écrivit une lettre arrogante, pleine d'outrages et de menaces. Il lui ordonnait de quitter l'empire, et de vivre en simple particulier. Claude appela à lui les principaux de l'état, et délibéra s'il n'obéirait pas à cette injonction.

XXXVI. Il fut tellement effrayé de quelques complots qu'on lui avait dénoncés sans fondement, qu'il fut sur le point de déposer l'empire. Ainsi que nous l'avons

senatum per præcones propere convocavit, lacrymisque et vociferatione miseratus est conditionem suam, cui nihil tuti usquam esset; ac diu publico abstinuit. Messalinæ quoque amorem flagrantissimum, non tam indignitate contumeliarum, quam periculi metu, abjecit, quum adultero Silio acquiri imperium credidisset: quo tempore fœdum in modum trepidus ad castra confugit, nihil tota via, quam, essetne sibi salvum imperium, requirens.

XXXVII. Nulla adeo suspicio, nullus auctor tam levis exstitit, a quo non, mediocri scrupulo injecto, ad cavendum ulciscendumque compelleretur. Unus ex litigatoribus seducto in salutatione affirmavit, vidisse se per quietem, occidi eum a quodam: dein paulo post, quasi percussorem agnosceret, libellum tradentem adversarium suum demonstravit; confestimque is pro deprehenso ad pœnam raptus est. Pari modo oppressum ferunt Appium Silanum: quem quum Messalina et Narcissus conspirassent perdere, divisis partibus, alter ante lucem similis attonito patroni cubiculum irrupit, affirmans somniasse se, vim ei ab Appio illatam: altera, in admirationem formata, sibi quoque eamdem speciem aliquot jam noctibus obversari, retulit. Nec multo post ex composito irrumpere Appius nunciatus, cui pridie, ad id temporis ut adesset, præceptum erat, quasi plane repræsentaretur somnii fides, arcessi statim ac mori

rapporté, on saisit, parmi ceux qui l'entouraient dans un sacrifice, un homme armé d'un glaive; sur-le-champ il convoqua le sénat par la voix des hérauts, répandit des larmes et poussa des cris, déplorant sa malheureuse condition qui ne lui laissait de sécurité nulle part. Pendant long-temps, il ne parut plus en public. Il abjura l'ardent amour qu'il éprouvait pour Messaline, moins par suite des offenses qu'il essuyait de sa part, que parce qu'il avait conçu la crainte qu'elle ne fît passer l'empire à Silius, son complice en adultère. Dans cette circonstance, il s'enfuit tremblant vers le camp, et demanda sans cesse sur toute la route, si l'empire lui était conservé.

XXXVII. Il n'était soupçon si léger, dénonciation si mince, qu'il ne se sentît poussé à la défiance et à la vengeance par l'inquiétude qu'il en concevait. Un jour, un plaideur le prit à part, et lui dit « qu'en songe il l'avait vu tuer par quelqu'un;» peu d'instans après, montrant son adversaire, qui remettait un écrit à l'empereur, il jeta un cri, comme s'il eût reconnu le meurtrier : celui-ci fut sur-le-champ traîné au supplice, comme s'il eût été pris sur le fait. On dit qu'Appius Silanus périt de la même manière[121], et que Narcisse et Messaline avaient conspiré sa perte, et s'étaient distribué les rôles. Narcisse, comme frappé d'épouvante, se précipite avant le jour dans la chambre de son maître, et s'écrie « qu'il a rêvé qu'Appius tuait Claude;» Messaline feint l'étonnement, et dit «que, depuis plusieurs nuits déjà, elle avait eu le même songe.» Quelques minutes après, on annonce qu'Appius s'élance vers le palais; et, en effet, la veille on l'avait mandé tout exprès. Claude, croyant le songe confirmé, le fit saisir et conduire à la mort. Le jour suivant, il n'hésita point à en faire le rapport au sénat, et rendit

jussus est. Nec dubitavit postero die Claudius, ordinem rei gestæ perferre ad senatum, ac liberto gratias agere, quod pro salute sua etiam dormiens excubaret.

XXXVIII. Iræ atque iracundiæ conscius sibi, utrumque excusavit edicto; distinxitque, pollicitus « alteram quidem brevem et innoxiam, alteram non injustam fore. » Ostiensibus, quia sibi subeunti Tiberim scaphas obviam non miserint, graviter correptis, eaque cum invidia, ut, « in ordinem se coactum, » conscriberet, repente, tantum non satisfacientis modo, veniam dedit. Quosdam, in publico parum tempestive adeuntes, manu sua repulit. Item scribam quæstorium, itemque prætura functum senatorem, inauditos et innoxios relegavit : quod ille adversus privatum se intemperantius adfuisset; hic in ædilitate inquilinos prædiorum suorum, contra vetitum cocta vendentes, multasset, villicumque intervenientem flagellasset. Qua de causa etiam coercitionem popinarum ædilibus ademit. Ac ne stultitiam quidem suam reticuit, simulatamque a se ex industria sub Caio, quod aliter evasurus perventurusque ad susceptam stationem non fuerit, quibusdam oratiunculis testatus est. Nec tamen persuasit; quum intra breve tempus liber editus sit, cui index erat μωρῶν ἐπανάστασις, argumentum autem, « stultitiam neminem fingere. »

grâces à son affranchi, qui veillait sur son maître même en dormant.

XXXVIII. Il avait la conscience de son penchant à la colère et à la vengeance, et s'en excusa par un édit, en établissant une distinction, et en promettant « que la première serait toujours courte et sans effet fâcheux, tandis que l'autre ne serait jamais injuste. » Dans sa navigation sur le Tibre, les habitans d'Ostie n'avaient point envoyé de bateaux à sa rencontre; il les en reprit vertement, et leur écrivit même avec aigreur « qu'ils l'avaient fait rentrer dans la foule[122]; » mais tout à coup, comme s'il se repentait de les avoir blessés, il leur pardonna. Il repoussa de sa main des personnes qui, en public, l'avaient abordé à contre-temps; il exila le secrétaire d'un questeur, et un sénateur qui avait été préteur, quoiqu'ils fussent innocens, et même sans les entendre, parce que le premier s'était exprimé avec beaucoup de véhémence en plaidant contre lui avant qu'il fût empereur, et que le second, pendant son édilité, avait puni ses fermiers qui, contre les règlemens[123], vendaient des mets cuits, et de plus, parce qu'il avait fait fouetter de verges l'intendant qui intervenait pour eux. Ce fut aussi la raison pour laquelle il enleva aux édiles la surveillance des cabarets. Il ne garda pas le silence sur son imbécillité, et affirma dans quelques discours « que, sous Caïus, il l'avait feinte à dessein, parce qu'il n'aurait pu autrement ni lui échapper, ni parvenir à la position qu'il avait prise; » mais il ne persuada personne, et, peu de temps après, on vit paraître un livre intitulé : *de la Guérison des imbéciles*, et dans lequel on prouvait « que personne ne saurait feindre la bêtise. »

XXXIX. Inter cetera in eo mirati sunt homines et oblivionem et inconsiderantiam, vel, ut græce dicam, μετεωρίαν et ἀβλεψίαν. Occisa Messalina, paulo post, quam in triclinio decubuit, « cur domina non veniret, » requisivit. Multos ex iis, quos capite damnaverat, postero statim die et in convivium, et ad aleæ lusum admoneri jussit: et, quasi morarentur, ut somniculosos per nuncium increpuit. Ducturus contra fas Agrippinam uxorem, non cessavit omni oratione « filiam, » et « alumnam, » et « in gremio suo natam atque educatam » prædicare. Asciturus in nomen familiæ suæ Neronem, quasi parum reprehenderetur, quod adulto jam filio privignum adoptaret, identidem divulgavit, « neminem unquam per adoptionem familiæ Claudiæ insertum. »

XL. Sermonis vero rerumque tantam sæpe negligentiam ostendit, ut nec quis, nec inter quos, quove tempore ac loco verba faceret, scire aut cogitare existimaretur. Quum de laniis ac vinariis ageretur, exclamavit in Curia : « Rogo vos, quis potest sine offula vivere ? » descripsitque abundantiam veterum tabernarum, unde solitus esset vinum olim et ipse petere. De quæstore quodam candidato inter causas suffragationis suæ posuit, « quod pater ejus frigidam ægro sibi tempestive dedisset. » Inducta teste in senatu, « Hæc, » inquit, « matris meæ liberta et ornatrix fuit : sed me patronum semper existimavit. Hoc ideo dixi, quod quidam sunt

XXXIX. On s'étonnait surtout de sa distraction et de son inconsidération [124]. Peu de temps après l'exécution de Messaline [125], il demanda un jour, en se mettant à table, « pourquoi l'impératrice ne venait pas. » Il invitait à ses repas, ou au jeu de dés, beaucoup de ceux qu'il avait condamnés à mort la veille, et, se fâchant qu'ils fussent en retard, il leur envoyait reprocher leur paresse. Au moment de conclure avec Agrippine une union réprouvée par la loi, il ne cessa, dans tous ses discours, de l'appeler « sa fille, son élève, celle qui était née, qui avait été élevée sur ses genoux. » Au moment d'adopter Néron, il répétait hautement « que personne n'avait été reçu par adoption dans la famille Claudia; » comme si ce n'eût point été assez pour lui d'encourir le reproche d'adopter son beau-fils, lui qui avait déjà un fils adulte.

XL. Il se montra si inconsidéré dans ses paroles et dans ses actions, qu'il semblerait qu'il ne savait ni qui il était, ni à qui il parlait, ni enfin en quel temps, en quel lieu il se trouvait. Un jour qu'on traitait l'affaire des bouchers et des marchands de vin, il s'écria en plein sénat : « Mais qui donc, je vous prie, pourrait se passer de potage? » et sur-le-champ il fit le tableau de l'abondance qui régnait dans les cabarets où il allait autrefois lui-même chercher son vin. Entre autres motifs pour donner son suffrage à un candidat à la questure, il dit « que dans l'une de ses maladies son père lui avait fort à propos présenté de l'eau fraîche. » Une femme comparaissait comme témoin devant le sénat ; Claude dit : « Elle a été l'affranchie et la femme de chambre de ma mère, et elle m'a

adhuc in domo mea, qui me patronum non putant. » Sed et pro tribunali, Ostiensibus quiddam publice orantibus, quum excanduisset, « Nil habere se, » vociferatus est, « quare eos demereatur : si quem alium, et se liberum esse. » Nam illa ejus quotidiana, et plane omnium horarum et momentorum erant, « Quid? ego tibi Theogonius videor? » et, « λάλει, καὶ μὴ θίγγανε· » multaque talia, etiam privatis deformia, nedum principi, neque infacundo, neque indocto, immo etiam pertinaciter liberalibus studiis dedito.

XLI. Historiam in adolescentia, hortante T. Livio, Sulpicio vero Flavo etiam adjuvante, scribere aggressus est. Et quum primum frequenti auditorio commisisset, ægre perlegit, refrigeratus sæpe a semetipso. Nam quum initio recitationis, defractis compluribus subselliis obesitate cujusdam, risus exortus esset; ne sedato quidem tumultu temperare potuit, quin ex intervallo subinde facti reminisceretur, cachinnosque revocaret. In principatu quoque et scripsit plurimum, et assidue recitavit per lectorem. Initium autem sumsit historiæ post cædem Cæsaris dictatoris. Sed et transiit ad inferiora tempora, cœpitque a pace civili; quum sentiret, neque libere, neque vere, sibi de superioribus tradendi potestatem relictam, correptus sæpe et a matre et ab avia. Prioris

toujours regardé comme son patron; j'en parle, parce qu'il est encore dans ma maison des gens qui ne me considèrent pas comme leur patron. » Sur son tribunal même, il s'emporta contre les habitans d'Ostie qui lui demandaient une faveur, et cria « qu'il ne voyait pas pourquoi il ferait quelque chose pour eux; que, s'il y avait au monde quelqu'un de libre, c'était lui. » Son mot favori, celui qu'il répétait à toute heure, à tout moment, était : « Quoi! me prenez-vous pour Théogonius [126]? » puis cet autre : « Parlez, mais ne me touchez pas. » Il disait encore beaucoup de choses qui eussent été inconvenantes pour des particuliers, et qui l'étaient à plus forte raison dans la bouche d'un prince qui n'était ni sans éducation ni sans moyens, et qui s'appliquait avec persévérance aux études libérales.

XLI. Dans sa jeunesse, encouragé par les conseils de Tite-Live [127] et par le secours de Sulpicius Flavus, il entreprit d'écrire l'histoire. Mais lorsque, pour la première fois, il voulut la lire à un auditoire nombreux, il eut peine à l'achever, parce que lui-même refroidit l'attention à plusieurs reprises : au commencement de sa lecture, l'hilarité générale avait éclaté, parce qu'un banc s'était brisé sous le poids d'un homme fort épais; Claude ne put s'empêcher de rappeler de temps à autre cet évènement auquel on ne songeait plus, et de réveiller les railleries qui s'en étaient suivies. Il écrivit beaucoup pendant son règne, et il faisait réciter ses productions en public. D'abord, il avait fixé à la mort de César le commencement de son histoire, mais ensuite il le reporta plus bas, à la fin des guerres civiles; car il comprit qu'il ne lui était possible d'écrire sur ce qui précédait, ni avec liberté, ni avec vérité, à cause des reproches que sa

materiæ duo volumina, posterioris unum et quadraginta reliquit. Composuit et « de Vita sua » octo volumina, magis inepte, quam ineleganter : item « Ciceronis defensionem adversus Asinii Galli libros, » satis eruditam. Novas etiam commentus est litteras tres, ac numero veterum, quasi maxime necessarias, addidit : de quarum ratione quum privatus adhuc volumen edidisset, mox princeps non difficulter obtinuit, ut in usu quoque promiscuo essent. Exstat talis scriptura in plerisque libris, actis diurnis, titulisque operum.

XLII. Nec minore cura græca studia secutus est, amorem præstantiamque linguæ occasione omni professus. Cuidam barbaro, græce et latine disserenti, « Quum utroque, » inquit, « sermone nostro sis paratus. » Et in commendanda patribus conscriptis Achaia, « gratam sibi provinciam, » ait, « communium studiorum commercio. » Ac sæpe in senatu legatis perpetua oratione respondit. Multum vero pro tribunali etiam Homericis locutus est versibus. Quoties quidem hostem vel insidiatorem ultus esset, excubitori tribuno, signum de more poscenti, non temere aliud dedit, quam

Ἄνδρ' ἐπαμύνασθαι, ὅτε τις πρότερος χαλεπήνῃ.

Denique et græcas scripsit historias, Τυῤῥηνικῶν xx, Καρχηδονιακῶν viii. Quarum causa veteri Alexandriæ museo alterum additum ex ipsius nomine; institutum-

mère et son aïeule lui adressaient sans cesse. Il laissa deux livres de cette première histoire, et quarante et un de l'autre. Il laissa aussi, sur sa vie, huit livres qui péchaient beaucoup plus par leur ineptie que faute d'élégance; enfin il rédigea une défense assez érudite de Cicéron, contre les livres d'Asinius Gallus. Claude inventa trois lettres [128], et les ajouta aux autres, en disant qu'elles étaient fort nécessaires. Une fois qu'il régna, il n'eut point de peine à les mettre en usage; il avait déjà publié une dissertation à ce sujet, quand il était simple particulier. On les voit figurer dans la plupart des livres, des actes publics, et des inscriptions de cette époque.

XLII. Il ne s'attacha pas avec moins de soin aux lettres grecques, proclamant en toute occasion l'excellence de cette langue, et son amour pour elle. Un étranger discutait devant lui en grec et en latin; Claude commença sa réponse en ces termes : « Puisque tu possèdes nos deux langues. » En recommandant l'Achaïe au sénat, il dit « que cette province lui était surtout agréable, à raison d'études qui lui étaient communes avec elle. » Souvent dans le sénat il répondit aux ambassadeurs par des discours suivis, et, du haut de son tribunal, il prononça fréquemment des vers d'Homère. Quand il s'était vengé d'un ennemi ou d'un conjuré, il était rare qu'il ne dît pas au tribun de garde qui, selon l'usage, lui demandait le mot d'ordre : « Repousser le premier qui m'offense [129]. » Enfin, il rédigea en grec vingt livres d'histoire tyrrhénienne, et huit d'histoire de Carthage. Ce fut en considération de ces ouvrages, qu'il ajouta un second musée à celui d'Alexandrie, et qu'il l'appela de son nom, en ordonnant que chaque année, à des jours mar-

que, ut quotannis in altero Τυρῥηνικῶν libri, in altero Καρχηδονιακῶν, diebus statutis, velut in auditorio, recitarentur toti a singulis per vices.

XLIII. Sub exitu vitæ, signa quædam, nec obscura, pœnitentis et de matrimonio Agrippinæ, deque Neronis adoptione, dederat. Siquidem, commemorantibus libertis, ac laudantibus cognitionem, qua pridie quamdam adulterii ream condemnaverat, « sibi quoque in fatis esse, » jactavit, « omnia impudica, sed non impunita matrimonia. » Et subinde obvium sibi Britannicum artius complexus, hortatus est, « ut cresceret, rationemque a se omnium factorum acciperet; » græca insuper voce prosecutus, ὁ τρώσας καὶ ἰάσεται. Quumque impubi teneroque adhuc, quando statura permitteret, togam dare destinasset, adjecit : « ut tandem populus romanus verum Cæsarem habeat. »

XLIV. Non multoque post, testamentum etiam conscripsit, ac signis omnium magistratuum obsignavit. Prius igitur, quam ultra progrederetur, præventus est ab Agrippina, quam præter hæc conscientia quoque, nec minus delatores multorum criminum arguebant. Et veneno quidem occisum convenit : ubi autem, et per quem dato, discrepat. Quidam tradunt, epulanti in arce cum sacerdotibus, per Halotum spadonem prægustatorem; alii, domestico convivio, per ipsam Agrippinam, quæ boletum medicatum avidissimo ciborum talium

qués, comme pour des cours publics, on lirait en entier, dans l'un l'histoire tyrrhénienne, dans l'autre celle de Carthage, et que les divers membres de l'établissement se relèveraient pour en achever la lecture.

XLIII. Vers la fin de sa vie, il donna quelques marques non équivoques du repentir qu'il éprouvait d'avoir épousé Agrippine et adopté Néron. Ses affranchis s'entretenaient d'une procédure dans laquelle il avait la veille condamné une femme adultère; ils louaient cette sentence. Claude répondit « que le destin lui avait aussi réservé des femmes impudiques, mais qu'elles n'étaient point restées impunies. » Immédiatement après, rencontrant Britannicus, il le serra dans ses bras, et lui dit : « Grandis, et je te rendrai compte de toutes mes actions. » Il ajouta en grec : « Celui qui t'a blessé te guérira. » Quoique Britannicus fût encore enfant et débile, Claude lui décerna la toge virile, parce que sa taille le permettait; il dit, à cette occasion, « qu'il voulait que le peuple romain eût enfin un véritable César [130]. »

XLIV. Peu de temps après, il fit son testament, qui fut signé par tous les magistrats : il serait peut-être allé plus loin; mais il fut prévenu par Agrippine, qui était pressée par sa conscience, et par les nombreux crimes dont la chargeaient ses délateurs. On est d'accord sur ce point qu'il périt par le poison [131]; mais quand et par qui lui fut-il administré? c'est une chose sur laquelle on diffère. Quelques-uns pensent que ce fut par l'eunuque Halotus, son dégustateur, et pendant qu'il mangeait au Capitole avec les prêtres. D'autres prétendent que ce fut dans un repas de famille, et par Agrippine elle-même, qui aurait empoisonné un champignon, mets dont il

obtulerat. Etiam de subsequentibus diversa fama est. Multi statim, hausto veneno, obmutuisse aiunt, excruciatumque doloribus nocte tota, defecisse prope lucem. Nonnulli inter initia consopitum, deinde cibo affluente evomuisse omnia, repetitumque toxico, incertum, pultine addito, quum velut exhaustum refici cibo oporteret, an immisso per clysterem, ut quasi abundantia laboranti etiam hoc genere egestionis subveniretur.

XLV. Mors ejus celata est, donec circa successorem omnia ordinarentur. Itaque et quasi pro ægro adhuc vota suscepta sunt, et inducti per simulationem comœdi, qui velut desiderantem oblectarent. Excessit tertio idus octobris, Asinio Marcello, Acilio Aviola, consulibus, quarto et sexagesimo ætatis, imperii quartodecimo anno; funeratusque est sollemni principum pompa, et in numerum deorum relatus. Quem honorem, a Nerone destitutum abolitumque, recepit mox per Vespasianum.

XLVI. Præsagia mortis ejus præcipua fuerunt : exortus crinitæ stellæ, quam *cometen* vocant : tactumque de cœlo monumentum Drusi patris ; et quod eodem anno ex omnium magistratuum genere plerique mortem obierant. Sed nec ipse ignorasse, aut dissimulasse ultima vitæ suæ tempora videtur, aliquot quidem argumentis. Nam et quum consules designaret, neminem ultra men-

était très-friand. On diffère aussi sur les suites de l'empoisonnement. Beaucoup de personnes soutiennent qu'immédiatement après avoir avalé le poison, il perdit la voix, et qu'après avoir été en proie aux douleurs les plus vives pendant toute la nuit, il mourut au point du jour. Quelques-uns avancent qu'il sommeilla d'abord, qu'ensuite l'abondance des alimens lui causa des vomissemens; on ajoute qu'on l'empoisonna de nouveau : mais l'on ne sait pas bien si ce fut dans un potage, sous prétexte de rendre des forces à son estomac épuisé, ou dans un lavement qu'on lui administra comme pour lui procurer une évacuation.

XLV. On fit un secret de sa mort, jusqu'à ce qu'on eût disposé de sa succession; l'on continua donc à faire des vœux pour l'empereur, comme s'il eût été malade, et l'on feignit que, pour se distraire, il avait demandé des comédiens qui furent effectivement introduits chez lui. Il mourut le 13 octobre [132], sous le consulat d'Asinius Marcellus, et d'Acilius Aviola, à l'âge de soixante-quatre ans, en la quatorzième année de son règne; ses funérailles furent célébrées avec toute la pompe de la souveraineté, et il fut mis au rang des dieux. Cet honneur, lui ayant été enlevé par Néron, lui fut rendu par Vespasien.

XLVI. Voici quels furent les premiers présages de sa mort [133]. Il parut au ciel une de ces étoiles chevelues qu'on appelle *comètes*; le monument de son père Drusus fut frappé de la foudre, et, dans l'année, il mourut un grand nombre de magistrats de tout genre. On a quelques raisons de croire qu'il n'ignorait ni ne cachait sa fin prochaine; car, en désignant les consuls, il n'en nomma aucun pour un temps plus éloigné que le mois

sem, quo obiit, designavit : et in senatu, cui novissime interfuit, multum ad concordiam liberos suos cohortatus, utriusque ætatem suppliciter patribus commendavit. Et in ultima cognitione pro tribunali, « accessisse se ad finem mortalitatis, » quamquam abominantibus, qui audiebant, semel atque iterum pronunciavit.

dans lequel il périt ; et, la dernière fois qu'il vint au sénat, il recommanda aux sénateurs la jeunesse de ses deux enfans, après avoir beaucoup exhorté ceux-ci à la concorde. Enfin., pendant le dernier débat judiciaire qu'il présida, il dit «qu'il était arrivé au terme de sa vie,» et le répéta, quoique les assistans eussent rejeté avec horreur ce triste présage.

NOTES

SUR CLAUDE.

1. *Drusus fit la guerre de Rhétie* en 739 (*Voyez* Dion au liv. LIV, chap. 22, et Velleius, liv. II, chap. 95, pag. 253 de notre édition). Revenu à Rome, il fut fait édile en 743, et, selon Dion, obtint la préture cette même année. Cependant il n'est pas probable qu'il ait géré dans une seule année deux magistratures, et l'on reporterait plus convenablement son élévation à la préture à l'année 744. On nous dit d'ailleurs que, de la préture, il passa sans intervalle au consulat, et comme il fut consul en 745, cette date ne laisse aucune place au doute. Cette guerre de Rhétie est celle que célèbre Horace dans la 4ᵉ ode du livre IV :

> Qualem ministrum fulminis alitem ;

ce que M. Chasles a rendu par ces mots : *Tel le ministre ailé de la foudre,* page 243 de notre édition. La guerre de Germanie eut lieu en 742 et 743 (*Voyez,* à ce sujet, Mannert, t. III, pag. 63 et suiv.).

2. *Les fossés qui portent encore son nom* (*Voyez,* à cet égard, Cellarius, tom. II, pag. 261). On pense assez généralement que ce fossé de Drusus est l'Issel, grand canal qui reçoit les eaux du Rhin au dessus d'Arnheim. Drusus a fait de plus une digue pour contenir les eaux du Rhin (*Voyez* Tacite, *Annales*, XIII, 53 ; *Hist.*, v, 19, p. 351 du tom. v de notre édition).

3. *L'apparition d'une femme de taille plus qu'humaine.* Dion rapporte encore d'autres prodiges. Cette rencontre eut lieu au bord de l'Elbe, que Drusus se disposait à passer. Ernesti a fait une dissertation sur ces apparitions si fréquentes dans l'antiquité.

4. *Mourut à son camp d'été.* Dion le fait mourir de maladie pendant sa retraite de l'Elbe au Rhin. Les *Epitome* de Tite-

Live, sèches abréviations dont l'auteur est inconnu, disent, au livre CXL, que Drusus eut la cuisse cassée de la chute de son cheval, et mourut le trentième jour.

5. *Camp de malheur.* L'expression latine est plus forte, *quæ ex eo scelerata appellata sunt.* Laharpe traduit *camp maudit.* Le mot *scélérat* serait fort mal employé ici : en latin, il a souvent la même signification que calamité. Florus (liv. XII) dit que l'on a ainsi nommé la porte du camp par laquelle les Fabius sont allés au combat. Virgile (*Géorgiq.*, II, 256) dit *sceleratum frigus.*

6. *Par les premiers citoyens des municipes.* J'ai conservé la dénomination presque latine de *municipe*, pour les villes dont il s'agit ici. *Villes municipales* donnerait une fausse idée de leur organisation. Selon l'abréviateur de Tite-Live, le frère de Drusus, Néron, était accouru à la première nouvelle de sa maladie, et ce fut par ses soins que le corps fut rapporté à Rome et enseveli dans le tombeau de C. Julius.

7. *Par les décuries des secrétaires.* Ces décuries sont mentionnées déjà dans la *Vie d'Auguste*, chap. 57 ; elles comprenaient tous les inférieurs des magistrats, c'est-à-dire les employés tels que les écrivains, les licteurs, les messagers, les nomenclateurs, les appariteurs, etc.

8. *Un tumulus.* Celui-ci paraît avoir été un cénotaphe autour duquel les soldats couraient chaque année. Il y a aussi à Mayence un monument de Drusus fort célèbre parmi les antiquaires.

9. *Autant qu'il respectait les lois.* C'est le véritable sens de *non minus gloriosi quam civilis animi*, et c'est aussi celui du passage de Velleius, liv. II, ch. 97 : *Utrum bellicis magis operibus, an civilibus suffecerit artibus, in incerto est.*

10. *Sous le consulat de Jules Antoine.* L'an 744 de Rome. C'était le fils du triumvir, et il fut mis à mort, en 752, pour adultère avec Julie la fille d'Auguste.

11. *Le jour même où, pour la première fois, on y avait consacré.* Le latin semble dire que c'est le jour de la dédicace ou de la consécration; mais c'est de l'anniversaire qu'il est question, car cette dédicace avait eu lieu deux ans auparavant (*Voyez* aussi DION, l. LIV, c. 32, et notre *Caligula*, p. 31, avec la note 47).

12. *Ce barbare, ce* BOUVIER. Le latin dit *superjumentarius*, ce qui signifie chef de pâtres ou de haras. La traduction de Laharpe a ici l'inconvénient de faire passer dans la narration de Suétone les invectives de Claude, et de transformer en assertions historiques des qualifications qui n'ont peut-être qu'un sens figuré.

13. *Chose tout-à-fait inusitée.* Quintilien dit qu'il n'y a qu'une maladie qui puisse excuser l'usage de se couvrir la tête, les jambes, ou les oreilles (liv. XI, 3, 144).

14. *Il en donna des preuves en public.* Littéralement : il en fit l'essai en public, soit en rédigeant des écrits, soit en prononçant des discours : *experimenta publicavit*.

15. *Son grand-oncle Auguste.* Par les femmes; Antonie, mère de Claude, étant fille d'Octavie la sœur d'Auguste.

16. *Aux fêtes de Mars.* Ce sont sans doute celles que fit célébrer Auguste en 765. Claude avait alors vingt-un ans. Ces fêtes furent célébrées aux calendes d'août pour la dédicace du temple de Mars (*Voyez* DION, liv. LVI, ch. 27).

17. *A chaque nouvelle période de son âge.* C'est le véritable sens de *per articulos*. Ce mot marque les divers degrés de l'âge, les époques qui rendaient capable de s'élever de plus en plus dans les honneurs. Il faut donc le séparer de ces honneurs eux-mêmes, selon la judicieuse remarque du traducteur allemand M. Eichoff. Il faut, au contraire, lire comme s'il y avait *articuli temporum*.

18. *S'il est émoussé, tant pour les qualités, etc.* Dion (liv. LX, ch. 2) dit que Claude était malade, et que sa tête et ses mains étaient agitées d'un tremblement continuel : il attribue à cela la faiblesse de son esprit.

19. *Que le fils de Silanus.* C'est sans doute *Appius Junius Silanus*, le mari d'Émilia Lepida, arrière-petite-fille d'Auguste.

20. *Qui ne prononce pas clairement.* Sénèque, dans son *Apocolocyntosis*, dit que la voix de Claude n'était celle d'aucun animal terrestre, mais qu'elle était embrouillée et rauque comme celle d'un monstre marin.

21. *Les Saturnales et les Sigillaires.* Les Saturnales ne duraient d'abord qu'un jour, le 19 décembre : on leur en donna trois, en sorte qu'elles durèrent du 17 au 19. On y ajouta encore les Sigillaires, dont les réjouissances se prolongeaient durant sept jours : on faisait alors cadeau de petites images aux enfans; la réponse de Tibère en est d'autant plus outrageante.

22. *La société des hommes les plus abjects.* Tacite, au livre XII des *Annales*, cite Julius Pelignus, aussi ridicule de corps que méprisable pour son caractère.

23. *Deux fois l'ordre des chevaliers.* Dion (l. LIX, c. 6) parle d'une troisième députation sous le règne de Caïus, et lors de laquelle ce dernier aurait pris Claude pour collègue dans le consulat. Cela se rapporterait à l'an 790.

24. *Et chacun ôtait son manteau.* C'est encore aujourd'hui une marque de respect.

25. *Aux prêtres d'Auguste.* Ce fut en 767 (*Voyez* TACITE, *Annal.*, 1, 54). Le sort désigna vingt-un des premiers citoyens. On y ajouta Tibère, Drusus, Claudius et Germanicus.

26. Ce tirage au sort du consulat a quelque chose de bizarre. Nous ne nous permettrons pas cependant d'approuver l'audace de Gronove, qui substitue le proconsulat aux mots *de altero consulatu*. Il vaut mieux supposer que Caïus, malgré l'apparence des comices dont il avait flatté le peuple, nomma lui-même des consuls pour plusieurs années, laissant au sort à déterminer l'année où chacun entrerait en charge. Ce fut donc en 795 que Claude exerça, pour la seconde fois, ses fonctions.

27. *Bonheur à l'oncle de l'empereur, etc.* J'ai été ici traducteur littéral : l'expression latine a quelque chose de naïf et d'original qu'il ne faut pas lui ôter en y substituant une périphrase ou une exclamation devenue triviale.

28. Sénèque rapporte encore d'autres mauvais tours que lui faisait son neveu Caïus, qui feignit un jour de le réclamer comme esclave, produisant des témoins qui l'avaient vu battre, frapper de verges, etc. *Apocoloc.*

29. *La conjuration de Lepidus et de Gétulicus.* Cette conjuration est de l'année 792 (*Voyez* Dion, l. lix, c. 22). Il y a de grands détails sur cette cruelle absurdité de Caligula.

30. *D'un nouveau sacerdoce.* Ce sacerdoce était institué par Caïus pour sa propre divinité. Il inscrivit parmi ses prêtres et lui-même, et Césonia, sa femme, et Claude, son oncle. Tous les adeptes étaient obligés à une contribution très-forte.

31. *Sur la mise à prix des préposés du fisc.* Je crois avoir rétabli le véritable sens. En effet le latin dit *sub edicto præfectorum,* et il faut sous-entendre *ærario.* A la vérité, c'était aux préteurs qu'appartenait ce soin, selon une disposition d'Auguste; mais traduire *par un édit du préteur* serait donner une fausse idée de droit: il s'agit ici de poursuite du fisc. Il paraît que Claude avait emprunté la somme en donnant des sûretés. M. Eichoff a entendu ce passage comme moi : *Unter dem œffentlichen Anschlage der Prœtoren.*

32 *Dans la cinquantième année de son âge.* C'était la 794e de Rome (*Voyez* Dion, l. lx, c. 2).

33. *Jusqu'à une galerie voisine.* Je n'ai pu rendre l'expression latine *ad solarium proximum.* C'était un lieu que l'on appelait *heliocaminus.* On s'y chauffait au soleil dans les jours froids. A côté il y avait toujours un cabinet dont l'entrée était couverte par des voiles.

34. *Quinze mille sesterces.* C'est-à-dire 2922 fr. de notre monnaie. Ernesti, se fondant sur Josèphe, pense qu'il convient de lire xx *sestertia* et non xv.

35. *Les honneurs de son aïeule Livie.* Tibère les avait supprimés (*Voyez* Suétone, *Tibère,* c. 51, et Dion, l. lx, c. 5). Le char d'Auguste était traîné par quatre éléphans, ainsi qu'on le voit sur une médaille; mais il en est une autre qui représente le char de Livie traîné par deux biches, ce qui n'empêche pas Suétone d'avoir raison.

36. *Et fit aussi répéter à Naples une comédie grecque.* Nul doute que cette comédie qu'il fit représenter en l'honneur de Germanicus, son frère, ne fût de sa composition, et que tel ne soit le sens

du mot *docuit*. Claude la fit répéter, apprendre aux acteurs, mais il l'avait composée et la couronna ensuite de l'avis des juges. Il s'appliquait à la poésie, et Sénèque nous l'apprend, quoique Suétone n'en dise rien.

37. *La naissance de son petit-fils.* On ne sait de quoi il est question. J'aime mieux la version de Dion, qui parle de la naissance de Britannicus, fils de Claude, né vingt jours après qu'il eût pris possession de l'empire.

38. *Les sentences que ses procureurs rendraient dans les affaires judiciaires.* Il est évident qu'il s'agit ici des procureurs du fisc, qui jugeaient en son lieu et place, et non des préfets des provinces impériales, lesquelles jouissaient déjà de ce droit.

39. *Pendant un voyage qu'il faisait à Ostie.* Ce fut en 801. Tacite en parle dans ses *Annales* (l. xi, 26). Il y est dit qu'après la construction du port, il fut institué un sacrifice qui devait se perpétuer à l'avenir, et dont le principal objet était de faire des vœux pour l'approvisionnement des grains; on le devait célébrer dans le temple de Castor.

40. *Deux hommes de l'ordre des chevaliers.* Tacite en nomme un troisième, Cn. Nonius, qui fut saisi en l'année 800, portant un glaive, et s'étant glissé dans la foule de ceux qui saluaient l'empereur. Nonius avoua son projet, mais ne désigna aucun complice, soit qu'il n'en eût pas, soit que les tourmens de la question ne pussent rien sur une âme grande et forte.

41. *Gallus Asinius.* Petit-fils de celui dont il a été question au ch. 30 de *Jules César*; il était fils d'Asinius Gallus, consul en 746, et mari d'Agrippine, répudiée par Tibère. Enfin il était frère d'Asinius Saloninus, qui mourut en 775. Cette conspiration est de l'année 799. Sans doute Tacite la rapportait dans son liv. x, qui n'existe plus.

42. *Statilius Corvinus, petit-fils des orateurs Pison et Messala.* Il paraît qu'il fut consul en 798. Il y avait alliance évidente entre les Statilius et les Messala. La femme de Néron est aussi appelée *Statilia Messalina*.

43. *Furius Camillus Scribonianus* était poussé à cela par Annius Vinicianus, que Dion nomme aussi parmi les auteurs de la con-

spiration, et qui pouvait disposer des forces que commandait Camille en Dalmatie.

44. *Les deux premiers l'un après l'autre.* En 795 et en 796. Dans le premier de ces consulats, il eut pour collègue C. Largus; dans l'autre L. Vitellius (*Voyez* les *Annales* de Pighius, tom. III, p. 571 et 573). Claude géra son troisième consulat en 800, avec Q. Vitellius, et son quatrième en 804, avec Serv. Cornelius Orfitus. On ne dit pas à qui il fut substitué dans le troisième, et il est d'autant plus difficile de le dire que Dion marque Claude comme consul ordinaire. On pourrait tout concilier, en supposant que le consul ordinaire mourut n'étant encore que désigné, c'est-à-dire avant les calendes de janvier (*Voyez* Dion, LX, 29, et les remarques de Fabricius).

45. *Selon la rigueur de la formule, eussent été déchus, etc.* On a toujours entendu ce passage comme si la déchéance eût déjà été prononcée par d'autres juges, et que Claude en eût relevé les plaideurs. Ce sens peut être bon; mais il s'agit ici bien plus de marquer la différence de sa méthode. *Ceux qui selon la rigueur de la formule* (les actions du droit romain étaient toutes formulées), *eussent été déchus devant les juges ordinaires...... excidissent.* Je sais très-bien que la grammaire ne s'oppose pas à l'autre sens, mais elle est plus favorable au mien.

46. *La révision des décuries.* Sans doute pour y porter ceux qui avaient atteint l'âge et en effacer les morts, les indignes, les exemptés, etc., etc.

47. *Il géra encore la censure.* En l'année 800, celle de son consulat avec L. Vitellius. Depuis Plancus et Paulus, c'est-à-dire depuis 732. Cette charge avait été négligée.

48. *De la province grecque.* C'est-à-dire de l'Achaïe qui était au nombre des provinces populaires. Dion (l. LX, c. 17) rapporte quelque chose de semblable au sujet d'un député lycien, qui ne le comprit pas en latin. L'empereur dit que celui qui ne savait pas la langue de Rome ne devait pas être citoyen romain.

49. *Rabirius Postumus.* C'est le même qui fut défendu par Cicéron quand Gabinius l'accusa de concussion.

50. *Dans le quartier des Sigillaires.* On croit qu'il était dans la septième région de la ville. Il paraît qu'on y vendait toutes sortes de choses, car Aulu-Gelle cite un grammairien qui y avait trouvé un manuscrit du second livre de l'*Énéide* tellement vieux, qu'il put le prendre pour avoir été écrit de la main même de Virgile; aussi le paya-t-il vingt pièces d'or. *Voyez* le chap. 4 du liv. v d'Aulu-Gelle, et vous apprendrez qu'il y avait des libraires dans ce quartier, dont le nom d'ailleurs venait de la quantité de marchands de figurines ou de petites statues qui l'habitaient.

51. *Qui n'avait pas été attaquée depuis Jules César.* Auguste et Caligula avaient médité des expéditions qui demeurèrent sans exécution. Claude se fit aider par Vespasien, qui, selon la belle expression de Tacite, fut ainsi montré au destin. Vespasien était dans l'île avec A. Plautius avant l'arrivée de l'empereur. Ce fut ce dernier qui appela Claude en 796, parce que la sédition contre laquelle il avait heureusement lutté jusque-là prenait un caractère grave.

52. *Un vent impétueux du nord-ouest.* — *Vehementi circio.* Le circius était un vent très-célèbre dans la province Narbonaise: selon le Dictionnaire de Forcellini, c'est celui que les Italiens appellent *maestro tramontana*.

53. *Près des îles Stœchades.* Ce sont les îles d'Hyères. Elles étaient trois, nommées d'après l'ordre dans lequel elles se présentent: *Proté* la première, *Mesé* celle du milieu, qui s'appelait aussi *Pomponiana*, et enfin *Hypœa*. Dans les notes du livre III de notre Pline, t. III, on trouve des éclaircissemens à cet égard.

54. *Gesoriacum.* Dans la traduction de La Harpe, on lit en note: *aujourd'hui Calais*: cependant le père Hardouin, et d'autres après lui, ont choisi la position de Boulogne (*Voyez* PLINE dans notre édition, t. III, p. 332). On y discute la question, et l'on y prouve que, la distance indiquée faisant trente-huit mille toises, il y a lieu de penser qu'elle a été mesurée de Boulogne au cap Pepper-Ness, à l'embouchure de la Stona. Ce cap répond justement au célèbre promontoire de Cantium.

55. *Reçut en très-peu de jours la soumission.* Dion dit qu'il n'en fallut que seize. Orose nous apprend que les îles Orcades

furent ajoutées à l'empire dans cette occasion (*Voyez* notre Pline, t. III, p. 335).

56. *Sur le faîte du palais, et parmi les dépouilles de l'ennemi.* On les hissait quelquefois au sommet des temples, témoin Silius Italicus, liv. XIV, v. 649 :

> Quid tot captivis fulgentia culmina rostris?

et Stace, *Thébaïde*, l. VII, v. 55 :

> Et fastigia templi
> Captæ insignibant gentes.

57. *Crassus Frugi* avait été consul sous Tibère, en 780.

58. *Le quartier Émilien.* En dehors de la ville, près du Champ-de-Mars. Le *diribitorium*, ou, si l'on veut, le comptoir ou lieu de distribution, était voisin de ce quartier. Cet édifice, élevé par Agrippa, ne fut terminé qu'après sa mort. C'est là qu'on donnait les tablettes pour les comices, et que l'on payait aux soldats leur solde et les présens qu'on leur avait promis. Enfin le *diribitorium* servait aussi quelquefois aux spectacles.

59. *Il fut un jour entouré par la foule.* Tacite aussi rend compte de cette scène. Claude se fit jour à l'aide de ses soldats : la ville n'avait plus d'approvisionnemens que pour quinze jours. Josèphe parle de deux famines qui affligèrent le règne de Claude : il y en eut une troisième en Judée.

60. *Et les proportionnait.* C'est au milieu d'une phrase que les éditions commencent le chap. 19. Nous avons réuni le 18e et le 19e, faute de pouvoir indiquer une division raisonnable.

61. *Il l'affranchissait des dispositions de la loi Papia Poppœa.* Il y a des traducteurs qui donnent un sens tout-à-fait opposé : *il accordait les immunités concédées par la loi Papia Poppœa.* Bremi est de ce nombre. La Harpe a éludé la question en prenant un mot à double sens : *la dispense de la loi Papia Poppœa.* Il eût mieux valu se ranger franchement à une opinion : or, il n'était pas besoin d'une grâce de l'empereur pour jouir d'une dispense accordée par la loi. Il faut donc supposer que, cette loi

établissant des peines et des restrictions, Claude dispensait de ses dispositions, dérogeait à ce qu'elle avait de trop rigoureux. On dit ici *vacatio legis Poppœæ*, comme on dit ailleurs, *vacatio malorum*. Le bienfait concédé par Claude était, sans doute, de dispenser de l'obligation de se marier.

62. *Le privilège des quatre enfans.* Il y a sur ce privilège une dissertation de Vetranius Maurus. Les immunités étaient plus ou moins étendues, selon que l'on avait trois, quatre ou cinq enfans. On les accordait aussi par faveur.

63. L'aquéduc de Claude est cité dans Pline (l. xxxvi, c. 15). Frontin dit que Caïus l'avait commencé en la seconde année de son règne (791), sous le consulat de M. Aquilius Julianus et de Nonius Asprenas. La dédicace eut lieu en 805 par les consuls Sylla et Titianus, et par Claude lui-même. Le nouvel Anio est souvent réuni à l'eau Claudia dans les mentions qu'en fait l'antiquité.

64. Quant au lac Fucin, le canal émissaire fut abandonné par Néron, repris par Nerva et par Adrien. Il existe à ce sujet une dissertation de Fabretti; mais voyez surtout le Bulletin de correspondance archéologique de l'Institut de Rome, cahier d'août 1830. M. Massari a fait de grands tableaux pour le curage de cet *emissarius*. Il était, dès cette époque, déblayé sur un espace de dix-neuf cent cinquante-deux mètres. On y trouva beaucoup d'instrumens qui avaient servi autrefois au curage, et des stalactites qui peuvent rivaliser avec celles d'Antiparos. Il ne faut pas non plus négliger les doctes observations de M. Fea, qui se trouvent dans le même cahier.

65. *Quant au port d'Ostie.* Pline, au liv. xiv, chap. 76, parle avec beaucoup d'admiration de ce vaisseau dont se servit Claude. Il dit qu'il lui fallait cent vingt mille boisseaux de lentilles pour le lester, et qu'il tenait presque toute la gauche du port d'Ostie par sa longueur.

66. *Il avait restauré le théâtre de Pompée.* Ce théâtre avait été construit en 699, Pompée étant consul pour la seconde fois avec Crassus. Il fut souvent la proie des flammes, notamment sous Tibère, qui commença à le rebâtir. Caligula l'acheva, et Claude

le consacra en 794 (*Voyez* TACITE, *Annales* III, 72 ; DION, LX, 6).

67. *Il célébra aussi les jeux séculaires.* Pline (l. VII, c. 48). Le passage de cet auteur justifiera aussi ce qui suit sur les acteurs qui ont joué aux jeux séculaires de Claude après avoir figuré à ceux d'Auguste. Il se trouve t. VI, p. 121 de notre édition. « Asconius Pedianus rapporte que Sammula vécut aussi cent dix ans. Je trouve moins étonnant que Stéphanion, qui exécuta le premier des danses romaines sur le théâtre, ait paru deux fois aux jeux séculaires, d'abord sous Auguste, et ensuite sous le quatrième consulat de Claude, car l'intervalle ne fut que de soixante-trois ans ; il vécut même encore long-temps après. »

68. *Chaque fois que les chars avaient accompli cinq courses.* Aux jeux du Cirque il se faisait vingt-cinq courses par jour : à chacune le prix était disputé par quatre quadriges.

69. *Aux sénateurs, qui, auparavant, se mêlaient dans la foule.* Il ne faut pas oublier qu'il s'agit uniquement du Cirque ; car, au théâtre et aux jeux scéniques, les sénateurs avaient depuis long-temps des places distinguées, ainsi que les chevaliers : elles leur avaient été assignées par les lois Roscia et Julia. Selon Dion, les sénateurs et les chevaliers étaient déjà séparés ; mais Claude leur assigna des places d'honneur réservées pour eux seuls. Néron en fit de même pour les chevaliers.

70. *Des cavaliers thessaliens.* Pline (l. VIII, c. 70, p. 367 de notre tome VI) dit des taureaux : « Les Thessaliens ont inventé une manière particulière de les tuer : un cavalier s'approche d'eux au galop, les saisit par une corne et leur tord le cou. Le dictateur César a le premier donné ce spectacle à Rome. »

71. *Et fit une fondation annuelle.* Ce combat de gladiateurs devait être célébré tous les ans le 24 janvier, jour anniversaire de son avènement : probablement qu'il en fut de même de celui des Septes. Nous avons expliqué ailleurs ce que c'était que ce lieu.

72. *Sportula*, ou *le petit repas*. S'il y a quelque chose de plus erroné que la traduction de La Harpe (la ration), c'est sa note sur la *desserte* des citoyens riches, usage qui n'a que faire ici. Il ne

s'agit ici que d'un repas sans façon, sans apprêt. Il y a dans le cahier de 1821 d'un journal des écoles, qui paraissait à Hildesheim, une savante dissertation du célèbre Buttmann sur le véritable sens de *sportula*.

73. *Avant de dessécher le lac Fucin.* Tacite décrit cette bataille navale, à laquelle prirent part dix-neuf mille hommes : ils entouraient le lac pour que les combattans ne pussent point s'évader. Selon Dion, les combattans étaient des condamnés à mort. Il faut bien distinguer entre eux et ceux qui les gardaient, et c'est faute de l'avoir fait que les interprètes se sont jetés dans de si ridicules conjectures et dans de fausses corrections. On ne peut se dissimuler cependant que le texte de Dion paraît avoir souffert quelque altération, et qu'il n'y a pas de proportion entre ce nombre des vaisseaux et celui des condamnés qu'il aurait fallu pour les monter.

74. *Entre les mois d'été et les mois d'hiver.* Parce que les vacances de l'automne et du printemps venaient interrompre le cours des affaires. Claude ne supprima point les vacances ; il mit seulement de la suite dans le travail en faisant une seule vacation au lieu de plusieurs.

75. *La juridiction des fidéicommis.* Claude institua deux préteurs pour Rome : ils furent chargés de la connaissance des fidéicommis. Ce furent les présidens des provinces qui les expédièrent dans les autres pays.

76. *Le chapitre ajouté par Tibère à la loi Papia Poppæa.* Ce chapitre défendait de se marier à plus de soixante ans. Claude, âgé lui-même, s'indigna d'être légalement proclamé incapable de procréer des enfans : il abrogea cette disposition, soit par un édit, soit par un sénatus-consulte. Il paraît qu'il le fit avant son mariage avec Agrippine, qui eût été empêché par cette disposition.

77. Les *procuratores ducenarii* ne formaient pas, comme le croit La Harpe, la décurie des deux cents, ajoutée par Auguste aux trois décuries de chevaliers. C'étaient des administrateurs de province qui devaient leur nom au traitement qu'on leur payait. On les appelait *ducenarii*, *centenarii* ou *sexagenarii*, selon le nombre de

sesterces qu'ils recevaient, Auguste avait accordé des traitemens à ces fonctionnaires, qui, auparavant, servaient gratuitement.

78. *Lui ôta le gouvernement d'Ostie et de la Gaule.* Il s'agit de la Gaule des environs du Pô. Le questeur siégeait à Rimini. Cette attribution datait du règne d'Auguste.

79. *Du trésor, que l'on gardait dans le temple de Saturne.* Auguste leur avait ôté cette surveillance pour la donner aux préteurs ou à ceux qui l'avaient été. D'abord le choix se faisait par le sénat; puis, la brigue s'en étant mêlée, on s'en remit au sort. Cette combinaison amena souvent des incapables, et c'est pour cela que Claude en revint aux questeurs. Néron changea de nouveau cette disposition, et choisit toujours parmi les anciens préteurs. Cela se pratiquait encore du temps d'Adrien, comme le prouve ce que dit Suétone, *uti nunc.*

80. *Les honneurs du triomphe à Silanus.* Claude donna une de ses filles à Lucius Junius Silanus, l'autre à Cn. Pompée. Dion rappelle beaucoup de dispositions favorables prises par cet empereur en faveur de ses gendres.

81. *A. Plautius* est celui qui commandait en Bretagne avec Vespasien, et dont il a été question au chap. 17.

82. *Gabinius Secundus avait vaincu les Chauques.* — *Voyez* à la p. 175 de la *Germanie* de M. PANCKOUCKE, tous les détails qu'il a réunis sur ce peuple puissant des rives de la mer du Nord.

83. *Exposaient leurs esclaves malades ou infirmes dans l'île d'Esculape* (*Voyez* à ce sujet TITE-LIVE, l. 11, c. 5). C'est cette île du Tibre qu'on avait créée avec des monceaux de grains de la moisson des Tarquins. On y avait aussi établi des temples, un obélisque, et on l'avait consacrée à Esculape (*Voyez* t. 1, p. 217 de notre TITE-LIVE).

84. *Il interdit aux voyageurs, etc.* Sans doute pour les empêcher de s'arroger de la sorte une apparence de triomphe ou d'ovation. Il ne s'agit pas ici de la conservation des routes, qui ne sont pas dans les villes, et qui n'eussent pas été détériorées par un homme à cheval. Cette disposition de Claude a donc été conçue dans un tout autre esprit que celle que rendirent plus tard Adrien et Antonin.

85. *Dans la plaine Esquiline.* Ce lieu, voisin des Esquilies, était destiné aux supplices.

86. *Que Tibère avait prises sous son administration.* (TACITE, *Annales*, 1, 76; DION, LVIII, 25.) Quant aux Lyciens, *voyez* sur leur premier état, SIGONIUS, *de Jure provinc.*

87. *Et la rendit aux Rhodiens.* La liberté leur avait été enlevée par Claude lui-même en l'an 797, parce qu'ils avaient crucifié quelques citoyens romains.

88. *S'il laissait libres de toute charge les Iliens, etc.* Nous remarquerons que ce fut Néron qui plaida leur cause (TACITE, l. XII, c. 58). Il voulait, dit Tacite, acquérir la gloire de l'éloquence; il parla de l'origine des Romains et fit descendre les Jules d'Énée.

89. *D'après les excitations d'un certain Chrestus.* Usserius, Tillemont, Basnage, rapportent ce bannissement des Juifs à la douzième année du règne de Claude. Dans l'antiquité on ne faisait nulle difficulté d'appliquer au Christ les mots, *impulsore Chresto.* Cela résulte du texte d'Orose. Mais les modernes sont plus savans : il s'agit d'un Grec d'origine qui s'est fait Juif, et qui causait du trouble à Rome. On torture la grammaire et le bon sens pour arriver à ce point, et on ne réfléchit pas que, si le personnage dont il est question n'eût pas été connu, Suétone l'eût désigné, au moins en ajoutant *quodam*. Les chrétiens étaient déjà répandus dans Rome. Il se peut que le bannissement les ait frappés aussi; car les Romains ont long-temps ignoré la différence qu'il y avait entre les Juifs et les chrétiens.

90. *Aux envoyés des Germains.* Selon Tacite, ce fait arriva sous le règne de Néron, et en 812. Les députés étaient ceux des Frisons et s'appelaient Verritus et Malorix.

91. *Il abolit complètement dans les Gaules la religion des druides.* Il ne paraît pas que cet édit ait eu plus de succès que n'en ont en général les actes de l'autorité qui veulent écraser des croyances. Dans la suite on retrouve encore des druides. Il existe sur ce passage une difficulté plus sérieuse : Pline dit que la suppression des druides date du règne de Tibère, et Juste-Lipse, pour le concilier avec Suétone, conjecture que l'abolition du culte

prononcée par Tibère ne regardait que Rome, mais que Claude alla les chercher jusqu'au fond de leurs forêts. Cette interprétation est un peu étroite. On pourrait admettre que dans Pline le copiste a sauté le nom de Claude, qu'il aurait fallu ajouter à celui de Tibère, en sorte qu'il y eut *Tiberii Claudii*, ou *Tiberii Claudii Cæsaris*. Il existe sur les druides une dissertation de Tschuck dans une édition du géographe Méla, puis un ouvrage spécial excellent, publié en 1826 par M. Barth, sous le titre *Die Druiden der Kelten*.

92. *Le temple de Vénus Érycine.* Tibère avait projeté cette reconstruction, mais il la négligea comme toutes les autres entreprises. Rome avait aussi un temple de Vénus Érycine.

93. *Arrière-petite-fille d'Auguste.* Elle était fille de L. Paulus et de Julie, petite-fille d'Auguste, et elle était sœur d'Émilius Lepidus, dont la conjuration a été rappelée au chap. 24 de *Caligula*.

94. *Plautia Urgulanilla.* Il y eut une Urgulanilla, grand'mère de Plautius Silvanus, lequel paraît avoir été père de cette Urgulanilla. Il était consulaire, et Velleius Paterculus, ainsi que Dion, parlent de ses exploits dans la guerre de Pannonie.

95. *Élia Petina.* Tacite (*Ann.*, liv. XII) dit qu'elle était de la famille des Tubérons.

96. *Valeria Messalina.* Son père, dont il est ici question, avait été consul en 742 avec P. Sulpicius Quirinus.

97. *Elle s'était mariée à C. Silius.* Dion donne à ce sujet des détails curieux. Claude allait à Ostie pour s'assurer des approvisionnemens de grains. Messaline feignit d'être indisposée, puis, en son absence, elle donna un grand repas de noces et épousa solennellement C. Silius. Narcisse en instruisit l'empereur, et lui fit craindre qu'il ne fût question d'élever Silius à sa place.

98. *Il la fit périr.* Elle fut tuée par un tribun dans les jardins de Lucullus, où elle s'était enfuie.

99. *Pour suivre son exemple.* Tacite dit qu'il n'y eut que Titus Alledius Severus, chevalier romain, qui, séduit par le crédit d'Agrippine, imita cet exemple. Il ne parle point de l'affranchi dont Suétone fait mention.

100. *Que d'abord il appela Germanicus.* Ce nom fut donné à tous les descendans de Germanicus.

101. *De l'affranchi Boter.* Ce nom a souffert quelque altération entre les mains des copistes. Il y a des inscriptions qui portent *Ti. Claudius Botrio* ou *Botrus Cæs. Ser.*

102. *A Cn. Pompeius Magnus.* Voyez ce qui a été dit (*Caligula* 35). Sylla fut consul en 806. On accusa dans la suite Pallas et Burrhus d'avoir conspiré pour son avènement à l'empire.

103. *Le vingtième jour de son empire pendant son second consulat.* Il y a ici erreur manifeste, puisque le second consulat n'est que de 795, et que le vingtième jour du règne serait le 13 février de l'année précédente. L'erreur est, peut-être, dans le chiffre qui a pu être facilement altéré. Ernesti a fait de grands efforts pour concilier à cet égard Suétone avec lui même, et avec Dion et Tacite.

104. *Il adopta Néron.* Ce fut sous le consulat de C. Antistius et de Marcus Suilius, en 803.

105. *Posides.* Pline dit qu'à Baies les baignoires prirent le nom de *Posidianæ*, du nom de cet affranchi de Claude. Juvénal le cite aussi dans sa satire XIV, vers 91, et le traite de *spado*, eunuque.

106. *Felix.* Voici ce qu'en dit Tacite : « Claude confia la Judée à des chevaliers romains ou à des affranchis. Un de ces derniers, Antonius Felix, se livrant à toute espèce de barbaries et de débauches, exerça avec une âme d'esclave un pouvoir tyrannique : il avait eu en mariage Drusilla, petite-fille de Cléopâtre et d'Antoine ; de sorte que Felix était gendre au second degré de ce même Antoine, dont Claude était petit-fils. » (Tom. V, pag. 335 de la traduction de M. Panckoucke.)

107. *Arpocras.* C'est sans doute Harpocrate, dont Sénèque fait mention parmi les affranchis de Claude. L'usage de la litière en ville était permis à fort peu de personnes.

108. *De donner des spectacles.* Tacite fait mention d'un spectacle de gladiateurs donné à Fidènes, sous Tibère, par un affranchi, et il ajoute que, pour l'avenir, un sénatus-consulte défendit à quiconque ne possédait pas quatre cent mille sesterces d'en donner de pareils. Ce droit que concède ici Claude est celui de

représentation publique dont ne jouissaient que les magistrats et les princes.

109. *Polybe.* La *Consolation* de Sénèque lui est adressée. Il eut un commerce adultérin avec Messaline, et Dion nous dit qu'elle le fit périr (liv. LX, c. 31).

110. *Une préférence plus signalée pour Narcisse.* Cet affranchi fut cause de la mort de Messaline; puis, sous Néron, la haine d'Agrippine le fit périr. Quant à Pallas, qui avait censuré le mariage d'Agrippine et l'adoption de Néron, il eut le même sort.

111. *Uni avec lui par les liens d'une commune paternité.* Le latin dit *consocer*, ce que M. Eichoff a été assez heureux pour traduire par *Mileh-Schwiegr-Water*. Quant à Laharpe, il a fait un contre-sens énorme; il a dit: *Il condamna à mort Appius Silanus, son beau-père.* Deux pères sont *consoceri*, quand le fils de l'un épouse la fille de l'autre; or, Octavie, fille de Claudius, avait été fiancée à L. Silanus, fils de celui-ci. C'est à cela que pensait Suétone quand il a dit *consocer*. Peu importe, après cela, que la mère de Messaline ait épousé Silanus. Ce serait lire Dion au lieu de lire Suétone, et il ne faut traduire un auteur que sur ce qu'il dit explicitement.

112. *Les deux Julies.* L'une sœur de Caïus, exilée par lui, avait été rappelée par Claude. Dion attribue sa mort à la haine de Messaline. Quant à Julie, fille de Drusus et petite-fille de Tibère, Dion dit expressément que Messaline la fit tuer.

113. *Cn. Pompée.* Voyez, sur la mort de ce Pompée, ZONARAS et SÉNÈQUE. Tacite dit que Silanus se tua le jour des noces de l'empereur, soit qu'il eût conservé jusque-là l'espérance de vivre, soit qu'il voulût par là accroître l'indignation publique.

114. *Trente-cinq sénateurs.* Sénèque dit que l'on tua trente sénateurs, trois cent quinze chevaliers et une multitude d'autres Romains.

115. *Pour éloigner et détourner sur un autre un danger.* Il paraît que l'oracle ou un prodige menaçait le mari de Messaline: il fallait détourner l'effet de cette menace; du moins on le fit croire à Claude, et on l'engagea de la sorte à se substituer une autre personne, et à signer cet acte.

116. *Beaucoup d'autres ridicules.* Dion (l. LX, c. 2) en fait une description à peu près semblable. Sénèque dit dans sa célèbre satire : On annonce à Jupiter qu'il est arrivé quelqu'un de belle taille, d'une chevelure blanche, et qu'il profère on ne sait quelle menace; qu'en effet il agite constamment la tête et traîne le pied droit. Vainement on lui a demandé de quelle nation il est; il a répondu on ne sait quoi en bredouillant et d'une voix confuse. On ne comprend pas son langage ; il n'est ni Grec ni Romain; on ne le reconnaît à aucun caractère distinctif.

117. *Soupçonné d'avoir dérobé un vase d'or.* Plutarque (*Gall.*, c. 12) nous apprend que ce fut Tit. Vinius, et Tacite (*Hist.*, l. 48) dit : « Il fut accusé d'une bassesse qui aurait déshonoré un esclave : soupçonné d'avoir dérobé une coupe d'or à la table de Claude, l'empereur ordonna que le lendemain Vinius fût le seul des convives servi en vaisselle de terre. » (*Traduct. de M.* PANCKOUCKE, t. IV, p. 77.)

118. *Que l'on apprêtait pour les Saliens.* Ce n'est pas d'aujourd'hui que les prêtres aiment les bons morceaux (*Voyez* la sat. IV d'HORACE au second livre, v. 28, et MACROBE, II, 9).

119. *Et les peines du parricide.* Dans son Traité sur la *Clémence*, Sénèque dit à Néron : « Votre père a fait coudre dans des sacs plus de coupables en moins de cinq ans, qu'il n'y en avait eu de suppliciés de la sorte dans tous les siècles. »

120. *Les gladiateurs du matin.* On appelait gladiateurs de midi ceux qui venaient après les *bestiaires* (*Voyez* BULENGER, *de Venatione Circi*, c. 34 ; voyez aussi DION, l. LX, c. 13).

121. *Appius Silanus périt de la même manière* (*Voyez* sur cette odieuse intrigue, DION, l. LX, c. 14). La haine de Messaline venait de ce que Silanus ne voulait pas de ses faveurs.

122. « *Qu'ils l'avaient fait rentrer dans la foule.* » — *In ordinem se coactum.* C'est-à-dire qu'ils l'avaient traité en simple particulier.

123. *Contre les règlemens.* Tibère et Claude lui-même avaient défendu que dans les cabarets on vendît des alimens cuits, excepté toutefois les légumes.

124. *De sa distraction et de son inconsidération.* Suétone reproduit les expressions grecques qui, sans doute, rendaient mieux sa pensée. Ce sont μετεωρία, ce qui marque un esprit qui est toujours en l'air, c'est-à-dire dans les espaces imaginaires, et ἀβλεψία, imprévoyance, inconsidération. Dans ce chapitre-ci, il donne des traits d'oubli, de distraction; dans le suivant, il caractérise l'autre de ces défauts par des exemples.

125. *Peu de temps après l'exécution de Messaline.* Tacite (l. xi, c. 38) rapporte que Claude était à table quand on vint lui dire que Messaline avait péri, sans ajouter si c'était de sa propre main ou de celle d'un autre. Il ne s'en informa pas, demanda à boire et se conduisit comme si de rien n'était. Les jours suivans il ne donna aucune marque de haine, de joie, de colère, de tristesse, ni enfin d'aucun sentiment humain, etc., etc.

126. *Me prenez-vous pour Theogonius?* On ne sait où Laharpe a pris son insipide traduction : *N'ai-je pas l'air d'un enfant des dieux!* Il faut que ce Theogonius ait été quelque sot, dont la bêtise avait passé en proverbe.

127. *Par les conseils de Tite-Live.* D'autres lisent Lucius Livius, qui serait, disent-ils, le fils du grand historien. Pline fait aussi mention de l'histoire de Claude, et l'illustre Niébuhr, par d'excellentes raisons, a vivement regretté la perte des ouvrages de cet empereur, dont on a trop méprisé les travaux.

128. *Claude inventa trois lettres* (*Voyez* Juste-Lipse et les autres interprètes de Tacite, *Annales* xi, 14). Il y a des détails suffisans à cet égard dans le t. ii, p. 33 de l'édition de M. Lemaire.

129. « *Repousser le premier qui m'offense.* » C'est le soixante-douzième vers du livre xvi de l'*Odyssée*.

130. *Un véritable César.* C'est-à-dire qui fût du sang des Césars, et non pas adopté.

131. *Qu'il périt par le poison.* Tacite (l. xii, 66 et 67) nomme parmi les complices d'Agrippine la célèbre Locuste et le médecin Xénophon, qui, sous prétexte de faciliter ses vomissemens, lui aurait introduit dans le cou une plume empoisonnée.

132. *Il mourut le* 13 *octobre.* Selon Dion, il avait régné treize ans huit mois et vingt jours. Sa mort est de l'an de Rome 807.

133. *Les premiers présages de sa mort.* Dion en rapporte plusieurs autres encore : il dit, quant aux magistrats, qu'il en mourut un de chaque espèce. Tacite dit la même chose.

NERO.

I. Ex gente Domitia duæ familiæ claruerunt, Calvinorum, et Ænobarborum. Ænobarbi auctorem originis, itemque cognominis, habent L. Domitium : cui rure quondam revertenti juvenes gemini augustiore forma ex occursu imperasse traduntur, nunciaret senatui ac populo victoriam, de qua incertum adhuc erat : atque in fidem majestatis adeo permulsisse malas, ut e nigro rutilum ærique assimilem capillum redderent. Quod insigne mansit et in posteris ejus, ac magna pars rutila barba fuerunt. Functi autem consulatibus septem, triumpho, censuraque duplici, et inter patricios allecti, perseveraverunt omnes in eodem cognomine. Ac ne prænomina quidem ulla, præterquam Cnei et Lucii, usurparunt; eaque ipsa notabili varietate, modo continuantes unumquodque per trinas personas, modo alternantes per singulas. Nam primum secundumque ac tertium Ænobarborum Lucios; sequentes rursus tres ex ordine Cneos accepimus; reliquos nonnisi vicissim, tum Lucios, tum Cneos. Plures e familia cognosci referre arbitror, quo facilius appareat, ita degenerasse a suorum virtutibus Nero, ut tamen vitia cujusque, quasi tradita et ingenita, retulerit.

NÉRON.

I. Il y eut, dans la maison Domitia, deux familles qui s'illustrèrent[1] : celle des Calvinus et celle des Ænobarbus. Les Ænobarbus doivent leur origine et leur surnom à L. Domitius. Celui-ci, revenant un jour de la campagne, rencontra, dit-on, deux jeunes gens[2] d'une taille imposante : ils lui ordonnèrent d'annoncer au sénat et au peuple une victoire que l'on regardait encore comme incertaine ; afin de le convaincre de leur divinité, ils lui passèrent les mains sur les joues, et de noire qu'était sa barbe elle devint cuivrée. Ce signe demeura à ses descendans, qui, presque tous, eurent la barbe de cette couleur. La famille des Ænobarbus fut honorée de sept consulats, d'un triomphe[3] et de deux censures ; ses membres furent appelés au patriciat, et tous conservèrent le même surnom. Ils ne prirent même jamais d'autres prénoms que ceux de Cneus et de Lucius, qu'ils faisaient alterner entre eux d'une manière assez remarquable : tantôt il restait à trois personnes consécutives, tantôt il changeait avec chacune d'elles : le premier, le deuxième et le troisième Ænobarbus furent des Lucius ; nous retrouvons ensuite trois Cneus ; les autres sont tantôt des Lucius et tantôt des Cneus. Il est bon de faire connaître plusieurs membres de cette famille : on en jugera d'autant mieux que Néron avait dégénéré des vertus des siens, au point de reproduire, comme s'ils lui eussent été innés ou transmis par la naissance, les vices de chacun de ses ancêtres.

II. Ut igitur paulo altius repetam, atavus ejus Cn. Domitius in tribunatu pontificibus offensior, quod alium, quam se, in patris sui locum cooptassent, jus sacerdotum subrogandorum a collegiis ad populum transtulit : ac in consulatu, Allobrogibus Arvernisque superatis, elephanto per provinciam vectus est, turba militum, quasi inter sollemnia triumphi, prosequente. In hunc dixit Licinius Crassus orator, « Non esse mirandum, quod æneam barbam haberet, cui os ferreum, cor plumbeum esset. » Hujus filius prætor C. Cæsarem abeuntem consulatu, quem adversus auspicia legesque gessisse existimabatur, ad disquisitionem senatus vocavit : mox consul imperatorem ab exercitibus gallicis retrahere tentavit : successorque ei per factionem nominatus, principio civilis belli ad Corfinium captus est. Unde dimissus, Massilienses obsidione laborantes quum adventu suo confirmasset, repente destituit, acieque demum pharsalica occubuit : vir neque satis constans, et ingenio truci : in desperatione rerum, mortem, timore appetitam, ita expavit, ut haustum venenum pœnitentia evomuerit, medicumque manumiserit, quod sibi prudens ac sciens minus noxium temperasset. Consultante autem Cn. Pompeio de mediis ac neutram partem sequentibus, solus censuit hostium numero habendos.

II. Et pour reprendre les choses de plus haut, nous dirons que son bisaïeul Domitius fut très-irrité, pendant son tribunat, de ce que les pontifes, au lieu de l'élire à la place de son père, s'étaient adjoint un autre candidat. Il enleva aux collèges [4], pour le donner au peuple, le droit de nommer les prêtres. Après avoir, dans son consulat, vaincu les Allobroges et les Arvernes, il se promena, dans sa province, sur un éléphant, et se fit entourer et suivre d'une foule de soldats, comme dans la solennité du triomphe. C'est de lui que l'orateur Licinius Crassus a dit « qu'il ne fallait pas s'étonner s'il avait une barbe d'airain, lui qui avait un visage de fer et un cœur de plomb. » Son fils, étant préteur, appela César devant le sénat, et le somma de rendre compte du consulat qu'il avait, disait-on, géré contre les auspices et les lois. Bientôt après, il essaya de l'arracher à son armée des Gaules, se fit nommer son successeur, et fut pris à Corfinium dès le commencement de la guerre. Remis en liberté, il releva par son arrivée le courage des Marseillais qui soutenaient un siège pénible; mais il les abandonna subitement, et périt enfin à la bataille de Pharsale [5]. C'était un homme d'un caractère arrogant; mais il n'avait pas assez de constance : dans un moment où les affaires étaient désespérées, la crainte lui fit désirer la mort. Cependant, il en eut tout à coup une telle frayeur, qu'il rendit le poison [6] qu'il avait avalé, et qu'il affranchit son médecin, parce que, dans la prévision de ce qui arriverait, celui-ci avait affaibli la dose. Lorsque Pompée délibérait sur ce qu'il convenait de faire à l'égard des hommes qui ne se déclaraient pour aucun parti, Domitius seul soutint qu'il fallait les traiter en ennemis.

III. Reliquit filium, omnibus gentis suæ procul dubio præferendum. Is inter conscios Cæsarianæ necis, quamquam insons, damnatus lege Pedia, quum ad Cassium Brutumque se, propinqua sibi cognatione junctos, contulisset, post utriusque interitum classem olim commissam retinuit : auxit etiam; nec, nisi partibus ubique profligatis, M. Antonio sponte, et ingentis meriti loco, tradidit; solusque omnium ex iis, qui pari lege damnati erant, restitutus in patriam, amplissimos honores percucurrit: ac subinde redintegrata dissensione civili, eidem Antonio legatus, delatam sibi summam imperii ab iis, quos Cleopatræ pudebat, neque suscipere, neque recusare fidenter, propter subitam valetudinem, ausus, transiit ad Augustum : et in diebus paucis obiit, nonnulla et ipse infamia aspersus. Nam Antonius, eum desiderio amicæ Serviliæ Naidis transfugisse, jactavit.

IV. Ex hoc Domitius nascitur, quem emtorem familiæ pecuniæque in testamento Augusti fuisse, mox vulgo notatum est; non minus aurigandi arte in adolescentia clarus, quam deinde ornamentis triumphalibus ex germanico bello. Verum arrogans, profusus, immitis, censorem L. Plancum via sibi decedere ædilis coegit : præturæ consulatusque honore, equites romanos matronasque ad agendum mimum produxit in scenam. Venationes et in Circo, et in omnibus Urbis regionibus, dedit : munus etiam gladiatorium ; sed tanta sævitia, ut

III. Il laissa un fils qui, sans aucun doute, doit être préféré à tous les membres de cette maison. Quoique innocent, il fut condamné, par la loi Pedia[7], avec les meurtriers de César, et s'enfuit auprès de Cassius et de Brutus, auxquels il tenait de près par les liens du sang. Après leur mort, il conserva la flotte qu'ils lui avaient confiée[8], et même l'augmenta; enfin, il ne se rendit que de son gré, et quand son parti eut succombé de tous côtés. Ce fut à M. Antoine, et cette action est considérée comme un grand service : aussi, de tous ceux qui avaient été condamnés pour la même cause, fut-il le seul qui se vit rétabli dans sa patrie, où il obtint encore les plus grandes dignités[9]. Lorsque les guerres civiles se rallumèrent, il fut lieutenant d'Antoine, et ceux qui avaient honte d'obéir à Cléopâtre le nommèrent leur chef; mais il n'osa ni accepter, ni refuser, à cause d'une maladie qui l'affaiblit subitement, et il passa du côté d'Auguste. Peu de jours après il mourut, non sans quelque tache pour sa réputation; car Antoine répandit le bruit qu'il n'avait déserté que pour revoir sa maîtresse Servilia Naïs.

IV. De ce Domitius naquit celui qui fut l'exécuteur testamentaire d'Auguste[10], et qui ne fut pas moins célèbre par l'habileté qu'il montra dans sa jeunesse à conduire les chars, qu'il ne le devint plus tard par les ornemens triomphaux que lui valut la guerre de Germanie[11]. Arrogant, prodigue et cruel, il força, pendant qu'il n'était encore qu'édile, le censeur L. Plancus[12] à se ranger sur son passage. Dans sa préture et dans son consulat, il produisit sur la scène des chevaliers romains et des matrones, pour représenter des mimes. Il donna au Cirque, et dans tous les quartiers de la ville, des combats de bêtes, ainsi qu'un spectacle de gladiateurs; mais il y ap-

necesse fuerit Augusto, clam frustra monitum edicto coercere.

V. Ex Antonia majore patrem Neronis procreavit, omni parte vitæ detestabilem. Siquidem comes ad Orientem C. Cæsaris juvenis, occiso liberto suo, quod potare, quantum jubebatur, recusarat, dimissus e cohorte amicorum, nihilo modestius vixit. Sed et in viæ Appiæ vico repente puerum, citatis jumentis, haud ignarus obtrivit; et Romæ medio Foro cuidam equiti romano liberius jurganti oculum eruit : perfidiæ vero tantæ, ut non modo argentarios pretiis rerum coemtarum, sed et in prætura mercede palmarum aurigarios fraudaverit. Notatus ob hæc et sororis joco, querentibus dominis factionum, « repræsentanda præmia in posterum, » sanxit. Majestatis quoque, et adulteriorum, incestique cum sorore Lepida, sub excessu Tiberii reus, mutatione temporum evasit; decessitque Pyrgis morbo aquæ intercutis, sublato filio Nerone ex Agrippina, Germanico genita.

VI. Nero natus est Antii post nonum mensem, quam Tiberius excessit, duodevicesimo calendas januarias, tantum quod exoriente sole, pæne ut radiis prius, quam terra, contingeretur. De genitura ejus statim multa et formidolosa multis conjectantibus, præsagio fuit etiam Domitii patris vox, inter gratulationes amicorum ne-

porta tant de cruauté, qu'Auguste jugea nécessaire de l'en blâmer par un édit, après l'avoir vainement averti en secret.

V. Il eut d'Antonia l'aînée [13] le père de Néron. qui, de tous points, fut un homme exécrable. En effet, ayant accompagné en Orient le jeune César [14], il tua son affranchi, parce qu'il refusait de boire autant qu'il le lui avait ordonné. Renvoyé pour ce fait de la société de C. César, il n'en eut pas plus de modération dans sa conduite. Dans un bourg sur la voie Appienne, il fit prendre le galop à ses chevaux, sachant bien qu'il allait écraser un jeune garçon. A Rome, au milieu du Forum, il creva un œil à un chevalier romain qui lui adressait des reproches avec quelque liberté. Il était tellement perfide, que non-seulement il privait les courtiers du prix de ce qu'il achetait [15], mais que, dans sa préture, il frustrait de leurs récompenses les vainqueurs des courses de chars. Poursuivi par les railleries de sa sœur, et sur la plainte des patrons des coureurs, il ordonna qu'à l'avenir les prix seraient payés comptant. Vers la fin du règne de Tibère, il fut accusé de lèse-majesté, de plusieurs adultères, d'inceste avec sa sœur Lepida, et ne dut son salut qu'au changement de règne. Il mourut d'hydropisie à Pyrges [16] : il avait eu d'Agrippine, fille de Germanicus, un fils qui fut Néron.

VI. Néron naquit à Antium, neuf mois après la mort de Tibère [17], le 15 décembre, au lever du soleil; si bien qu'il fut frappé de ses rayons avant que de toucher la terre [18]. Sur-le-champ, on fit, sur sa naissance, beaucoup de conjectures inquiétantes, et l'on prit aussi pour présage un mot de son père Domitius, qui répondit aux félicitations de ses amis, qu'il ne pouvait naître

gantis, quicquam ex se et Agrippina, nisi detestabile et malo publico, nasci potuisse. Ejusdem futuræ infelicitatis signum evidens die lustrico exstitit : nam C. Cæsar, rogante sorore, ut infanti, quod vellet, nomen daret, intuens Claudium patruum suum, a quo mox principe Nero adoptatus est, ejus se dixit dare : neque ipse serio, sed per jocum, et aspernante Agrippina, quod tum Claudius inter ludibria aulæ erat. Trimulus patrem amisit : cujus ex parte tertia heres, ne hanc quidem integram cepit, correptis per coheredem Caium universis bonis : et subinde matre etiam relegata, pæne inops atque egens, apud amitam Lepidam nutritus est, sub duobus pædagogis, saltatore atque tonsore. Verum Claudio imperium adepto, non solum paternas opes recuperavit, sed et Crispi Passieni vitrici sui hereditate ditatus est. Gratia quidem et potentia revocatæ restitutæque matris usque eo floruit, ut emanaret in vulgus, missos a Messalina, uxore Claudii, qui eum meridiantem, quasi Britannici æmulum, strangularent. Additum fabulæ est, eosdem dracone e pulvino se proferente conterritos refugisse. Quæ fabula exorta est, deprehensis in lecto ejus circum cervicalia serpentis exuviis, quas tamen, aureæ armillæ ex voluntate matris inclusas, dextro brachio gestavit aliquamdiu; ac tædio tandem maternæ memoriæ abjecit; rursusque extremis suis rebus frustra requisivit.

de lui et d'Agrippine rien que de détestable et de funeste au bien public. Le jour de sa purification [19], il parut aussi un signe évident de sa malheureuse destinée : C. César, pressé par sa sœur de lui donner le nom qu'il voudrait, tourna les yeux vers son oncle Claude qui, dans la suite, adopta Néron, et dit qu'il lui donnait son nom : cependant il ne parlait pas sérieusement, et ne voulait que contrarier Agrippine, qui s'y refusait, Claude étant alors la risée de la cour. Néron avait trois ans quand il perdit son père : héritier pour un tiers, il n'eut pas même cette portion, parce que Caïus, son cohéritier, s'empara de tous les biens. Sa mère ayant été exilée, il demeura pauvre et presque dans le besoin, et fut élevé chez sa tante Lepida; là, ses maîtres furent un danseur et un barbier. Mais quand Claude parvint à l'empire, non-seulement il récupéra la fortune paternelle, mais il fut encore enrichi de la succession de Crispus Passienus [20], son beau-père. Il s'éleva si haut par la faveur et la puissance de sa mère, qui avait été rappelée, qu'on disait généralement que Messaline, femme de Claude, jalouse de ce qu'il était devenu le rival de Britannicus, avait aposté des gens pour l'étrangler pendant qu'il ferait sa méridienne. On ajoute à ce récit, que les meurtriers s'enfuirent effrayés à la vue d'un serpent qui s'élança de son oreiller. Ce qui donna lieu à ce conte, c'est qu'on trouva un jour, auprès du chevet de son lit, la peau d'un serpent [21]. Agrippine voulut qu'elle fût renfermée dans un bracelet d'or qu'il porta quelque temps à son bras droit; dans la suite, il l'ôta, parce qu'il l'importunait du souvenir de sa mère; puis il le rechercha en vain dans ses derniers malheurs.

VII. Tener adhuc, necdum matura pueritia, circensibus ludis Trojam constantissime favorabiliterque lusit. Undecimo ætatis anno a Claudio adoptatus est, Annæoque Senecæ, jam tunc senatori, in disciplinam traditus. Ferunt, Senecam proxima nocte visum sibi per quietem C. Cæsari præcipere : et fidem somnio Nero brevi fecit, prodita immanitate naturæ, quibus primum potuit experimentis. Namque Britannicum fratrem, quod se post adoptionem Ænobarbum ex consuetudine salutasset, ut subditivum apud patrem arguere conatus est. Amitam autem Lepidam ream testimonio coram afflixit, gratificans matri, a qua rea premebatur. Deductus in Forum tiro, populo congiarium, militi donativum proposuit : indictaque decursione prætorianis, scutum sua manu prætulit : exin patri gratias in senatu egit. Apud eumdem consulem pro Bononiensibus latine, pro Rhodiis atque Iliensibus græce verba fecit. Auspicatus est et jurisdictionem præfectus Urbi sacro latinarum, celeberrimis patronis non translaticias, ut assolet, et breves, sed maximas plurimasque postulationes certatim ingerentibus; quamvis interdictum a Claudio esset. Nec multo post duxit uxorem Octaviam : ediditque pro Claudii salute circenses et venationem.

VIII. Septemdecim natus annos, ut de Claudio palam factum est, inter horam sextam septimamque processit ad excubitores; quum ob totius diei diritatem non aliud

VII. Dès l'âge le plus tendre, à peine encore adolescent, il joua au Cirque le jeu de Troie, s'y appliqua beaucoup, et réussit à merveille. Dans sa onzième année[22], il fut adopté par Claude, et confié à Sénèque, qui était déjà sénateur. On dit que, la nuit suivante, Sénèque rêva qu'il avait pour disciple Caïus César. Néron prit soin de justifier ce songe en donnant, le plus tôt qu'il le put, des témoignages de la férocité de son caractère. Pour se venger de ce qu'après son adoption Britannicus son frère l'avait, selon sa coutume, appelé Ænobarbus[23], il chercha à persuader à Claude que Britannicus n'était point son fils. Il perdit sa tante Lepida en rendant témoignage contre elle, pour satisfaire sa mère qui la poursuivait. Conduit au Forum pour y prendre la toge[24], il fit des distributions au peuple, des dons aux soldats; puis, ayant commandé un exercice aux prétoriens, il marcha lui-même le bouclier à la main, et rendit à son père des actions de grâces en plein sénat. Il plaida en latin devant Claude, consul, pour les habitans de Bologne[25], et en grec pour les Rhodiens et les Iliens. Préfet de la ville, il jugea des affaires pendant les Féries latines, où les plus célèbres avocats portèrent devant lui, non-seulement des affaires urgentes et courtes, comme c'est l'usage, mais des causes graves et en grand nombre; et cela, sans égard à la prohibition de Claude. Peu de temps après, il épousa Octavie[26], et célébra, pour le salut de Claude, des jeux du Cirque et des combats de bêtes.

VIII. Agé de dix-sept ans, il alla, dès qu'on publia la mort de Claude, trouver les gardes. C'était entre la sixième et la septième heure[27], parce que, dans ce jour de malheur, nul autre moment ne parut propice à pren-

auspicandi tempus accommodatius videretur : proque palatii gradibus imperator consalutatus, lectica in castra, et inde raptim appellatis militibus in Curiam delatus est, discessitque jam vesperi, ex immensis, quibus cumulabatur, honoribus, tantum patris patriæ nomine recusato, propter ætatem.

IX. Orsus hinc a pietatis ostentatione, Claudium, apparatissimo funere elatum, laudavit consecravitque. Memoriæ Domitii patris honores maximos habuit. Matri summam omnium rerum publicarum privatarumque permisit. Primo etiam imperii die signum excubanti tribuno dedit « Optimam matrem : » ac deinceps ejusdem sæpe lectica per publicum simul vectus est. Antium coloniam deduxit, ascriptis veteranis e prætorio, additisque per domicilii translationem ditissimis primipilarium : ubi et portum operis sumtuosissimi fecit.

X. Atque, ut certiorem adhuc indolem ostenderet, « ex Augusti præscripto imperaturum se, » professus, neque liberalitatis, neque clementiæ, nec comitatis quidem exhibendæ ullam occasionem omisit. Graviora vectigalia aut abolevit, aut minuit. Præmia delatorum Papiæ legis ad quartas redegit. Divisis populo viritim quadringenis nummis, senatorum nobilissimo cuique, sed a re familiari destituto, annua salaria, et quibusdam quingena, constituit : item prætorianis cohortibus frumentum menstruum gratuitum. Et quum de supplicio

dre les auspices. Salué empereur devant les degrés du palais, il se rendit au camp en litière, et, après avoir harangué les soldats, il fut porté au sénat qu'il ne quitta que le soir. Il ne refusa, de tous les honneurs extraordinaires dont on l'accablait, que le titre de père de la patrie, que son âge ne comportait pas.

IX. Il commença par donner un spectacle de sa piété filiale, en faisant de magnifiques obsèques à Claude [28], qu'il loua et rangea parmi les dieux. Il rendit ensuite les plus grands honneurs à la mémoire de son père Domitius : il constitua sa mère maîtresse de toutes les affaires publiques et particulières. Le premier jour de son règne, il indiqua, pour mot d'ordre, au tribun de garde, « la meilleure des mères ; » et, dans la suite, il se fit souvent porter publiquement en litière avec elle. Il établit une colonie à Antium [29], la composa de vétérans prétoriens, et y adjoignit, par forme de changement de domicile [30], les plus riches des primipilaires. Il y fit aussi construire un port d'un travail magnifique.

X. Afin de mieux encore signaler ses dispositions, il déclara qu'il règnerait selon les principes d'Auguste, et ne laissa échapper aucune occasion de montrer sa clémence ou sa douceur. Il abolit ou modéra les impôts trop onéreux [31] ; il réduisit au quart les récompenses assignées par la loi Papia aux délateurs [32]. Il distribua au peuple quatre cents sesterces par tête*, établit un traitement annuel pour les plus nobles sénateurs [33] privés de fortune, traitement que, pour quelques-uns, il éleva jusqu'à cinq cent mille sesterces** : il assura aux co-

---

* 70 fr. 15 cent. — ** 91,900 fr.

cujusdam capite damnati, ut ex more subscriberet, admoneretur : « Quam vellem, » inquit, « nescire litteras! » Omnes ordine subinde ac memoriter salutavit. Agenti senatui gratias respondit : « Quum meruero. » Ad campestres exercitationes suas admisit et plebem : declamavitque sæpius publice : recitavit et carmina, non modo domi, sed in theatro, tanta universorum lætitia, ut ob recitationem supplicatio decreta sit, eaque pars carminum aureis litteris Jovi Capitolino dicata.

XI. Spectaculorum plurima et varia genera edidit : Juvenales, circenses, scenicos ludos, gladiatorium munus. Juvenalibus senes quoque consulares, anusque matronas recepit ad lusum. Circensibus loca equiti secreta a ceteris tribuit : commisitque etiam camelorum quadrigas. Ludis, quos pro æternitate imperii susceptos appellari *Maximos* voluit, ex utroque ordine et sexu plerique ludicras partes sustinuerunt. Notissimus eques romanus elephanto supersedens per catadromum decucurrit. Inducta est et Afranii togata, quæ *Incendium* inscribitur; concessumque, ut scenici ardentis domus supellectilem diriperent, ac sibi haberent. Sparsa et populo missilia omnium rerum per omnes dies : singula quotidie millia avium cujusque generis, multiplex penus, tesseræ frumentariæ, vestis, aurum, argentum, gemmæ, marga-

hortes prétoriennes des distributions de grains mensuelles et gratuites. Un jour que, selon l'usage, on lui demandait de signer une condamnation à mort : « Que je voudrais, » répondit-il, « ne pas savoir écrire [34] ! » Il saluait les personnes de toute condition, en les appelant par leur nom. Le sénat lui rendait grâces : « Attendez, » répondit-il, « que je l'aie mérité. » Il admit aussi les plébéiens à ses exercices du Champ-de-Mars. Il déclama souvent en public, lut des vers, non-seulement chez lui, mais au théâtre, et fit tant de plaisir, qu'à raison de cette lecture on décréta des actions de grâces aux dieux, et que cette partie de son poëme fut consacrée en lettres d'or dans le temple de Jupiter Capitolin.

XI. Il donna des spectacles nombreux et variés, tels que des Juvénales, des jeux du Cirque, des représentations théâtrales et des combats de gladiateurs. Aux Juvénales, il fit jouer aussi des vieillards consulaires et des matrones âgées [35]. Au Cirque, il assigna aux chevaliers des places séparées [36], et fit courir des quadriges attelés de chameaux. Dans les jeux qu'il accomplit pour l'éternelle durée de l'empire, et qu'il voulut faire appeler Grands Jeux, on vit des personnes des deux ordres et des deux sexes remplir des rôles bouffons : un chevalier romain très-connu courut dans la lice sur un éléphant. On représenta une comédie d'Afranius intitulée *l'Incendie*, et l'on abandonna aux acteurs le pillage d'une maison dévorée par les flammes. Chaque jour, on faisait au peuple des distributions de tout genre : on lui donnait des oiseaux par milliers, puis diverses espèces de mets, des bons payables en grains, des vêtemens, de l'or, de l'argent, des pierres précieuses, des perles,

ritæ, tabulæ pictæ, mancipia, jumenta, atque etiam mansuetæ feræ; novissime naves, insulæ, agri.

XII. Hos ludos spectavit e proscenii fastigio. Munere, quod in amphitheatro ligneo, regione Martii campi intra anni spatium fabricato, dedit, neminem occidit, ne noxiorum quidem. Exhibuit autem ad ferrum etiam quadragenos senatores, sexagenosque equites romanos, et quosdam fortunæ atque existimationis integræ : ex iisdem ordinibus confectores quoque ferarum, et varia arenæ ministeria. Exhibuit et naumachiam marina aqua, innantibus belluis : item pyrrhichas quasdam e numero epheborum, quibus post editam operam diplomata civitatis romanæ singulis obtulit. Inter pyrrhicharum argumenta, taurus Pasiphaen, ligneo juvencæ simulacro abditam, iniit, ut multi spectantium crediderunt. Icarus primo statim conatu juxta cubiculum ejus decidit, ipsumque cruore respersit. Nam perraro præsidere, ceterum accubans, parvis primum foraminibus, deinde toto podio adaperto, spectare consuerat. Instituit et quinquennale certamen primus omnium Romæ, more græco triplex, musicum, gymnicum, equestre, quod appellavit *Neronia*. Dedicatisque thermis atque gymnasio, senatui quoque et equiti oleum præbuit. Magistros toti certamini præposuit consulares sorte, sede prætorum : deinde in orchestram senatumque descendit, et orationis quidem carminisque latini coronam, de qua honestissimus

des tableaux, des esclaves, des bêtes de somme et des bêtes sauvages apprivoisées ; en dernier lieu, on donna jusqu'à des vaisseaux, des îles et des champs [37].

XII. Il assistait à ces jeux du haut de l'avant-scène. A un combat de gladiateurs qu'il donna dans un amphithéâtre en bois, qui avait été construit en moins d'une année [38] auprès du Champ-de-Mars, il ne laissa périr personne [39], pas même des coupables ; mais il y fit combattre quarante sénateurs et soixante chevaliers romains [40], parmi lesquels il y en avait de riches et de considérés. Il choisit, dans les mêmes ordres, des combattans contre les bêtes féroces, et pourvut à divers emplois de l'arène. Il représenta une naumachie où des monstres marins nageaient dans de l'eau de mer : il fit danser la pyrrhique [41] à des jeunes gens auxquels il délivra ensuite des diplômes de citoyens romains. Parmi les sujets de ces pyrrhiques [42], le taureau saillit Pasiphaé, qui était, ainsi que le crurent beaucoup de spectateurs, renfermée dans une vache de bois. Dès son premier essai, Icare tomba à côté de la loge de Néron, et l'arrosa de son sang. Alors, en effet, il présidait rarement, et regardait le spectacle à travers de petites ouvertures, mais dans la suite il s'assit en plein *podium* [43]. Il fut le premier qui institua à Rome des jeux quinquennaux qu'il appela Néroniens. Ces jeux furent de trois genres, à la manière des jeux grecs ; c'est-à-dire qu'il y eut de la musique, des exercices gymniques, et des courses à cheval. Ayant consacré des bains et un gymnase, il fit présenter l'huile [44] au sénat et aux chevaliers. Le sort désigna parmi les consulaires ceux qui seraient à la tête des jeux, et on leur assigna la place du préteur. Néron descendit ensuite dans l'orchestre [44], au

quisque contenderat, ipsorum consensu concessam sibi recepit : citharæ autem, a judicibus ad se delatam, adoravit, ferrique ad Augusti statuam jussit. Gymnico, quod in Septis edebat, inter buthysiæ apparatum, barbam primam posuit, conditamque in auream pyxidem, et pretiosissimis margaritis adornatam, Jovi Capitolino consecravit. Ad athletarum spectaculum invitavit et virgines vestales, quia Olympiæ quoque Cereris sacerdotibus spectare conceditur.

XIII. Non immerito inter spectacula ab eo edita et Tiridatis in Urbem introitum retulerim. Quem Armeniæ regem, magnis pollicitationibus sollicitatum, quum destinato per edictum die ostensurus populo propter nubilum distulisset, produxit, quo opportunissime potuit, dispositis circa Fori templa armatis cohortibus, curuli residens apud Rostra triumphantis habitu, inter signa militaria atque vexilla : et primo per devexum pulpitum subeuntem admisit ad genua, allevatumque dextra exosculatus est ; dein precanti, tiara deducta, diadema imposuit, verba supplicis interpretata præ33torio viro multitudini pronunciante. Perductum inde in theatrum, ac rursus supplicantem, juxta se latere dextro collocavit. Ob quæ imperator consalutatus, laurea in Capitolium lata. Janum geminum clausit, tanquam nullo residuo bello.

milieu du sénat, et reçut la couronne décernée aux discours et aux vers latins, que les plus considérés des citoyens s'étaient disputée, et qu'ils lui concédèrent d'un commun consentement. Il baisa celle qui était le prix de la cithare que les juges lui décernèrent aussi [45], et qu'il fit porter devant la statue d'Auguste. Aux jeux gymniques qu'il donna dans les Septes et pendant les premiers sacrifices, il déposa les prémices de sa barbe [46], les renferma dans une boîte d'or garnie de pierreries, et les consacra à Jupiter Capitolin [47]. Il invita les vestales [48] à assister au spectacle des athlètes, parce qu'à Olympie on permettait aussi aux prêtresses de Cérès d'y venir.

XIII. C'est, sans doute, à bon droit que je compterai, parmi les spectacles qu'il a donnés, l'entrée de Tiridate à Rome [49] : il avait, à force de promesses, fait venir ce roi d'Arménie ; mais il différa le jour marqué dans son édit pour le montrer au peuple, parce que le ciel était couvert ; puis, choisissant le premier moment opportun, il plaça, autour des temples du Forum, des cohortes sous les armes, et, s'asseyant auprès des Rostres sur une chaise curule, en costume de triomphateur, il se fit entourer des enseignes militaires et des drapeaux, et reçut à ses genoux Tiridate, qui s'avançait vers lui en montant les degrés [50], puis il le releva et l'embrassa. Il lui ôta ensuite sa tiare, et lui imposa le diadème, tandis qu'un ancien préteur traduisait, pour la multitude, les paroles du suppliant. De là Tiridate fut mené au théâtre [51], et, quand il eut de nouveau rendu hommage à l'empereur, Néron le plaça à sa droite. Il fut, à raison de cela, salué du titre d'*imperator* ; une couronne de laurier fut portée au Capitole [52], et il ferma le temple de Janus, comme s'il ne restait plus aucune guerre à terminer [53].

XIV. Consulatus quatuor gessit : primum bimestrem, secundum et novissimum semestres, tertium quadrimestrem : medios duos continuavit; reliquos inter annua spatia variavit.

XV. In jurisdictione postulatoribus, nisi sequenti die, ac per libellos, non temere respondit. Cognoscendi morem eum tenuit, ut, continuis actionibus omissis, singillatim quæque per vices ageret. Quoties autem ad consultandum secederet, neque in commune quicquam, neque propalam deliberabat; sed conscriptas ab unoquoque sententias tacitus ac secreto legens, quod sibi libuisset, perinde atque pluribus idem videretur, pronunciabat. In Curiam libertinorum filios diu non admisit : admissis a prioribus principibus honores denegavit. Candidatos, qui supra numerum essent, in solatium dilationis ac moræ, legionibus præposuit. Consulatum in senos plerumque menses dedit. Defunctoque circa calendas januarias altero e consulibus, neminem substituit; improbans exemplum vetus Caninii Rebili, uno die consulis. Triumphalia ornamenta etiam quæstoriæ dignitatis et nonnullis ex equestri ordine tribuit, nec utique de causa militari. De quibusdam rebus orationes ad senatum missas, præterito quæstoris officio, per consulem plerumque recitabat.

XVI. Formam ædificiorum Urbis novam excogitavit, et ut ante insulas ac domos porticus essent, de quarum solariis incendia arcerentur : easque sumtu suo exstruxit.

XIV. Il fut quatre fois consul[54] : la première pendant deux mois, la seconde et la dernière pendant six, la troisième pendant quatre. Ses deuxième et troisième consulats furent consécutifs : quant au premier et au dernier, ils furent séparés des autres par des intervalles d'un an.

XV. Dans les fonctions judiciaires, il était rare qu'il répondît aux demandeurs[55] autrement que le second jour et par écrit. A ses audiences, il supprima les discours suivis, écoutant alternativement les parties sur les points spéciaux de la contestation[56]. Quand il se retirait pour délibérer, il n'opinait ni en commun, ni devant tout le monde; mais, sans rien dire, il lisait en secret les opinions écrites par chacun, et prononçait ce qui lui plaisait, comme si c'eût été l'avis de la majorité. Il fut long-temps sans admettre au sénat les fils d'affranchis, et refusa les honneurs à ceux qui les tenaient des premiers empereurs. Pour consoler du retard les candidats qui excédaient le nombre des magistratures, il les mettait à la tête des légions. L'un des consuls étant mort vers les calendes de janvier, il ne lui substitua personne, et manifesta son improbation de ce qui s'était autrefois passé au sujet de Caninius Rebilus, consul d'un seul jour. Il décerna les ornemens du triomphe à des questeurs et même à quelques chevaliers; encore ne fut-ce pas toujours pour des services militaires. Le plus souvent, négligeant l'intermédiaire du questeur, il faisait lire par un consul les discours qu'il adressait au sénat sur divers sujets[57].

XVI. Il inventa, pour les édifices de Rome, un nouveau genre de construction[58], et voulut que les carrés de maisons et les maisons isolées fussent entourés de porti-

Destinarat etiam Ostia tenus mœnia promovere, atque inde fossa mare veteri Urbi inducere. Multa sub eo et animadversa severe, et coercita, nec minus instituta. Adhibitus sumtibus modus : publicæ cœnæ ad sportulas redactæ : interdictum, ne quid in popinis cocti præter legumina aut olera veniret, quum antea nullum non opsonii genus proponeretur : afflicti suppliciis christiani, genus hominum superstitionis novæ ac maleficæ; vetiti quadrigariorum lusus, quibus inveterata licentia passim vagantibus, fallere ac furari per jocum jus erat : pantomimorum factiones cum ipsis simul relegatæ.

XVII. Adversus falsarios tunc primum repertum, ne tabulæ, nisi pertusæ, ac ter lino per foramina trajecto, obsignarentur. Cautum, ut in testamentis primæ duæ ceræ, testatorum modo nomine inscripto, vacuæ signaturis ostenderentur; ac ne quis alieni testamenti scriptor legatum sibi ascriberet; item, ut litigatores pro patrociniis certam justamque mercedem, pro subselliis nullam omnino darent, præbente ærario gratuita : utque rerum actu ab ærario causæ ad Forum ac recuperatores transferrentur : et ut omnes appellationes a judicibus ad senatum fierent.

ques, et que, du haut de leurs plates-formes, on pût éteindre les incendies : il fit construire ces portiques à ses frais. Il avait résolu aussi de prolonger les murs jusqu'à Ostie, et d'introduire l'eau de la mer dans l'ancienne ville, au moyen d'un canal. Sous son règne, beaucoup d'abus furent punis et réprimés, et l'on prit, pour l'avenir, beaucoup de bonnes dispositions. On mit un frein au luxe : les grands repas publics furent convertis en simples distributions : il fut défendu de vendre, dans les cabarets, des mets cuits, à l'exception des légumes et du jardinage, tandis qu'auparavant il n'était aucun plat qu'on n'y servît. Les chrétiens, hommes infectés d'une superstition nouvelle et malfaisante, furent livrés au supplice[59]. Les excès des coureurs de chars[60] furent interdits : ils avaient, depuis long-temps, contracté l'usage d'errer çà et là, de tromper et de voler. Les factions de pantomimes et les pantomimes eux-mêmes furent exilés.

XVII. Afin de déjouer les faussaires, on imagina, pour la première fois, de n'employer que des tablettes percées de trous, et l'on y imprimait le sceau, après avoir trois fois passé les cordons dans ces trous[61]. Il fut décrété que, dans les testamens, les deux premières pages seraient présentées vides aux témoins[62], et que l'on n'y inscrirait que le nom des testateurs. Il fut défendu à ceux qui écrivaient le testament d'autrui, de s'y donner un legs[63]. On voulut que les plaideurs payassent un salaire juste et modéré pour leurs avocats[64], mais qu'ils ne donnassent absolument rien pour les droits de présence des juges[65], le fisc pourvoyant à ce que les sentences fussent gratuites ; enfin, on ordonna que les procès du fisc fussent portés au Forum, et devant des arbitres[66], et que tous les appels fussent déférés au sénat.

XVIII. Augendi propagandique imperii neque voluntate ulla, neque spe motus unquam, etiam ex Britannia deducere exercitum cogitavit : nec nisi verecundia, ne obtrectare parentis gloriæ videretur, destitit. Ponti modo regnum, concedente Polemone, item Alpium, defuncto Cottio, in provinciæ formam redegit.

XIX. Peregrinationes duas omnino suscepit, alexandrinam et achaicam : sed alexandrina ipso profectionis die destitit, turbatus religione simul ac periculo. Nam circuitis templis quum in æde Vestæ resedisset, consurgenti ei primum lacinia obhæsit : deinde tanta oborta caligo est, ut dispicere non posset. In Achaia isthmum perfodere aggressus, prætorianos pro concione ad inchoandum opus cohortatus est; tubaque signo dato, primus rastello humum effodit, et corbulæ congestam humeris extulit. Parabat et ad Caspias portas expeditionem, conscripta ex italicis senum pedum tironibus nova legione, quam Magni Alexandri phalangem appellabat. Hæc partim nulla reprehensione, partim etiam non mediocri laude digna in unum contuli, ut secernerem a probris ac sceleribus ejus, de quibus dehinc dicam.

XX. Inter ceteras disciplinas pueritiæ tempore imbutus et musica, statim ut imperium adeptus est, Terpnum citharœdum, vigentem tunc præter alios, arcessivit; diebusque continuis post cœnam canenti in multam noctem assidens, paulatim et ipse meditari exercerique cœ-

XVIII. Néron n'avait jamais conçu ni la volonté ni l'espérance d'étendre ni d'augmenter son empire; il voulait même retirer son armée de Bretagne[67], et ne fut arrêté, dans l'exécution de ce projet, que par la honte d'insulter, en quelque sorte, à la mémoire de son père. Il réduisit en province romaine le royaume de Pont, que lui céda Polémon[68], et les Alpes, quand la mort de Cottius les lui eut abandonnées.

XIX. Il entreprit, en tout, deux voyages, l'un à Alexandrie, l'autre en Achaïe; mais il renonça à celui d'Alexandrie le jour même du départ, parce qu'il fut effrayé par un présage sinistre : après avoir visité les temples, il s'était assis dans celui de Vesta; quand il voulut se lever, sa robe s'accrocha, et sa vue s'obscurcit au point qu'il ne pouvait rien distinguer[69]. En Achaïe, il voulut percer l'isthme, et fit un discours aux soldats prétoriens, pour les encourager à l'ouvrage; puis, la trompette ayant donné le signal, il fut le premier à piocher la terre, et à en charger une corbeille sur ses épaules. Il prépara aussi une expédition vers les portes Caspiennes[70], et leva une légion de recrues italiennes de six pieds de taille, à laquelle il donna le nom de phalange d'Alexandre-le-Grand. Parmi ces faits, les uns sont exempts de reproche, les autres même sont dignes de grandes louanges ; je les ai réunis pour les séparer des actions honteuses et des crimes dont je vais parler.

XX. Parmi les connaissances qu'on lui avait données dans son enfance, était la musique : dès qu'il parvint à l'empire, il fit venir Terpnus[71], le joueur de cithare, qui l'emportait alors sur tous les autres. Pendant plusieurs jours de suite, il s'assit auprès de lui, et l'écouta chanter jusque fort avant dans la nuit. Bientôt il s'appliqua lui-

pit, neque eorum quicquam omittere, quæ generis ejus artifices, vel conservandæ vocis causa, vel augendæ factitarent; sed et plumbeam chartam supinus pectore sustinere, et clystere vomituque purgari, et abstinere pomis cibisque officientibus, donec, blandiente profectu (quamquam exiguæ vocis et fuscæ), prodire in scenam concupivit, subinde inter familiares græcum proverbium jactans, «occultæ musicæ nullum esse respectum.» Et prodiit Neapoli primum; ac ne concusso quidem repente motu terræ theatro ante cantare destitit, quam inchoatum absolveret νόμον. Ibidem sæpius, et per complures cantavit dies : sumto etiam ad reficiendam vocem brevi tempore, impatiens secreti a balineis in theatrum transiit, mediaque in orchestra frequente populo epulatus, « si paulum subbibisset, aliquid se sufferti tinnitururum, » græco sermone promisit. Captus autem modulatis Alexandrinorum laudationibus, qui de novo commeatu Neapolin confluxerant, plures Alexandria evocavit. Neque eo segnius adolescentulos equestris ordinis, et quinque amplius millia e plebe robustissimæ juventutis undique elegit, qui, divisi in factiones, plausuum genera condiscerent (*bombos,* et *imbrices,* et *testas* vocabant), operamque navarent cantanti sibi, insignes pinguissima coma, et excellentissimo cultu pueri, nec sine anulo lævis : quorum duces quadragena millia sestertium merebant.

même à cet art, et s'y exerça avec tant de zèle, qu'il n'omettait rien absolument de ce que les artistes ont coutume de faire pour conserver et fortifier leur voix : il se couchait sur le dos en se mettant sur la poitrine une lame de plomb [72]; il se purgeait, prenait des vomitifs et des lavemens, et s'abstenait de fruits et d'alimens contraires à son talent [73]. Content du succès, il désira, quoiqu'il eût la voix faible et sourde, paraître enfin sur la scène, et répéta à ses amis ce proverbe grec : « On se soucie peu de la musique qui reste cachée [74]. » Ce fut à Naples qu'il débuta [75] : en vain un tremblement de terre ébranla le théâtre, il ne cessa de chanter que quand il eut fini son air. Il y chanta souvent, et plusieurs jours de suite. Ayant pris un peu de temps pour reposer sa voix, il ne put supporter la retraite, revint des bains au théâtre, mangea dans l'orchestre au milieu d'un peuple nombreux, et promit, en grec, « qu'aussitôt qu'il aurait un peu bu, il ferait entendre quelque chose de plein et de sonore [76]. » Charmé des louanges que lui donnaient en cadence des habitans d'Alexandrie que le commerce des grains avait attirés à Naples, il en fit venir plusieurs de cette ville : mais il n'en choisit pas moins de jeunes chevaliers, et plus de cinq mille plébéiens de la plus florissante jeunesse, qui, divisés en cabales, s'instruisaient à divers genres d'applaudissemens (les bourdonnemens [77], les claquemens et les castagnettes) : ils devaient lui prêter leur secours chaque fois qu'il chanterait. Ces jeunes gens étaient remarquables par leur épaisse chevelure, par leur élégante tenue; ils portaient un anneau à la main gauche, et leurs chefs gagnaient quarante mille sesterces*.

* 6,617 francs.

XXI. Quum magni æstimaret cantare etiam Romæ, Neroneum agona ante præstitutam diem revocavit; flagitantibusque cunctis cœlestem vocem, respondit quidem, « in hortis se copiam volentibus facturum : » sed adjuvante vulgi preces etiam statione militum, quæ tunc excubabat, repræsentaturum se pollicitus est libens; ac sine mora nomen suum in albo profitentium citharœdorum jussit ascribi ; sorticulaque in urnam cum ceteris demissa, intravit ordine suo, simul præfecti prætorii citharam sustinentes, post tribuni militum, juxtaque amicorum intimi. Utque constitit, peracto principio, Nioben se cantaturum, per Cluvium Rufum consularem pronunciavit, et in horam fere decimam perseveravit : coronamque eam et reliquam certaminis partem in annum sequentem distulit, ut sæpius canendi occasio esset. Quod quum tardum videretur, non cessavit identidem se publicare. Non dubitavit etiam privatis spectaculis operam inter scenicos dare, quodam prætorum sestertium decies offerente. Tragœdias quoque cantavit personatus; heroum deorumque, item heroidum ac dearum personis effectis ad similitudinem oris sui, et feminæ, prout quamque diligeret. Inter cetera cantavit « Canacen parturientem, Oresten matricidam, OEdipodem excæcatum, Herculem insanum. » In qua fabula fama est, tirunculum militem, positum ad custodiam aditus, quum eum ornari ac vinciri catenis, sicut argumentum postulabat, videret, accurrisse ferendæ opis gratia.

XXI. Comme il tenait surtout à chanter à Rome, il y fit célébrer les jeux Néroniens [78] avant le temps prescrit. Tout le monde s'empressant de demander avec instance qu'il fît entendre *sa voix céleste* [79], il répondit « qu'il céderait à ce vœu dans ses jardins ; » cependant, le poste militaire appuyant les prières de la multitude, Néron n'hésita plus et promit sans difficulté de chanter sur-le-champ ; il fit donc inscrire son nom parmi ceux des joueurs de cithare, fut tiré au sort avec les autres, et parut à son tour : les préfets du prétoire portaient la cithare, les tribuns militaires le suivaient, et il était entouré de ses amis intimes. Quand il eut pris position et fini son préambule, il fit annoncer, par le consulaire Cluvius Rufus [80], qu'il chanterait Niobé, et il chanta en effet jusqu'à la dixième heure [81]. Néanmoins il remit à l'année suivante, et la couronne, et le reste du concours, pour avoir plus souvent occasion de chanter. Toutefois ce délai lui sembla trop long, et il ne cessa point de paraître en public. Il ne fit nulle difficulté de prendre un rôle dans les jeux scéniques donnés par des particuliers, un préteur lui ayant offert [82] pour cela un million de sesterces*. Il chanta aussi la tragédie, sous la condition que le masque rendît les traits des héros et des dieux semblables aux siens, tandis que ceux des héroïnes et des déesses devaient rappeler la physionomie de la femme qu'il aimait le mieux. Entre autres, il joua les *Couches de Canacé, Oreste meurtrier de sa mère, l'Aveuglement d'OEdipe, l'Hercule furieux.* L'on rapporte, sur cette dernière pièce, qu'un jeune soldat, qui était de garde, le voyant habiller et charger de chaînes, comme le demandait le sujet, accourut pour lui porter secours.

* 177,900 francs.

XXII. Equorum studio vel præcipue ab ineunte ætate flagravit, plurimusque illi sermo, quamquam vetaretur, de circensibus erat : et quondam tractum prasinum agitatorem inter condiscipulos querens, objurgante magistro, de Hectore se loqui, ementitus est. Sed quum inter initia imperii eburneis quadrigis quotidie in abaco luderet, ad omnes etiam minimos circenses e secessu commeabat, primo clam, deinde propalam : ut nemini dubium esset, eo die utique adfuturum. Neque dissimulabat, velle se palmarum numerum ampliare : quare spectaculum multiplicatis missibus in serum protrahebatur, ne dominis quidem jam factionum dignantibus, nisi ad totius diei cursum, greges ducere. Mox et ipse aurigare, atque etiam spectari sæpius voluit : positoque in hortis inter servitia et sordidam plebem rudimento, universorum se oculis in Circo maximo præbuit, aliquo liberto mittente mappam, unde magistratus solent. Nec contentus harum artium experimenta Romæ dedisse, Achaiam, ut diximus, petit, hinc maxime motus. Instituerant civitates, apud quas musici agones edi solent, omnes citharœdorum coronas ad ipsum mittere. Eas adeo grate recipiebat, ut legatos, qui pertulissent, non modo primos admitteret, sed etiam familiaribus epulis interponeret. A quibusdam ex his rogatus, ut cantaret super cœnam, exceptusque effusius, « Solos scire audire Græcos, solosque se et studiis suis dignos, » ait. Nec

XXII. Dès sa plus tendre jeunesse il aima les chevaux [83], et sa conversation favorite, quoiqu'on le lui défendît, avait pour objet les jeux du Cirque. Un jour il déplorait, avec ses condisciples, le sort d'un conducteur de la faction verte, qui avait été traîné par son char, et, le maître l'en ayant repris, il feignit qu'il avait parlé d'Hector. Au commencement de son règne, il jouait avec des quadriges d'argent sur une table, et, du fond de sa retraite, il venait aux moindres exercices du Cirque : d'abord en secret, ensuite ouvertement; si bien que personne ne doutait de sa venue au jour fixé pour les jeux. Il ne cacha point son intention d'augmenter le nombre des prix : aussi le spectacle durait-il fort long-temps, parce qu'on multipliait les courses, et bientôt les chefs des factions ne voulurent amener leurs bandes [84] que pour la journée entière. Néron se mit à conduire lui-même les chars, et se donna plusieurs fois en spectacle. Après avoir fait son apprentissage dans ses jardins, devant ses esclaves et le bas peuple, il se montra au grand Cirque, aux yeux de tous; ce fut un affranchi qui donna le signal [85], du lieu où le donnaient ordinairement les magistrats. Non content de s'être essayé dans ces divers talens à Rome, il alla, comme nous l'avons dit, en Achaïe. Voici surtout ce qui l'y détermina. Les villes dans lesquelles étaient établis des concours de musique avaient coutume de lui envoyer les couronnes de tous leurs chanteurs. Il les acceptait avec tant de grâce, que non-seulement les députés qui les portaient étaient reçus les premiers, mais qu'il les admettait encore à ses repas d'intimité. Quelques-uns l'ayant prié de chanter à table, ils se répandirent en éloges : il dit alors « que les Grecs seuls savaient écouter, et que seuls ils étaient di-

profectione dilata, ut primum Cassiopen trajecit, statim ad aram Jovis Cassii cantare auspicatus est.

XXIII. Certamina deinceps obiit omnia. Nam et quæ diversissimorum temporum sunt, cogi in unum annum, quibusdam etiam iteratis, jussit; et Olympiæ quoque præter consuetudinem musicum agona commisit. Ac, ne quid circa hæc occupatum avocaret detineretve, quum præsentia ejus urbicas res egere a liberto Helio admoneretur, rescripsit his verbis, « Quamvis nunc tuum consilium sit et votum, celeriter reverti me; tamen suadere et optare potius debes, ut Nerone dignus revertar. » Cantante eo, ne necessaria quidem causa excedere theatro licitum erat. Itaque et enixæ quædam in spectaculis dicuntur, et multi tædio audiendi laudandique, clausis oppidorum portis, aut furtim desiluisse de muro, aut morte simulata funere elati. Quam autem trepide anxieque certaverit, quanta adversariorum æmulatione, quo metu judicum, vix credi potest. Adversarios, quasi plane conditionis ejusdem, observare, captare, infamare secreto, nonnunquam ex occursu maledictis incessere, ac, si qui arte præcellerent, corrumpere etiam solebat. Judices autem, prius quam inciperet, reverentissime alloquebatur, « Omnia se facienda fecisse, sed eventum in manu esse Fortunæ : illos, ut sapientes et doctos viros, fortuita debere excludere : » atque, ut auderet, hortantibus, æquiore animo recede-

gnes de son talent. » Il ne différa donc plus son voyage, et, dès qu'il aborda à Cassiope [86], il chanta devant l'autel de Jupiter Cassius.

XXIII. Il parut désormais dans tous les genres d'exercices [87]. Il réunit en une seule année les spectacles qui appartenaient aux époques les plus éloignées, ordonna d'en répéter quelques-uns, et fit, contre l'usage, ouvrir à Olympie un concours de musique. Il ne voulut pas que rien l'éloignât ou le dérangeât de ce genre d'occupation, et, son affranchi Helius l'ayant averti que les affaires de la ville exigeaient sa présence [88], il répondit en ces termes : « D'après votre conseil et votre vœu, je dois revenir promptement; mais conseillez-moi plutôt, et souhaitez que je revienne digne de Néron. » Lorsqu'il chantait, il n'était pas permis de sortir du théâtre, pas même pour les raisons les plus indispensables. Quelques femmes accouchèrent, dit-on, au spectacle ; il y eut des personnes qui, lassées de l'entendre [89] et de le louer, franchirent les murs des villes dont il avait fait fermer les portes ; d'autres feignaient d'être mortes, et simulaient des funérailles pour se faire emporter. On ne saurait croire avec quelle timidité et avec quelle défiance il entrait en lice, combien il était jaloux de ses rivaux, combien il craignait ses juges [90]. Quant à ses concurrens, il les observait, les épiait, les dénigrait en secret, absolument comme s'il eût été de la même condition : souvent, quand il les rencontrait, il les chargeait d'injures, et corrompait ceux qui l'emportaient sur lui par leur talent. Avant de commencer, il adressait une respectueuse allocution aux juges, disant « qu'il avait fait tout ce qu'il pouvait faire, mais que l'évènement dépendait de la Fortune; qu'il leur appartenait à eux, hommes sages et doctes, d'écarter

bat; ac ne sic quidem sine sollicitudine, taciturnitatem pudoremque quorumdam pro tristitia et malignitate arguens, suspectosque sibi dicens.

XXIV. In certando vero ita legi obediebat, ut nunquam exscreare ausus, sudorem quoque frontis brachio detergeret: atque etiam in tragico quodam actu, quum elapsum baculum cito resumsisset, pavidus et metuens, ne ob delictum certamine summoveretur, non aliter confirmatus est, quam adjurante hypocrita, non animadversum id inter exsultationes succlamationesque populi. Victorem autem se ipse pronunciabat; qua de causa et præconio ubique contendit. Ac ne cujus alterius hieronicarum memoria aut vestigium exstaret usquam, subverti et unco trahi abjicique in latrinas omnium statuas et imagines, imperavit. Aurigavit quoque plurifariam, Olympiis vero etiam decemjugem; quamvis id ipsum in rege Mithridate carmine quodam suo reprehendisset. Sed excussus curru, ac rursus repositus, quum perdurare non posset, destitit ante decursum; neque eo secius coronatus est. Decedens deinde, provinciam universam libertate donavit; simulque judices civitate romana, et pecunia grandi. Quæ beneficia e medio stadio, Isthmiorum die, sua ipse voce pronunciavit.

XXV. Reversus e Græcia Neapolin, quod in ea primum artem protulerat, albis equis introiit, disjecta parte

tout ce qui tient du hasard. » Quand les juges l'avaient encouragé, il se retirait plus tranquille, mais non pas, toutefois, sans crainte; car il prenait pour mauvaise humeur et malignité le silence et la retenue de quelques-uns d'entre eux, et il disait qu'ils lui étaient suspects.

XXIV. Il obéissait tellement à la loi du concours[91], que jamais il ne se permit de cracher, et qu'il essuyait de son bras la sueur de son front. A une représentation tragique, il laissa tomber le sceptre[92] et le ramassa promptement : il en fut tout effrayé, parce qu'il craignait d'être écarté du concours pour cette contravention ; il ne se rassura que quand son pantomime[93] lui eut juré que les expressions de joie et les applaudissemens du peuple avaient empêché qu'on ne s'en aperçût. Il se proclamait vainqueur lui-même : aussi concourait-il toujours pour l'emploi de héraut. Afin qu'il ne restât ni souvenir ni vestige d'aucun des anciens vainqueurs, il ordonna de renverser leurs statues et leurs bustes, et de les traîner dans les cloaques. Souvent il conduisit des chars : aux jeux Olympiques, il en guidait un attelé de dix chevaux, quoique, dans une de ses pièces de vers, il eût blâmé le roi Mithridate de l'avoir fait. Cependant il fut lancé hors de son char ; on l'y replaça, mais il n'y put tenir jusqu'à la fin de la course, ce qui n'empêcha pas qu'il ne fût couronné. En partant, il accorda la liberté à toute la province[94], et donna aux juges le droit de cité, et de fortes sommes d'argent. Ce fut le jour des jeux Isthmiques, et du milieu du stade, qu'il annonça lui-même, à haute voix, ces bienfaits.

XXV. Revenu de Grèce à Naples, où il avait fait ses débuts dans l'art théâtral, il y entra traîné par des che-

muri, ut mos hieronicarum est. Simili modo Antium, inde Albanum, inde Romam. Sed et Romam eo curru, quo Augustus olim triumphaverat, et in veste purpurea, distinctaque stellis aureis chlamyde, coronamque capite gerens olympiacam, dextra manu pythiam, præeunte pompa ceterarum cum titulis, « ubi, » et « quos, quo cantionum, quove fabularum argumento vicisset; » sequentibus currum ovantium ritu plausoribus, « Augustianos, militesque se triumphi ejus, » clamitantibus. Dehinc, diruto Circi maximi arcu, per Velabrum Forumque, Palatium et Apollinem petiit. Incedenti passim victimæ cæsæ, sparso per vias identidem croco, ingestæque aves, ac lemnisci, et bellaria. Sacras coronas in cubiculis circum lectos posuit : item statuas suas citharœdico habitu; qua nota etiam nummum percussit. Ac post hæc tantum abfuit a remittendo laxandoque studio, ut, conservandæ vocis gratia, neque milites unquam, nisi absens, aut alio verba pronunciante, appellarit; neque quicquam serio jocove egerit, nisi adstante phonasco, qui moneret, parceret arteriis, ac sudarium ad os applicaret; multisque vel amicitiam suam obtulerit, vel simultatem indixerit, prout quisque se magis parciusve laudasset.

XXVI. Petulantiam, libidinem, luxuriam, avaritiam,

vaux blancs, et, selon l'usage des vainqueurs aux jeux sacrés, ce fut par une brèche pratiquée dans la muraille [95]. Il en agit de même à Antium, à Albanum, à Rome : il entra, dans cette dernière, sur le char dont Auguste s'était servi à son triomphe, et parut en robe de pourpre et en chlamyde parsemée d'étoiles d'or. Il portait la couronne olympique sur la tête, la couronne pythique à la main [96], et se faisait précéder des autres, avec des inscriptions qui indiquaient « où et qui il avait vaincu, dans quels chants, dans quelles pièces il avait triomphé. » Le char était suivi de gens qui applaudissaient comme à une ovation ; ils criaient « qu'ils étaient les compagnons de l'empereur [97], les soldats de son triomphe. » On démolit ensuite une arcade du Cirque [98], et il marcha par le Velabrum et le Forum au mont Palatin et au temple d'Apollon. On immolait des victimes sur son passage, on y répandait le safran, on y jetait des oiseaux, des rubans et des fruits confits [99]. Il suspendit les couronnes sacrées, au dessus des lits, dans ses appartemens [100]. Il y mit aussi des statues qui le représentaient en joueur de cithare, et fit frapper une médaille où il figurait de la même manière. Dans la suite, il fut si loin de se réfroidir pour l'art ou de le négliger, que, pour conserver sa voix, il ne faisait de proclamation aux troupes que lorsqu'il était absent [101], ou se servait, pour leur parler, de l'intermédiaire d'un autre. Soit affaire sérieuse, soit plaisanterie, il ne faisait rien sans l'assistance d'un maître de chant, qui l'avertissait de ménager ses poumons, et de tenir un linge devant sa bouche. Souvent il accordait son amitié, ou prodiguait sa haine, selon qu'on l'avait loué avec plus ou moins d'effusion ou de réserve [102].

XXVI. D'abord les désordres [103], les débauches, la

crudelitatem, sensim quidem primo et occulte, et velut juvenili errore, exercuit : sed ut tunc quoque dubium nemini foret, naturæ illa vitia, non ætatis esse. Post crepusculum statim, arrepto pileo vel galero, popinas inibat; circumque vicos vagabatur ludibundus, nec sine pernicie tamen. Siquidem redeuntes a cœna verberare, ac repugnantes vulnerare, cloacisque demergere assuerat : tabernas etiam effringere et expilare, quintana domi constituta, ubi partæ et ad licitationem dividendæ prædæ pretium absumeretur. Ac sæpe in ejusmodi rixis oculorum et vitæ periculum adiit, a quodam laticlavio, cujus uxorem attrectaverat, prope ad necem cæsus. Quare nunquam postea publico se illud horæ sine tribunis commisit, procul et occulte subsequentibus. Interdiu quoque clam gestatoria sella delatus in theatrum, seditionibus pantomimorum ex parte proscenii superiori signifer simul ac spectator aderat. Et quum ad manus ventum esset, lapidibusque et subselliorum fragminibus decerneretur, multa et ipse jecit in populum, atque etiam prætoris caput consauciavit.

XXVII. Paulatim vero invalescentibus vitiis, jocularia et latebras omisit, nullaque dissimulandi cura ad majora palam erupit. Epulas a medio die ad mediam noctem protrahebat, refotus sæpius calidis piscinis, ac tempore æstivo nivatis : cœnitabatque nonnunquam et in publico, Naumachia præclusa, vel Martio campo, vel

luxure, l'avarice et la cruauté ne parurent être, de sa part, que des erreurs de jeunesse, auxquelles il ne se livrait qu'en secret, et par degrés : cependant, il s'y prit de telle sorte, que personne ne put douter que ce ne fussent plutôt les vices de son caractère que de son âge. A l'entrée de la nuit [104], il se coiffait d'un chapeau ou d'un bonnet, et fréquentait les cabarets, courant dans tous les quartiers de la ville et y faisant beaucoup de dégâts. Il avait coutume de frapper ceux qui revenaient de leur souper, et, s'ils résistaient, il les blessait ou les précipitait dans des cloaques; il brisait et pillait les boutiques, et il établit même, chez lui, une cantine [105] où l'on vendait le butin à l'encan, pour en dissiper le produit : souvent, dans ces sortes de rencontres, il courut risque de perdre les yeux, ou même la vie. Un sénateur, dont il avait attaqué la femme [106], le frappa au point qu'il faillit le tuer : aussi ne le vit-on plus sortir à la même heure, sans se faire accompagner de tribuns [107], qui le suivaient de loin en secret. Le jour même, il allait au théâtre, caché dans une chaise à porteur, et, d'un lieu élevé de l'avant-scène, il assistait aux querelles des acteurs et les excitait; enfin, quand on en venait aux mains, et qu'on se lançait des pierres et des bancs cassés, il en jetait lui-même sur le peuple, si bien qu'il blessa un jour le préteur à la tête.

XXVII. Mais, ses vices se développant avec plus de force, il déposa la feinte, et, sans s'inquiéter désormais de les dissimuler, il osa plus encore. On le vit prolonger ses repas de midi à minuit, et de temps en temps se refaire par des bains chauds, et en été par des bains refroidis à la neige. Parfois il mangeait en public, soit dans la Naumachie qu'on fermait à cet effet, soit au Champ-de-

Circo maximo, inter scortorum totius Urbis ambubaiarumque ministeria. Quoties Ostiam Tiberi deflueret, aut Baianum sinum præternavigaret, dispositæ per litora et ripas deversoriæ tabernæ parabantur, insignes ganeæ et matronarum, institorias operas imitantium, atque hinc inde hortantium, ut appelleret. Indicebat et familiaribus cœnas, quorum uni mellita quadragies sestertio constitit, alteri pluris aliquanto absorptio rosaria.

XXVIII. Super ingenuorum pædagogia, et nuptarum concubinatus, vestali virgini Rubriæ vim intulit. Acten libertam, paulum abfuit, quin justo matrimonio sibi conjungeret, summissis consularibus viris, qui regio genere ortam pejerarent. Puerum Sporum, exsectis testibus, etiam in muliebrem naturam transfigurare conatus, cum dote et flammeo, per sollemne nuptiarum, celeberrimo officio deductum ad se pro uxore habuit. Exstatque cujusdam non inscitus jocus, « Bene agi potuisse cum rebus humanis, si Domitius pater talem habuisset uxorem. » Hunc Sporum, Augustarum ornamentis excultum, lecticaque vectum, et circa conventus mercatusque Græciæ, ac mox Romæ circa Sigillaria, comitatus est, identidem exosculans. Nam matris concubitum appetisse, et ab obtrectatoribus ejus, ne ferox atque impotens mulier et hoc genere gratiæ prævaleret, deterritum, nemo dubitavit : utique postquam meretricem, quam fama erat Agrippinæ simillimam, inter

Mars, soit au grand Cirque; alors il était suivi par toutes les prostituées de la ville et par les danseuses de Syrie [108]. Chaque fois qu'il se rendait à Ostie par le Tibre, ou qu'il passait devant le golfe de Baïes, on disposait le long du rivage des guinguettes et des lieux de débauches pour les matrones [109] qui, placées là comme des aubergistes, invitaient Néron à débarquer chez elles. Quelquefois il demandait à souper aux personnes de son intimité; il en coûta à l'une d'elles plus de quatre millions de sesterces* pour un mets au miel [110], et plus encore à une autre pour un breuvage à la rose.

XXVIII. Outre ses débauches avec de jeunes garçons de condition libre et des femmes mariées, il fit violence à la vestale Rubria. Peu s'en fallut qu'il n'épousât en légitime mariage l'affranchie Acté [111]; il aposta même des consulaires, pour jurer qu'elle était d'un sang royal. Après avoir fait couper les testicules à Sporus, adolescent, il essaya s'il serait possible de lui donner une conformation féminine; il l'orna d'un voile nuptial, lui constitua une dot, et le prit pour femme, en observant les cérémonies d'usage, et se le faisant amener avec une suite considérable : cela fit dire assez spirituellement à quelqu'un, « qu'il eût été très-heureux pour le genre humain que son père, Domitius, eût épousé une femme de cette espèce. » Il accompagnait et embrassait, de temps en temps, ce Sporus, qui, revêtu des insignes des impératrices, fut porté en litière et promené dans les assemblées et dans les marchés de la Grèce, ainsi qu'aux fêtes Sigillaires de Rome. Personne jamais n'a douté que Néron n'ait désiré abuser de sa mère; mais les ennemis de cette dernière l'en empêchèrent, de peur que cette femme

---

* 661,700 fr.

concubinas recepit. Olim etiam, quoties lectica cum matre veheretur, libidinatum inceste, ac maculis vestis proditum, affirmant.

XXIX. Suam quidem pudicitiam usque adeo prostituit, ut, contaminatis pæne omnibus membris, novissime quasi genus lusus excogitaret, quo feræ pelle contectus emitteretur e cavea, virorumque ac feminarum ad stipitem deligatorum inguina invaderet; et quum affatim desævisset, conficeretur a Doryphoro liberto : cui etiam, sicut ipsi Sporus, ita ipse denupsit, voces quoque et ejulatus vim patientium virginum imitatus. Ex nonnullis comperi, persuasissimum habuisse eum, neminem hominem pudicum, aut ulla corporis parte purum esse; verum plerosque dissimulare vitium, et callide obtegere : ideoque professis apud se obscœnitatem cetera quoque concessisse delicta.

XXX. Divitiarum et pecuniæ fructum non alium putabat, quam profusionem : sordidos ac deparcos esse, quibus impensarum ratio constaret; prælautos vereque magnificos, qui abuterentur ac perderent. Laudabat mirabaturque avunculum Caium nullo magis nomine, quam quod ingentes a Tiberio relictas opes in brevi spatio prodegisset. Quare nec largiendi nec absumendi modum tenuit. In Tiridaten, quod vix credibile videatur, octin-

impérieuse et violente ne prît trop de crédit par ce genre de faveur; ce qui surtout appuya cette opinion, c'est qu'il reçut parmi ses concubines une prostituée qui ressemblait beaucoup à Agrippine. On assure aussi qu'autrefois, quand il se promenait en litière avec sa mère, il donnait cours à son incestueuse concupiscence : ce qui se manifestait assez par les taches de ses vêtemens.

XXIX. Il se prostitua à tel point, qu'ayant souillé presque toutes les parties de son corps, il imagina en dernier lieu une sorte de jeu dans lequel, revêtu d'une peau de bête, il s'élançait d'une loge, et se précipitait sur les parties génitales d'hommes et de femmes attachées à des poteaux; puis, quand il s'était apaisé, il s'abandonnait à son affranchi Doryphore[112], auquel il tenait lieu de femme, comme Sporus lui en tenait lieu à lui-même : il imitait alors la voix et les cris de vierges auxquelles on ferait violence. Quelques personnes m'ont appris qu'il était surtout persuadé que la pudeur n'appartenait à aucun être humain, et que nul n'était pur d'aucune partie de son corps, mais que la plupart dissimulaient ce vice et le cachaient habilement : aussi pardonnait-il tous les autres crimes à ceux qui avouaient devant lui leur lubricité.

XXX. Il ne voyait, dans la possession des richesses et de l'argent, d'autre avantage que la profusion[113], et il regardait comme sordides et avares ceux qui tenaient compte de leurs dépenses; comme bien élevés et magnifiques, ceux qui les outraient et prodiguaient leur fortune. Il n'y avait rien qui inspirât pour son oncle Caïus plus d'éloges et d'admiration que la promptitude avec laquelle il dissipa les grandes richesses que Tibère avait laissées : aussi ne mettait-il de mesure ni dans ses dons, ni dans ses dépenses; et, chose à peine croyable, il dis-

gena nummum millia diurna erogavit, abeuntique super sestertium millies contulit. Menecraten citharœdum et Spiculum mirmillonem triumphalium virorum patrimoniis ædibusque donavit. Cercopithecum Panerotem, feneratorem, et urbanis rusticisque prædiis locupletatum, prope regio extulit funere. Nullam vestem bis induit. Quadringenis in punctum sestertiis aleam lusit. Piscatus est rete aurato, purpura coccoque funibus nexis. Nunquam minus mille carrucis fecisse iter traditur, soleis mularum argenteis, canusinatis mulionibus, armillata et phalerata cum Mazacum turba atque cursorum.

XXXI. Non in alia re tamen damnosior, quam in ædificando. Domum a Palatio Esquilias usque fecit, quam primo *Transitoriam*, mox, incendio absumtam, restitutamque, *Auream* nominavit. De cujus spatio atque cultu suffecerit hæc retulisse. Vestibulum ejus fuit, in quo colossus centum viginti pedum staret ipsius effigie; tanta laxitas, ut porticus triplices milliarias haberet; item stagnum maris instar, circumseptum ædificiis ad urbium speciem; rura insuper, arvis atque vinetis, et pascuis silvisque varia, cum multitudine omnis generis pecudum ac ferarum. In ceteris partibus cuncta auro lita, distincta gemmis unionumque conchis erant. Cœnationes laqueatæ tabulis eburneis versatilibus, ut flores, fistulatis, ut unguenta desuper sparge-

sipa huit cent mille sesterces* par jour pour Tiridate, et à son départ il lui en donna plus d'un million **. Il fit cadeau à Ménécrate [114] le joueur de cithare, et à Spiculus le gladiateur, des patrimoines et des maisons de citoyens qui avaient été honorés du triomphe. Il fit faire des funérailles presque royales à Cercopithecus Paneros [115], l'usurier, qu'il avait déjà enrichi de possessions urbaines et rurales. Jamais il ne mit un habit deux fois. Il jouait jusqu'à quatre cent mille sesterces*** par point à chaque coup de dés [116]. Il pêchait avec un filet doré, composé de fils de pourpre et d'écarlate. Jamais il ne voyageait qu'il ne fût accompagné de mille voitures; les mulets étaient ferrés en argent [117], et les muletiers vêtus en laine de Canuse [118]; enfin ses cavaliers et ses coureurs [119] portaient des bracelets et des colliers.

XXXI. Ce fut surtout dans ses constructions qu'il se montra dissipateur : il éleva un bâtiment du mont Palatin aux Esquilies, et d'abord il le nomma *passage* [120]; puis, quand un incendie l'eut consumé, et qu'il eut été rebâti, il l'appela le *palais d'or* [121]. En ce qui concerne la grandeur et le luxe de ce palais, il nous suffira de rapporter ce qui suit : le vestibule était si grand, qu'on y avait placé une statue colossale de cent vingt pieds [122], à l'effigie de Néron; si vaste, qu'une triple rangée de colonnes l'entourait et composait des portiques de mille pas de longueur. Il y avait une pièce d'eau pour imiter la mer [123], et des édifices la bordaient : on se serait cru au milieu d'une ville; il y avait aussi des champs où paraissaient le blé et la vigne; enfin, des pâturages et des forêts [124] peuplés d'une multitude de bestiaux et de bêtes sauvages. Dans les diverses parties de l'édifice, tout était doré et

---

* 132,340 francs. — ** 183,800 francs. — *** 66,170 francs.

rentur. Præcipua cœnationum rotunda, quæ perpetuo diebus ac noctibus vice mundi circumageretur : balineæ marinis et Albulis fluentes aquis. Ejusmodi domum quum absolutam dedicaret, hactenus comprobavit, ut, « se, » diceret, « quasi hominem tandem habitare cœpisse. » Præterea inchoabat piscinam a Miseno ad Avernum lacum, contectam, porticibusque conclusam, quo, quicquid totis Baiis calidarum aquarum esset, converteretur : fossam ab Averno Ostiam usque, ut navibus, nec tamen mari, iretur, longitudinis per centum sexaginta millia; latitudinis, qua contrariæ quinqueremes commearent. Quorum operum perficiendorum gratia, quod ubique esset custodiæ, in Italiam deportari, etiam scelere convictos non nisi ad opus damnari, præceperat. Ad hunc impendiorum furorem, super fiduciam imperii, etiam spe quadam repentina, immensarum et reconditarum opum impulsus est, ex indicio equitis romani, pro comperto pollicentis, thesauros antiquissimæ gazæ, quos Dido regina fugiens Tyro secum extulisset, esse in Africa vastissimis specubus abditos, ac posse erui parvula molientium opera.

XXXII. Verum ut spes fefellit, destitutus, atque ita jam exhaustus et egens, ut stipendia quoque militum, et commoda veteranorum, protrahi ac differri necesse esset, calumniis rapinisque intendit animum. Ante omnia

enrichi de pierreries et de nacre de perles. Les plafonds des salles à manger étaient en tablettes d'ivoire mobiles, pour laisser échapper des fleurs, et ils étaient pourvus de tuyaux qui répandaient des parfums sur les convives. La principale de ces salles était ronde, et, jour et nuit, elle tournait sans relâche pour imiter le mouvement du monde; les bains étaient alimentés par les eaux de la mer et par celles d'Albula [125]. Lorsque, après l'avoir achevée, Néron inaugura sa maison, il dit «qu'enfin il allait être logé comme un homme.» Il entreprit de creuser un étang depuis Misène jusqu'au lac Averne, le couvrit et l'entoura de portiques; il voulait y faire conduire toutes les eaux thermales de Baïes. Il commença aussi un canal, de l'Averne jusqu'à Ostie [126], l'espace de cent soixante milles: ce canal avait une largeur telle, que deux vaisseaux à cinq rangs de rames pouvaient s'y croiser. Néron voulait que le trajet se fît par bateaux, mais non plus par mer. Afin d'accomplir ces travaux, il fit amener en Italie tous les détenus, et défendit d'infliger aucune autre peine à ceux qui seraient convaincus de crime. Ce n'est pas seulement la confiance qu'il avait en son pouvoir, qui le poussa à cette fureur de dépenses; il était guidé encore par l'espérance, qu'il conçut subitement, de retrouver des richesses immenses et cachées; car un chevalier romain [127] lui affirma que les trésors que, dans la plus haute antiquité, Didon avait emportés de Tyr, étaient cachés dans de vastes grottes en Afrique, et qu'il en coûterait peu pour les retirer.

XXXII. Une fois cette espérance déçue, il se vit si épuisé et si pauvre, qu'il fallut différer la paye des soldats et la retraite des vétérans; dès-lors il se livra aux rapines et aux accusations. Avant tout, il voulut qu'on lui adjugeât

instituit, ut e libertorum defunctorum bonis pro semisse dextans ei cogeretur, qui sine probabili causa eo nomine fuissent, quo essent ullæ familiæ, quas ipse contingeret : deinde, ut ingratorum in principem testamenta ad fiscum pertinerent : ac, ne impune esset studiosis juris, qui scripsissent vel dictassent ea : tum, ut lege majestatis facta dictaque omnia, quibus modo delator non deesset, tenerentur. Revocavit et præmia coronarum, quæ unquam sibi in certaminibus civitates detulissent. Et quum interdixisset usum amethystini ac tyrii coloris, summisissetque, qui nundinarum die pauculas uncias venderet, præclusit cunctos negotiatores. Quin etiam inter canendum animadversam matronam e spectaculis, vetita purpura cultam, demonstrasse procuratoribus suis dicitur; detractamque illico, non veste modo, sed et bonis exuit. Nulli delegavit officium, ut non adjiceret, « scis, quid mihi opus sit : » et, « hoc agamus, ne quis quicquam habeat. » Ultimo, templis compluribus dona detraxit, simulacraque ex auro vel argento fabricata conflavit; in his penatium deorum, quæ mox Galba restituit.

XXXIII. Parricidia et cædes a Claudio exorsus est : cujus necis etsi non auctor, at conscius fuit; neque dissimulanter, ut qui boletos, in quo cibi genere venenum is acceperat, quasi deorum cibum, posthac proverbio græco collaudare sit solitus. Certe omnibus rerum ver-

les cinq-sixièmes au lieu de la moitié [128], dans les successions des affranchis qui, sans raison suffisante, avaient porté le nom des familles auxquelles il était allié. Il ordonna ensuite que les testamens de ceux qui étaient ingrats envers le prince tournassent au profit du fisc, et que les jurisconsultes qui les avaient écrits ou dictés fussent punis; enfin, il voulut que, d'après la loi de lèse-majesté, l'on connût en justice de toutes les paroles et de toutes les actions qui seraient dénoncées. Il se fit rendre les récompenses décernées aux villes qui lui avaient accordé des couronnes [129]. Il avait défendu l'usage des couleurs violette et pourpre; mais, un jour de marché, il aposta quelqu'un pour en vendre quelques onces, et sur-le-champ fit saisir toutes les marchandises [130]. Pendant qu'il chantait, il vit au spectacle une femme parée de cette pourpre défendue; il la montra, dit-on, à ses agens, la fit saisir et la dépouilla non-seulement de sa robe, mais encore de tous ses biens. Jamais il ne conféra de charge à personne sans leur dire : « Vous savez ce dont j'ai besoin, » et « tâchons qu'il ne reste rien à qui que ce soit. » Enfin, il enleva les offrandes d'un grand nombre de temples, et fondit des statues d'or et d'argent, entre autres celles des dieux pénates que dans la suite Galba rétablit.

XXXIII. Ce fut par Claude qu'il commença ses parricides et ses meurtres : s'il ne fut l'auteur de sa mort, il en fut du moins le complice. Il s'en cachait si peu, qu'il affectait de répéter un proverbe grec, en appelant *mets des dieux* les champignons dans lesquels Claude avait reçu le poison. Il n'était sorte d'outrages qu'il ne fît à sa mé-

borumque contumeliis mortuum insectatus est, modo stultitiæ, modo sævitiæ arguens. Nam et *morari* eum inter homines desisse, producta prima syllaba, jocabatur : multaque decreta et constituta, ut insipientis atque deliri, pro irritis habuit. Denique bustum ejus consepiri, nisi humili levique maceria, neglexit. Britannicum, non minus æmulatione vocis, quæ illi jucundior suppetebat, quam metu, ne quandoque apud hominum gratiam paterna memoria prævaleret, veneno aggressus est. Quod acceptum a quadam Locusta, venenariorum inclita, quum opinione tardius cederet, ventre modo Britannici moto; arcessitam mulierem sua manu verberavit, arguens, pro veneno remedium dedisse : excusantique, minus datum ad occultandam facinoris invidiam; « Sane, » inquit, « legem Juliam timeo : » coegitque se coram in cubiculo quam posset velocissimum ac præsentaneum coquere. Deinde in hædo expertus, postquam is quinque horas protraxit, iterum ac sæpius recoctum, porcello objecit. Quo statim exanimato, inferri in triclinium, darique cœnanti secum Britannico imperavit. Et quum ille ad primum gustum concidisset, comitiali morbo ex consuetudine correptum apud convivas ementitus, postero die raptim inter maximos imbres translaticio extulit funere. Locustæ pro navata opera impunitatem prædiaque ampla, sed et discipulos dedit.

moire, soit en actions, soit en paroles : tantôt il l'accusait de folie, tantôt de cruauté ; il disait qu'il avait cessé de demeurer parmi les hommes, en appuyant sur la première syllabe de *morari*, de manière que cela signifiât qu'il avait cessé d'être fou. Il annula beaucoup de ses décrets et de ses décisions, comme partant d'un imbécile ou d'un homme en délire ; enfin il négligea le lieu où son corps avait été consumé, et ne l'entoura que d'une mauvaise muraille. S'il se défit de Britannicus par le poison [131], ce fut autant par jalousie de sa voix qui était plus agréable que la sienne, que par crainte que la mémoire de son père ne lui donnât un jour un grand crédit sur l'esprit du peuple. La potion que lui avait administrée Locuste, célèbre empoisonneuse, étant trop lente à son gré, et n'ayant occasioné à Britannicus qu'un cours de ventre, Néron appela cette femme et la frappa de sa main, en l'accusant de ne lui avoir fait prendre qu'une médecine au lieu de poison. Locuste alors s'excusa sur la nécessité de cacher ce crime ; mais il lui répliqua : « Sans doute, je crains la loi Julia [132] ; » puis il la contraignit de cuire en sa présence un poison très-prompt, et capable d'agir sur-le-champ. On l'essaya sur un bouc, qui vécut encore cinq heures ; la potion fut cuite et recuite, puis on la fit avaler à un marcassin qui expira à l'instant même. Néron ordonna ensuite de la porter à la salle à manger, et de la présenter à Britannicus, et, celui-ci étant tombé dès qu'il l'eut goûtée [133], il soutint aux convives que c'était une de ces attaques d'épilepsie auxquelles Britannicus était sujet, et dès le lendemain, par une pluie battante, il le fit enlever et ensevelir le plus promptement possible [134]. Pour prix de ses services, Locuste reçut l'impunité [135], des biens considérables et des disciples.

XXXIV. Matrem, dicta factaque sua exquirentem acerbius et corrigentem, hactenus primo gravabatur, ut invidia identidem oneraret, quasi cessurus imperio, Rhodumque abiturus : mox et honore omni et potestate privavit ; abductaque militum et Germanorum statione, contubernio quoque ac palatio expulit. Neque in divexanda quicquam pensi habuit, summissis, qui et Romæ morantem litibus, et in secessu quiescentem per convicia et jocos, terra marique prætervehentes inquietarent. Verum minis ejus ac violentia territus, perdere statuit. Et quum ter veneno tentasset, sentiretque antidotis præmunitam ; lacunaria, quæ noctu super dormientem laxata machina deciderent, paravit. Hoc consilio per conscios parum celato, solutilem navem, cujus vel naufragio vel cameræ ruina periret, commentus est. Atque ita reconciliatione simulata, jucundissimis litteris Baias evocavit ad sollemnia Quinquatruum simul celebranda ; datoque negotio trierarchis, qui liburnicam, qua advecta erat, velut fortuito concursu confringerent, protraxit convivium. Repetentique Baulos, in locum corrupti navigii, machinosum illud obtulit, hilare prosecutus : atque in digressu papillas quoque exosculatus, reliquum temporis cum magna trepidatione vigilavit, cœptorum opperiens exitum. Sed ut diversa omnia, nandoque evasisse eam, comperit, inops consilii, L. Agerinum libertum ejus, salvam et incolumem cum gaudio nunciantem,

XXXIV. Sa mère critiquait avec amertume ses paroles et ses actions : d'abord il ne manifesta son humeur qu'en cherchant à la rendre odieuse, et en annonçant qu'il abdiquerait l'empire, et qu'il irait vivre à Rhodes. Ensuite il lui ôta tous ses honneurs et toute sa puissance, lui enleva sa garde et ses Germains, et la bannit de sa présence et du palais [136]. Il n'omit rien pour la tourmenter : était-elle à Rome, des affidés de Néron la fatiguaient de procès [137]. Se reposait-elle à sa campagne, ils passaient devant sa demeure, soit en voiture, soit par mer, et l'accablaient d'injures et de railleries. Effrayé cependant de ses menaces et de sa violence, Néron résolut de la perdre [138] : trois fois il essaya du poison, mais il s'aperçut qu'elle s'était munie d'antidotes. Un jour il disposa des poutres qui, par l'impulsion d'une machine, devaient s'écrouler sur elle pendant son sommeil ; mais l'indiscrétion de ses complices éventa ce projet. Alors il s'avisa d'un navire à soupape [139], dans lequel elle périrait, soit dans un naufrage, soit par la chute de sa chambre. Il feignit donc une réconciliation, et, par une lettre des plus pressantes, l'engagea à venir à Baïes célébrer avec lui les fêtes de Minerve [140] : là, il donna aux chefs des vaisseaux l'ordre de briser, comme par un choc fortuit, le bâtiment liburnien sur lequel elle était venue, et prit soin de prolonger le festin. Quand elle voulut s'en retourner à Baules, il lui donna, au lieu du bâtiment avarié, celui qu'il avait fait préparer, l'accompagna gaîment et lui baisa même les seins ; mais il passa le reste de la nuit dans une grande anxiété en attendant le résultat de son entreprise. Quand il apprit que tout avait trompé son attente, et qu'elle s'était échappée à la nage [141], il ne sut plus que faire. L'affranchi de sa mère, L. Agerinus, vint

abjecto clam juxta pugione, ut percussorem sibi subornatum arripi constringique jussit, matremque occidi; quasi deprehensum crimen voluntaria morte vitasset. Adduntur his atrociora, sed incertis auctoribus, ad visendum interfectæ cadaver accurrisse, contrectasse membra, alia vituperasse, alia laudasse, sitique interim oborta, bibisse. Neque tamen conscientiam sceleris, quamquam et militum, et senatus populique gratulationibus confirmaretur, aut statim aut unquam postea ferre potuit, sæpe confessus, exagitari se materna specie, verberibusque Furiarum ac tædis ardentibus. Quin et, facto per magos sacro, evocare manes et exorare tentavit. Peregrinatione quidem Græciæ, Eleusiniis sacris, quorum initiatione impii et scelerati voce præconis summoventur, interesse non ausus est. Junxitque parricidio matris amitæ necem. Quam quum ex duritie alvi cubantem visitaret, et illa, tractans lanuginem ejus, ut assolet, jam grandis natu, per blanditias forte dixisset, « simul hanc excepero, mori volo : » conversus ad proximos, confestim se positurum, velut irridens ait; præcepitque medicis, ut largius purgarent ægram. Necdum defunctæ bona invasit, suppresso testamento, ne quid abscederet.

XXXV. Uxores præter Octaviam duas postea duxit : Poppæam Sabinam, quæstorio patre natam, et equiti

lui annoncer avec joie qu'elle était saine et sauve : Néron laissa tomber à terre un poignard, et fit saisir et mettre aux fers cet affranchi, comme s'il fût venu pour attenter à ses jours; puis il fit tuer sa mère, et répandit qu'elle s'était donné la mort, parce que ce crime avait été découvert. L'on ajoute encore des choses plus atroces, mais sur des autorités peu dignes de foi [142]. Néron serait accouru pour voir le cadavre de sa mère; il l'aurait touché, aurait loué les formes de telle ou telle partie de son corps, critiqué telle ou telle autre; enfin, la soif l'aurait gagné et il aurait bu. Quoiqu'il reçût les félicitations des soldats, du sénat [143] et du peuple, sa conscience fut toujours tourmentée par ce forfait; il ne put en supporter l'idée ni dans le moment, ni dans la suite: souvent il avoua qu'il était poursuivi par l'image de sa mère, par les fouets et les torches ardentes des Furies. Il fit faire par les mages une cérémonie pour évoquer et apaiser ses mânes. Pendant son voyage en Grèce, il n'osa assister aux mystères d'Éleusis, parce que les impies et les hommes souillés de crimes en sont écartés par la voix du héraut. A ce parricide, Néron joignit le meurtre de la sœur de son père. Il alla la visiter pendant une maladie d'entrailles qui la retenait au lit : selon l'usage des personnes âgées, elle lui passa la main sur la barbe, et dit en le caressant : « Quand j'aurai vu tomber cette barbe, j'aurai assez vécu. » Néron se tourna vers les assistans, et dit avec ironie qu'il allait se l'ôter sur-le-champ, et il ordonna aux médecins de la purger violemment. Elle n'avait pas les yeux fermés, qu'il s'empara de ses biens, et, pour n'en rien perdre, il supprima son testament.

XXXV. Après Octavie, il épousa encore deux femmes : la première fut Poppéa Sabina [144], qui fut mariée

romano antea nuptam; deinde Statiliam Messalinam, Tauri bis consulis ac triumphalis abneptem. Qua ut potiretur, virum ejus, Atticum Vestinum consulem, in honore ipso trucidavit. Octaviæ consuetudinem cito aspernatus, corripientibus amicis, « Sufficere illi debere, » respondit, « uxoria ornamenta. » Eamdem mox sæpe frustra strangulare meditatus, dimisit ut sterilem : sed improbante divortium populo, nec parcente conviciis, etiam relegavit. Denique occidit sub crimine adulteriorum, adeo impudenti falsoque, ut, in quæstione pernegantibus cunctis, Anicetum pædagogum suum indicem subjecerit, qui dolo stupratam a se fateretur. Poppæam, duodecimo die post divortium Octaviæ in matrimonium acceptam, dilexit unice. Et tamen ipsam quoque ictu calcis occidit, quod se, ex aurigatione sero reversum, gravida et ægra conviciis incesserat. Ex hac filiam tulit Claudiam Augustam, amisitque admodum infantem. Nullum adeo necessitudinis genus est, quod non scelere perculerit. Antoniam, Claudii filiam, recusantem post Poppææ mortem nuptias suas, quasi molitricem novarum rerum interemit. Similiter ceteros, aut affinitate aliqua sibi, aut propinquitate conjunctos; in quibus Aulum Plautium juvenem : quem quum ante mortem per vim conspurcasset, « Eat nunc, » inquit, « mater mea, et successorem meum osculetur; » jactans, dilectum ab ea, et ad spem imperii impulsum. Privignum Rufium Cris-

d'abord à un chevalier romain, et dont le père avait été questeur; la seconde fut Statilia Messalina[145], arrière-petite-fille de Taurus[146] qui avait obtenu deux fois le consulat et le triomphe. Pour se l'approprier, il fit périr son mari, le consul Atticus Vestinus; et cela, pendant qu'il était en charge. Ses amis lui faisant un reproche d'avoir si tôt abandonné Octavie, il répondit « que les ornemens matrimoniaux lui suffisaient. » Il la répudia ensuite comme stérile[147], après avoir vainement tenté de l'étrangler. Le peuple était mécontent de ce divorce, et n'épargnait pas les injures; alors l'empereur l'exila. Enfin, il la fit périr sous une accusation d'adultère[148] tellement impudente, tellement fausse, que, la question ne produisant que des dénégations de la part de tous ceux auxquels on la faisait subir, Néron aposta son pédagogue Anicetus[149], qui déclara qu'il avait joui d'elle par ruse. Il aima beaucoup Poppéa, qu'il épousa le douzième jour après son divorce; cela n'empêcha pas qu'il ne la tuât d'un coup de pied, parce que, malade et enceinte, elle lui avait fait des reproches assez vifs, de ce qu'il était rentré un peu tard d'une course de chars. Il en eut une fille appelée Claudia Augusta[150], qu'il perdit fort jeune encore. Il n'est sorte de liens qu'il n'ait rompus par un crime: après la mort de Poppéa, Antonia, fille de Claude, refusa de l'épouser: il la fit mettre à mort, en l'accusant de conspiration. Il en agit de même envers ceux auxquels il était uni par les liens du sang ou de l'alliance : il viola le jeune Aulus Plautius[151] avant de le faire mourir, et s'écria : « Que ma mère maintenant aille embrasser mon successeur, » faisant entendre, par là, qu'elle l'aimait, et lui faisait espérer l'empire. Son beau-fils Rufius Crispinus[152], né de Poppéa, était encore enfant, et jouait aux commande-

pinum, Poppæa natum, impuberem adhuc, quia ferebatur ducatus et imperia ludere, mergendum mari, dum piscaretur, servis ipsius demandavit. Tuscum, nutricis filium, relegavit, quod in procuratione Ægypti, balineis in adventum suum exstructis lavisset. Senecam præceptorem ad necem compulit; quamvis sæpe commeatum petenti, bonisque cedenti, persancte jurasset, « suspectum se frustra, periturumque potius, quam nociturum ei. » Burrho præfecto remedium ad fauces pollicitus, toxicum misit. Libertos divites et senes, olim adoptionis, mox dominationis suæ fautores atque rectores, veneno, partim cibis, partim potionibus indito, intercepit.

XXXVI. Nec minore sævitia foris et in exteros grassatus est. Stella crinita, quæ summis potestatibus exitium portendere vulgo putatur, per continuas noctes oriri cœperat. Anxius ea re, ut ex Babilo astrologo didicit, solere reges talia ostenta cæde aliqua illustri expiare, atque a semet in capita procerum depellere; nobilissimo cuique exitium destinavit. Enimvero multo magis, et quasi per justam causam, duabus conjurationibus provulgatis : quarum prior majorque Pisoniana, Romæ; posterior, Viniciana, Beneventi conflata atque detecta est. Conjurati e vinculis triplicium catenarum dixere causam : quum quidam crimen ultro faterentur, nonnulli etiam imputarent, tanquam aliter illi non possent, nisi morte, succurrere, dedecorato flagitiis omni-

mens et aux empires ; il ordonna à ses propres esclaves de le jeter à la mer quand il irait à la pêche. Il exila Tuscus[153], le fils de sa nourrice, parce que, gouverneur d'Égypte, il s'était baigné à des bains que l'on avait construits pour l'arrivée de l'empereur. Il obligea son précepteur Sénèque[154] à se donner la mort ; cependant, celui-ci lui avait demandé son congé, en lui offrant sa fortune, et Néron avait saintement juré « que ses craintes étaient vaines, et qu'il aimerait mieux mourir que de lui nuire. » Il avait promis à Burrhus[155] un remède contre les maux de gorge, et lui envoya du poison. Quant aux affranchis riches et âgés[156] qui avaient été les fauteurs de son adoption et de sa puissance, et qui avaient autrefois dirigé sa conduite, il s'en défit en leur administrant du poison, soit dans leurs alimens, soit dans leurs boissons.

XXXVI. Il ne sévit pas avec moins de fureur au dehors et contre les étrangers. Pendant plusieurs nuits de suite, on vit se lever une étoile chevelue[157], de celles que l'on croit annoncer la perte des souveraines puissances. Néron, en étant agité, apprit de Babilus l'astrologue que les rois avaient coutume d'expier ces prodiges par quelque illustre exécution, et d'en déverser ainsi l'effet sur la tête des grands. Il se porta d'autant plus volontiers à ces excès, que la découverte de deux conjurations lui en fournit un prétexte légitime. La première et la plus importante, celle de Pison, se tramait à Rome ; la seconde, celle de Vinicius[158], fut conçue et découverte à Bénévent. Les conjurés plaidèrent leur cause, chargés de triples chaînes : quelques-uns avouèrent leur crime de leur propre mouvement ; d'autres même allèrent jusqu'à s'en faire un mérite[159], soutenant qu'on ne pouvait venir au secours d'un homme souillé de tant de crimes qu'en

bus. Damnatorum liberi Urbe pulsi, enectique veneno, aut fame. Constat, quosdam cum pædagogis et capsariis uno prandio pariter necatos, alios diurnum victum prohibitos quærere.

XXXVII. Nullus posthac adhibitus delectus aut modus interimendi, quoscunque libuisset, quacunque de causa. Sed ne de pluribus referam, Salvidieno Orfito objectum est, quod tabernas tres de domo sua circa Forum civitatibus ad stationem locasset : Cassio Longino jurisconsulto, ac luminibus orbato, quod in vetere gentili stemmate C. Cassii, percussoris Cæsaris, retinuisset imagines : Pæto Thraseæ, tristior et pædagogi vultus. Mori jussis non amplius, quam horarum spatium, dabat. Ac ne quid moræ interveniret, medicos admovebat, «qui cunctantes continuo curarent;» ita enim vocabat, venas mortis gratia incidere. Creditur etiam polyphago cuidam ægyptii generis, crudam carnem, et, quicquid daretur, mandere assueto, concupisse vivos homines laniandos absumendosque objicere. Elatus inflatusque tantis velut successibus, negavit, « quemquam principum scisse, quid sibi liceret : » multasque nec dubias significationes sæpe jecit, ne reliquis quidem se parsurum senatoribus; eumque ordinem sublaturum quandoque e republica, ac provincias et exercitus equiti romano ac libertis permissurum. Certe neque adveniens, neque proficiscens, quemquam osculo impertiit, ac ne resalutatione quidem. Et

lui donnant la mort. Les fils des condamnés furent chassés de la ville, et moururent par le poison ou par la faim. On sait que plusieurs furent expédiés en un seul repas, avec leurs précepteurs et leurs esclaves [160], et que d'autres furent empêchés de se procurer aucune nourriture.

XXXVII. Dès-lors, il n'y eut plus dans ses meurtres ni choix ni mesure; il faisait périr qui il voulait, et pour quelque prétexte que ce fût. Afin de ne pas multiplier les exemples, je dirai seulement qu'on reprocha à Salvidienus Orfitus d'avoir loué trois pièces de sa maison, près du Forum, à des députés des villes [161], pour s'y réunir; au jurisconsulte Cassius Longinus [162], qui était privé de la vue, d'avoir, dans une vieille généalogie de sa famille, laissé subsister l'image de C. Cassius, l'un des meurtriers de César; à Pétus Thrasea [163] d'avoir le visage sévère et les airs d'un pédagogue. On n'accordait qu'une heure [164] à ceux auxquels il était ordonné de mourir, et, pour qu'il n'y eût pas de retard, Néron leur envoyait des médecins « qui devaient guérir sur-le-champ les *traîneurs.* » Cette expression est celle qu'il employait pour désigner l'ouverture des veines. On dit qu'il conçut le désir de livrer vivans des hommes à déchirer à un Égyptien fort gourmand [165], qui était habitué à manger la chair crue et tout ce qu'on lui présentait. Fier et gonflé de tant de succès, il dit « que nul prince encore n'avait su tout ce qu'il pouvait. » Souvent il fit entendre des discours non équivoques, qui signifiaient qu'il n'épargnerait aucun des autres sénateurs, qu'un jour il supprimerait l'ordre même, et qu'il abandonnerait l'administration des provinces et des armées aux chevaliers romains et à ses affranchis. Jamais, soit en arrivant, soit en partant, il ne donna à personne le baiser d'usage [166],

in auspicando opere isthmi', magna frequentia clare, « Ut sibi ac populo romano bene res verteret, » optavit, dissimulata senatus mentione.

XXXVIII. Sed nec populo, aut mœnibus patriæ pepercit. Dicente quodam in sermone communi,

Ἐμοῦ θανόντος γαῖα μιχθήτω πυρί·

« Immo, » inquit, « ἐμοῦ ζῶντος. » Planeque ita fecit : nam, quasi offensus deformitate veterum ædificiorum, et angustiis flexurisque vicorum, incendit Urbem tam palam, ut plerique consulares cubicularios ejus, cum stuppa tædaque in prædiis suis deprehensos, non attigerint : et quædam horrea circa *domum auream*, quorum spatium maxime desiderabat, [ut] bellicis machinis labefactata atque inflammata sint, quod saxeo muro constructa erant. Per sex dies septemque noctes ea clade sævitum est, ad monumentorum bustorumque deversoria plebe compulsa. Tunc, præter immensum numerum insularum, domus priscorum ducum arserunt, hostilibus adhuc spoliis adornatæ, deorumque ædes, ab regibus, ac deinde punicis et gallicis bellis votæ dedicatæque, et quicquid visendum atque memorabile ex antiquitate duraverat. Hoc incendium e turre Mæcenatiana prospectans, lætusque «flammæ, » ut aiebat, «pulchritudine, » ἅλωσιν Ilii in illo suo scenico habitu decantavit.

et jamais il ne rendit le salut. En commençant les travaux de l'isthme, il souhaita à haute voix et devant une grande foule « que l'entreprise tournât à son avantage et à celui du peuple romain, » et ne fit nulle mention du sénat.

XXXVIII. Cependant, il n'épargna ni le peuple, ni les murs de sa patrie. Quelqu'un ayant prononcé dans une conversation familière[167] ce proverbe grec[168] :

« Qu'après ma mort la terre soit en proie aux flammes. »

« Non, répondit-il, que ce soit de mon vivant ; » et il accomplit la menace. Frappé de la laideur des anciens édifices, et des détours des rues étroites de Rome, il mit le feu à la ville[169], et cela, si ouvertement, que plusieurs consulaires surprirent dans leurs maisons les esclaves de sa chambre, munis d'étoupes et de flambeaux, et cependant ne les saisirent point. Il fit aussi renverser, au moyen de machines de guerres, et incendier plusieurs granges construites en quartiers de roc, qui étaient autour du *Palais d'or*, parce qu'il en désirait beaucoup posséder le terrain. Pendant six jours et sept nuits[170], ce désastre affligea Rome, et le peuple n'eut d'autre refuge que les monumens[171] et les sépultures. Alors furent anéantis[172], outre un nombre infini d'édifices particuliers, les maisons des anciens chefs, encore décorées des dépouilles des ennemis ; les temples des dieux, voués et édifiés par les rois ; ceux qui le furent dans les guerres puniques et dans celles de la Gaule ; enfin, tout ce que l'antiquité avait laissé de curieux et de mémorable. Pendant ce temps, Néron, placé au haut de la tour de Mécène[173], était ravi, disait-il, « de la beauté de la flamme ; » il con-

Ac ne non hinc quoque, quantum posset prædæ et manubiarum, invaderet, pollicitus cadaverum et ruderum gratuitam egestionem, nemini ad reliquias rerum suarum adire permisit: collationibusque non receptis modo, verum et efflagitatis, provincias privatorumque census prope exhausit.

XXXIX. Accesserunt tantis ex principe malis probrisque quædam et fortuita : pestilentia unius autumni, quo triginta funerum millia in rationem Libitinæ venerunt : clades britannica, qua duo præcipua oppida, magna civium sociorumque cæde, direpta sunt : ignominia ad Orientem, legionibus in Armenia sub jugum missis, ægreque Syria retenta. Mirum, et vel præcipue notabile inter hæc fuerit, nihil eum patientius, quam maledicta et convicia hominum, tulisse; neque in ullos leniorem, quam qui se dictis aut carminibus lacessissent, exstitisse. Multa græce latineque proscripta, aut vulgata sunt; sicut illa :

Νέρων, Ὀρέστης, Ἀλκμαίων, μητροκτόνοι.
Νεόνυμφον Νέρων ἰδίαν μητέρ᾽ ἀπέκτεινεν.

Quis negat, Æneæ magna de stirpe Neronem?
Sustulit hic matrem, sustulit ille patrem.

Dum tendit citharam noster, dum cornua Parthus,
Noster erit Pæan, ille Ἑκατηβελέτης.

Roma domus fiet : Veios migrate, Quirites,
Si non et Veios occupat ista domus.

templait ce spectacle, en habit de théâtre, et chantait la *Prise de Troie*[174]. Toutefois, de peur de laisser échapper cette occasion de pillage et de butin, il promit de faire gratuitement enlever les cadavres et les décombres, et ne permit à personne d'approcher des restes de sa propriété[175]. Il ne se contenta pas de recevoir les souscriptions, il les exigea, et, de la sorte, il faillit épuiser les provinces et les fortunes particulières.

XXXIX. A ces maux et à ces outrages du prince se joignirent d'autres fléaux purement fortuits. En un seul automne, la peste[176] fit inscrire environ trente mille convois funèbres dans les registres de Libitine; en Bretagne, on essuya une défaite, et deux de nos principales places furent pillées[177], beaucoup de citoyens et d'alliés massacrés; en Orient, il fallut souffrir l'ignominie de deux légions qui passèrent sous le joug[178] en Arménie, et la Syrie ne fut maintenue qu'avec peine sous la domination romaine. Ce qui est étonnant et digne de remarque, c'est qu'il n'est rien que Néron supportât mieux que les malédictions et les reproches, et que jamais il ne se montra plus doux qu'envers ceux qui l'avaient attaqué dans leurs discours ou dans leurs vers. On afficha beaucoup d'épigrammes, tant en grec qu'en latin; par exemple,

« Néron, Oreste, Alcméon, meurtriers de leur mère. »

« Néron tua sa propre mère, la nouvelle mariée. »

« Eh bien, que l'on nie que Néron soit de la race d'Énée : celui-ci a emporté son père, Néron a fait disparaître sa mère[179]. »

« Tandis que le nôtre tend la corde de la cithare, le Parthe tend celle de son arc : le nôtre sera Apollon Pæan; l'autre, Apollon aux traits qui frappent de loin[180]. »

« Rome ne sera plus qu'une maison : Quirites, fuyez à Véies, à moins que cette maison n'envahisse encore Véies. »

Sed neque auctores requisiit : et quosdam per indicem delatos ad senatum, affici graviore pœna prohibuit. Transeuntem Isidorus Cynicus in publico clara voce corripuerat, «quod Nauplii mala bene cantitaret, sua bona male disponeret.» Et Datus, atellanarum histrio, in cantico quodam, ὑγίαινε πάτερ, ὑγίαινε μῆτερ, ita demonstraverat, ut bibentem natantemque faceret, exitum scilicet Claudii Agrippinæque significans : et in novissima clausula,

Orcus vobis ducit pedes,

senatum gestu notaret. Histrionem et philosophum Nero nihil amplius, quam Urbe Italiaque summovit, vel contemtu omnis infamiæ, vel ne fatendo dolorem irritaret ingenia.

XL. Talem principem paulo minus quatuordecim annos perpessus terrarum orbis, tandem destituit; initium facientibus Gallis, duce Julio Vindice, qui tum eam provinciam proprætore obtinebat. Prædictum a mathematicis Neroni olim erat, fore, ut quandoque destitueretur : unde illa vox ejus celeberrima, τὸ τεχνίον πᾶσα γαῖα τρέφει· quo majore scilicet venia meditaretur citharœdicam artem, principi sibi gratam, privato necessariam. Spoponderant tamen quidam destituto Orientis dominationem, nonnulli nominatim regnum Hierosolymorum, plures omnis pristinæ fortunæ restitutionem. Cui spei pronior, Britannia Armeniaque amissa, ac

Néron ne s'enquit pas même des auteurs, et, quelques-uns ayant été dénoncés au sénat, il empêcha qu'ils ne fussent frappés de peines sévères. Il fut apostrophé en public par Isidore le Cynique, qui lui reprocha « de si bien chanter les maux de Nauplius, et de si mal user de ses biens. » Datus, acteur d'Atellanes, dans un rôle où se trouvaient ces mots : « Salut à mon père, salut à ma mère, » imita par ses gestes l'action de boire et celle de nager, pour faire allusion à la mort de Claude et à celle d'Agrippine ; au dernier refrain,

« Pluton vous traine par les pieds, »

il montra le sénat. Néron se borna à exiler de l'Italie le philosophe et l'histrion, soit qu'il fût insensible à toute espèce d'infamie, soit de peur que l'aveu de son dépit ne fît qu'exciter davantage à la raillerie.

XL. Après avoir souffert un tel prince un peu moins de quatorze ans [181], le monde l'abandonna enfin ; les Gaulois en donnèrent le signal, sous la conduite de Julius Vindex [182], qui alors gouvernait leur province, en qualité de propréteur. Les astrologues avaient autrefois prédit à Néron qu'un jour on le délaisserait, ce qui lui donna lieu de prononcer ce mot célèbre : « Toute terre nourrit l'artiste ; » et il en étudiait la cithare avec plus d'ardeur : c'était, disait-il, un talent agréable pour le prince, et nécessaire pour le particulier. Quelques devins avaient promis qu'à sa déchéance il règnerait sur l'Orient ; d'autres lui avaient assigné le royaume de Jérusalem ; enfin, la plupart affirmaient que sa première puissance lui serait restituée. Disposé à saisir cette espérance, Néron, après avoir perdu la Bretagne et l'Ar-

rursus utraque recepta, defunctum se fatalibus malis existimabat. Ut vero, consulto Delphis Apolline, septuagesimum ac tertium annum cavendum sibi, audivit, quasi eo demum obiturus, ac nihil conjectans de ætate Galbæ, tanta fiducia non modo senectam, sed etiam perpetuam singularemque concepit felicitatem, ut, amissis naufragio pretiosissimis rebus, non dubitaverit inter suos dicere, « pisces eas sibi relaturos. » Neapoli de motu Galliarum cognovit die ipso, quo matrem occiderat : adeoque lente ac secure tulit, ut gaudentis etiam suspicionem præberet, tanquam occasione nata spoliandarum jure belli opulentissimarum provinciarum. Statim in gymnasium progressus, certantes athletas effusissimo studio spectavit. Cœnæ quoque tempore interpellatus tumultuosioribus litteris, hactenus excanduit, ut malum iis, qui descissent, minaretur. Denique per octo continuos dies non rescribere cuiquam, non mandare quid aut præcipere conatus, rem silentio obliteravit.

XLI. Edictis tandem Vindicis contumeliosis et frequentibus permotus, senatum epistola in ultionem sui reique publicæ adhortatus est, excusato languore faucium, propter quem non adesset. Nihil autem æque doluit, quam ut malum se citharœdum increpitum, ac pro Nerone Ænobarbum appellatum. Et nomen quidem

ménie, et les avoir ressaisies toutes deux, dit qu'il avait subi les maux prévus par le destin. Mais quand il eut consulté à Delphes l'oracle d'Apollon, qui l'avertit de prendre garde à l'âge de soixante treize ans, il crut que c'était le terme de sa vie; et, sans penser à l'âge de Galba, il conçut non-seulement l'espérance de devenir très-vieux, mais il se promit encore une félicité durable et toute spéciale, si bien qu'un jour, un naufrage ayant englouti ce qu'il avait de plus précieux, il n'hésita point à dire à ceux qui l'entouraient « que les poissons lui rapporteraient [183] tous ces objets. » Ce fut à Naples, le jour anniversaire de celui où il avait tué sa mère [184], qu'il apprit le mouvement de la Gaule. Il reçut cette nouvelle avec tant d'indifférence et de sécurité, que l'on soupçonna qu'il en était bien aise, parce que cela lui donnerait l'occasion de spolier, selon le droit de la guerre, les plus opulentes des provinces. Il alla sur-le-champ au gymnase, et s'appliqua avec beaucoup d'attention à voir lutter les athlètes; mais il fut interrompu dans son souper par les lettres les plus inquiétantes, et se fâcha si fort, qu'il menaça de perdre tous ceux qui se rendraient coupables de défection. Pendant huit jours entiers, il ne répondit à aucune lettre, ne donna ni ordre, ni instruction, et, par son silence, ensevelit cette affaire dans un profond oubli.

XLI. Enfin, les nombreuses et outrageantes proclamations de Vindex l'émurent; il écrivit au sénat pour l'exhorter à le venger lui et la république, et s'excusa sur un mal de gorge de n'être point venu en personne. Mais, dans ces proclamations, rien ne le blessa tant que d'être taxé de mauvais joueur de cithare, et d'y être appelé Ænobarbus au lieu de Néron. Il déclara qu'il reprendrait le nom

gentile, quod sibi per contumeliam exprobraretur, resumturum se professus est, deposito adoptivo. Cetera convicia, ut falsa, non alio argumento refellebat, quam quod etiam inscitia sibi tanto opere elaboratæ perfectæque a se artis objiceretur; singulos subinde rogitans, « nossentne quemquam præstantiorem. » Sed urgentibus aliis super alios nunciis, Romam prætrepidus rediit : leviterque modo in itinere frivolo auspicio mente recreata, quum annotasset, insculptum monumento militem gallum ab equite romano oppressum trahi crinibus, ad eam speciem exsiluit gaudio, cœlumque adoravit. Ac ne tunc quidem aut senatu aut populo coram appellato, quosdam e primoribus viris domum evocavit : transactaque raptim consultatione, reliquam diei partem per organa hydraulica novi et ignoti generis circumduxit : ostendensque singula, de ratione ac difficultate cujusque disserens, jam se etiam prolaturum omnia in theatrum affirmavit, si per Vindicem liceat.

XLII. Postquam deinde etiam Galbam et Hispanias descivisse cognovit, collapsus, animoque male fracto, diu et sine voce, et prope intermortuus jacuit. Utque resipuit, veste discissa, capite converberato, « actum de se, » pronunciavit : consolantique nutriculæ, et aliis quoque jam principibus similia accidisse memoranti, « Se vero præter ceteros inaudita et incognita pati, » respondit, « qui summum imperium vivus amitteret. » Nec eo se-

de famille qu'on lui rappelait par forme d'injure et qu'il quitterait son nom d'adoption. Quant aux autres imputations, il ne les réfutait pas autrement, qu'en disant qu'on était allé jusqu'à l'accuser d'ignorance dans un art qu'il avait travaillé et perfectionné avec tant de soin; puis il demandait à chacun s'il connaissait quelqu'un qui l'emportât sur lui. Cependant, comme les messages se succédaient avec rapidité, il fut saisi d'inquiétude et revint à Rome. Pendant son voyage, un présage bien frivole releva son courage. Il vit sur un monument une sculpture qui représentait un Gaulois vaincu qu'un chevalier romain traînait par les cheveux : à cet aspect, il sauta de joie et adora le ciel. Néanmoins, il ne parut ni devant le peuple, ni devant le sénat : seulement, il appela chez lui quelques-uns des principaux citoyens, et, après avoir tenu rapidement conseil avec eux, il employa le reste du jour à leur faire voir des instrumens de musique hydrauliques d'une nouvelle espèce, en les leur montrant un à un, et en discourant sur l'emploi et le mérite de chaque pièce. Il affirma même qu'il ferait porter tout cela au théâtre, si Vindex ne l'en empêchait.

XLII. Mais quand il apprit que Galba et l'Espagne avaient aussi fait défection, il se laissa tomber, perdit entièrement courage, et demeura long-temps sans voix comme à demi mort. Aussitôt qu'il revint à lui, il déchira ses vêtemens, se heurta la tête, et s'écria que c'en était fait de lui. Sa nourrice voulait le consoler par l'exemple d'autres princes auxquels pareille chose était arrivée : il répondit « qu'il souffrait des malheurs inouïs, inconnus, puisqu'il perdait l'empire de son vivant. » Cependant il ne retrancha ni ne diminua rien de ses ha-

cius quicquam ex consuetudine luxus atque desidiæ omisit, vel imminuit. Quin immo, quum prosperi quiddam ex provinciis nunciatum esset, super abundantissimam cœnam jocularia in defectionis duces carmina, lasciveque modulata, quæ vulgo notuerunt, etiam gesticulatus est; ac spectaculis theatri clam illatus, cuidam scenico placenti nuncium misit, « abuti eum occupationibus suis. »

XLIII. Initio statim tumultus, multa et immania, verum non abhorrentia a sua natura, creditur destinasse : successores percussoresque summittere exercitus et provincias regentibus, quasi conspiratis, idemque et unum sentientibus : quicquid ubique exsulum, quicquid in Urbe hominum gallicanorum esset, contrucidare : illos, ne desciscentibus aggregarentur; hos, ut conscios popularium suorum atque fautores : Gallias exercitibus diripiendas permittere : senatum universum veneno per convivia necare : Urbem incendere, feris in populum immissis, quo difficilius defenderetur. Sed absterritus, non tam pœnitentia, quam perficiendi desperatione, credensque expeditionem necessariam, consules ante tempus privavit honore, atque in utriusque locum solus iniit consulatum, quasi fatale esset, non posse Gallias debellari, nisi a se consule. Ac susceptis fascibus, quum post epulas triclinio digrederetur, innixus humeris familiarium, affirmavit, « simul ac primum provinciam attigisset, inermem se in conspectum exercituum proditurum,

bitudes de luxe et de paresse ; loin de là, une nouvelle heureuse étant arrivée de province, on le vit, à un souper splendide, réciter des vers qui se répandirent ensuite : les chefs de la défection y étaient comblés de ridicule. Néron accompagnait sa déclamation de gestes bouffons. Il se fit porter secrètement au théâtre, et fit dire à un acteur qui plaisait beaucoup, « qu'il abusait des avantages [185] que lui procuraient les occupations de l'empereur. »

XLIII. On croit que dès le commencement de la sédition il avait conçu de nombreux et de vastes projets dont la nature ne répugnait pas à son caractère. Il voulait envoyer aux commandans des armées et des provinces des meurtriers et des successeurs, comme si tous avaient conspiré, et comme si tous étaient animés du même esprit. Il voulait massacrer les exilés en quelque lieu qu'ils fussent, et tout ce qu'il y avait de Gaulois dans la ville ; car il craignait que les premiers ne se joignissent aux insurgés, et regardait les autres comme les complices et les fauteurs de leurs compatriotes. Enfin, il voulait abandonner les Gaules au pillage des armées, empoisonner tout le sénat [186] en l'invitant à des festins, brûler la ville, et, en même temps, lâcher les bêtes féroces pour que le peuple ne pût se défendre des ravages du feu [187]. Il fut détourné de ces projets bien moins par le repentir que par l'impossibilité de l'exécution. Pensant alors qu'une expédition était nécessaire, il priva les consuls de leur charge [188] avant le temps, et géra seul le consulat pour tous deux, sous prétexte que le destin avait décidé que les Gaules ne pourraient être soumises que par lui, en qualité de consul. Il prit donc les faisceaux, sortit de la salle à man-

nec quicquam aliud quam fleturum; revocatisque ad pœnitentiam defectoribus, sequenti die lætum inter lætos cantaturum epinicia, quæ jam nunc sibi componi oporteret. »

XLIV. In præparanda expeditione primam curam habuit deligendi vehicula portandis scenicis organis, concubinasque, quas secum educeret, tondendi ad virilem modum, et securibus peltisque amazonicis instruendi. Mox tribus urbanas ad sacramentum citavit; ac nullo idoneo respondente, certum dominis servorum numerum indixit; nec, nisi ex tota cujusque familia probatissimos, ne dispensatoribus quidem aut amanuensibus exceptis, recepit. Partem etiam census omnes ordines conferre jussit : et insuper inquilinos privatarum ædium atque insularum pensionem annuam repræsentare fisco : exegitque ingenti fastidio et acerbitate nummum asperum, argentum pustulatum, aurum ad obrussam : ut plerique omnem collationem palam recusarent, consensu flagitantes, « a delatoribus potius revocanda præmia, quæcunque cepissent. »

XLV. Ex annonæ quoque caritate [lucranti] accrevit invidia. Nam et forte accidit, ut in publica fame alexandrina navis nunciaretur pulverem luctatoribus aulicis advexisse. Quare omnium in se odio incitato,

ger après son dîner, et s'appuya sur les épaules de ses amis. Il dit que « dès qu'il aurait touché le sol de la province, il se montrerait sans armes aux yeux de l'armée, et ne ferait que pleurer; qu'aussitôt les séditieux seraient saisis de repentir, et que, dès le lendemain, on le verrait, joyeux parmi les joyeux, entonner un hymne de victoire, qu'il allait composer sur-le-champ. »

XLIV. Dans ses préparatifs, son premier soin fut de choisir des voitures pour le transport de ses instrumens de musique, et de faire tondre, à la mode des hommes, les concubines qu'il emmenait, et qu'il arma de la hache et du baudrier des Amazones. Ensuite, il cita les tribus urbaines [189] pour recevoir leur serment militaire; mais, personne de ceux qui étaient en état de porter les armes ne répondant à l'appel, il exigea des maîtres un certain nombre d'esclaves, et prit dans chaque maison les meilleurs, sans en excepter même les économes et les écrivains. Il ordonna à tous les ordres de l'état de contribuer d'une partie de leur fortune, et aux locataires de maisons particulières et publiques [190] de verser au fisc une année de loyer. Il tenait avec une rigueur particulière à ce que les espèces fussent neuves, l'argent pur, l'or éprouvé; si bien que beaucoup de personnes refusèrent ouvertement de rien donner, en s'écriant « qu'il ferait beaucoup mieux de reprendre aux délateurs les récompenses qu'ils avaient reçues de lui. »

XLV. La cherté des grains augmenta encore la haine qu'on lui portait [191]. Au milieu de la famine publique, on annonça qu'un navire d'Alexandrie avait amené du sable pour les lutteurs de la cour. Aussi Néron, devenu l'objet de l'animosité universelle, subit toutes sortes d'outrages.

nihil contumeliarum defuit, quin subiret. Statuæ ejus a vertice cirrus appositus est cum inscriptione græca, « Nunc demum agona esse, » et « Traderet tandem. » Alterius collo et ascopera deligata, simulque titulus : « Ego quid potui? sed tu culeum meruisti. » Ascriptum et columnis, « Jam Gallos eum cantando excitasse. » Jam noctibus jurgia cum servis plerique simulantes, crebro *Vindicem* poscebant.

XLVI. Terrebatur ad hoc evidentibus portentis somniorum et auspiciorum et ominum, quum veteribus, tum novis. Nunquam antea somniare solitus, occisa demum matre, vidit per quietem, navem sibi regenti extortum gubernaculum; trahique se ab Octavia uxore in artissimas tenebras : et modo pennatarum formicarum multitudine oppleri, modo a simulacris gentium, ad Pompeii theatrum dedicatarum, circumiri, arcerique progressu; Asturconem, quo maxime lætabatur, posteriore corporis parte in simiæ speciem transfiguratum, ac tantum capite integro, hinnitus edere canoros. De mausoleo, sponte foribus patefactis, exaudita vox est nomine eum cientis. Kalendis januarii exornati Lares in ipso sacrificii apparatu conciderunt. Auspicanti Sporus annulum muneri obtulit, cujus gemmæ sculptura erat « Proserpinæ raptus. » Votorum nuncupatione, magna jam ordinum frequentia, vix repertæ Capitolii claves. Quum ex oratione ejus, qua in Vindicem perorabat, recitaretur in

On suspendit sur la tête d'une de ses statues une boucle de cheveux [192] avec cette inscription grecque : « Voici enfin le moment du combat; » et celle-ci : « Qu'il le donne donc enfin. » On attacha un sac au col d'une autre de ses statues, et l'on y inscrivit : « Qu'ai-je pu faire [193]? mais toi, tu as mérité le sac. » Enfin, on écrivit sur des colonnes « que, par ses chants, il avait réveillé les Gaulois (les coqs). » Pendant la nuit, beaucoup de personnes, feignant de se disputer avec des esclaves, réclamaient à grands cris un *Vindex* [194].

XLVI. A cela se joignaient les signes les plus évidens que puissent fournir les songes ou les auspices, soit par des présages anciens, soit par des prodiges nouveaux. Lui, qui ordinairement ne rêvait pas, eut, après avoir assassiné sa mère, un songe dans lequel on lui arrachait le gouvernail d'un navire qu'il dirigeait; il se vit entraîner par sa femme Octavie dans les plus épaisses ténèbres, et il lui sembla qu'il était couvert par une nuée de fourmis volantes. De plus, il rêva qu'auprès du théâtre de Pompée, les statues représentant les diverses nations [195] s'approchaient de lui pour lui fermer le passage; le cheval d'Asturie [196], qu'il préférait, lui parut se changer en singe par la partie postérieure, et, ne gardant du cheval que la tête, il poussa des hennissemens très-sonores. Les portes du mausolée s'ouvrirent d'elles-mêmes [197], et l'on entendit une voix qui l'appelait. Les Lares ornés pour le premier janvier tombèrent au milieu des préparatifs du sacrifice. Néron voulant prendre les auspices, Sporus lui fit cadeau d'un anneau dont la pierre représentait l'enlèvement de Proserpine. Au moment de prononcer des vœux publics, où tous les ordres de

senatu, « daturos pœnas sceleratos, ac brevi dignum exitum facturos, » conclamatum est ab universis : « Tu facies, Auguste. » Observatum etiam fuerat, novissimam fabulam cantasse eum publice « OEdipodem exsulem, » atque in hoc desisse versu :

Θανεῖν μ' ἄνωγε σύγγαμος, μήτηρ, πατήρ.

XLVII. Nunciata interim etiam ceterorum exercituum defectione, litteras prandenti sibi redditas concerpsit, mensam subvertit, duos scyphos gratissimi usus, quos Homerios a cælatura carminum Homeri vocabat, solo illisit, ac sumto a Locusta veneno, et in auream pyxidem condito, transiit in hortos Servilianos. Ubi, præmissis libertorum fidissimis Ostiam ad classem præparandam, tribunos centurionesque prætorii de fugæ societate tentavit. Sed partim tergiversantibus, partim aperte detrectantibus, uno vero etiam proclamante,

Usque adeone mori miserum est ?

varia agitavit : Parthosne, an Galbam supplex peteret, an atratus prodiret in publicum, proque Rostris, quanta maxima posset miseratione, veniam præteritorum precaretur, ac, ni flexisset animos, vel Ægypti præfecturam concedi sibi oraret. Inventus est postea in scrinio ejus hac de re sermo formatus : sed deterritum putant, ne

l'état se pressaient en foule, on eut peine à trouver les clefs du Capitole. Lorsqu'on lut dans le sénat ce passage du discours qu'il fit contre Vindex : « Les scélérats seront punis, et, dans peu, fourniront un exemple mérité, » tous s'écrièrent : « Vous le fournirez, César [198] ! » On observa aussi que, dans *OEdipe exilé*, dernière pièce qu'il ait jouée en public, il finit par ce vers :

« Ma femme, ma mère, mon père [99] demandent ma mort. »

XLVII. Cependant, on annonça aussi la défection des autres armées; Néron mit en pièces les lettres qui le lui apprirent pendant son repas; il renversa la table, et brisa contre terre deux vases qu'il affectionnait beaucoup, et qu'il appelait Homériques, parce que leurs sculptures représentaient des sujets tirés des poëmes d'Homère; puis il se fit donner du poison par Locuste, le renferma dans une boîte d'or, et passa dans les jardins de Servilius [200]. De là, il envoya à Ostie ses plus fidèles affranchis pour y préparer une flotte, et sonda les tribuns et les centurions du prétoire, pour en faire les compagnons de sa fuite. Mais, les uns hésitèrent, les autres refusèrent sans détour; l'un d'eux s'écria même :

« Est-ce donc un si grand mal que de mourir ? »

Alors Néron roula divers projets dans sa tête : irait-il, en suppliant, trouver les Parthes ou Galba ? ou bien paraîtrait-il en public en habit de deuil, pour demander du haut de la tribune, et de la voix la plus lamentable, qu'on lui pardonnât tout ce qu'il avait fait. Il espérait, s'il ne parvenait à toucher les cœurs, obtenir du moins la préfecture d'Égypte [201]. Effectivement, l'on trouva

prius, quam in Forum perveniret, discerperetur. Sic cogitatione in posterum diem dilata, ad mediam fere noctem excitatus, ut comperit, stationem militum recessisse, prosiluit e lecto, misitque circum amicos. Et quia nihil a quoquam renunciabatur, ipse cum paucis hospitia singulorum adiit. Verum clausis omnium foribus, respondente nullo, in cubiculum rediit, unde jam et custodes diffugerant, direptis etiam stragulis, amota et pyxide veneni. Ac statim Spiculum mirmillonem, vel quemlibet percussorem, cujus manu periret, requisivit : et, nemine reperto, « Ergo ego, » inquit, « nec amicum habeo, nec inimicum? » procurritque, quasi præcipitaturus se in Tiberim.

XLVIII. Sed revocato rursus impetu, aliquid secretioris latebræ ad colligendum animum desideravit : et offerente Phaonte liberto suburbanum suum inter Salariam et Nomentanam viam circa quartum milliarium, ut erat nudo pede atque tunicatus, pænulam obsoleti coloris superinduit : adopertoque capite, et ante faciem obtento sudario, equum inscendit, quatuor solis comitantibus, inter quos et Sporus erat. Statimque tremore terræ, et fulgure adverso pavefactus, audiit ex proximis castris clamorem militum, et sibi adversa, et Galbæ prospera ominantium : etiam ex obviis viatoribus quemdam dicentem, « Hi Neronem persequuntur; » alium sciscitantem, « Ecquid in Urbe novi de Nerone? » Equo

parmi ses papiers un discours préparé dans cette vue : la seule chose qui l'empêcha de le prononcer, c'est la crainte d'être mis en pièces avant d'arriver au Forum. Il remit donc au lendemain l'exécution de son projet; mais, s'étant réveillé vers minuit, il apprit que le poste l'avait quitté, sauta de son lit, et envoya chercher ses amis. Comme on ne lui disait rien de la part de personne, il alla avec peu de monde se présenter à eux [202] : toutes leurs portes étaient fermées, nul ne lui répondit. Alors, il revint vers sa chambre d'où les gardes s'étaient enfuies, en emportant jusqu'à ses couvertures et la boîte d'or où était le poison. Il demanda aussitôt le gladiateur Spiculus [203] ou tout autre qui voulût l'égorger; et, ne trouvant personne pour cela, il dit : « Je n'ai donc ni ami ni ennemi [204], » et courut comme s'il allait se précipiter dans le Tibre.

XLVIII. Mais, revenu de ce premier mouvement, il souhaita la retraite pour rassembler ses esprits : Phaon, son affranchi, lui offrit sa maison de campagne, située vers le quatrième milliaire, entre la voie Salaria et la voie Nomentana. Néron monta à cheval, en tunique et pieds nus, comme il se trouvait; seulement, il s'enveloppa d'un manteau dont la couleur était passée, se couvrit le visage d'un mouchoir, et partit, n'ayant pour suite que quatre personnes [205], parmi lesquelles était Sporus. Aussitôt, un tremblement de terre et un éclair jetèrent l'épouvante dans son âme : on entendait, dans le camp voisin, les cris des soldats qui souhaitaient malheur à Néron, et succès à Galba; l'un des voyageurs qu'on rencontra s'écria : « Ceux-ci cherchent Néron ! » Un autre demanda : « Que dit-on à Rome de Néron? » Son cheval ayant été effarouché de l'odeur d'un cada-

autem odore abjecti in via cadaveris consternato, detecta facie agnitus est a quodam missicio prætoriano, et salutatus. Ut ad deverticulum ventum est, dimissis equis inter fruticeta ac vepres, per arundineti semitam ægre, nec nisi strata sub pedibus veste, ad aversum villæ parietem evasit. Ibi hortante eodem Phaonte, ut interim in specum egestæ arenæ concederet, negavit, « se vivum sub terram iturum : » ac parumper commoratus, dum clandestinus ad villam introitus pararetur, aquam ex subjecta lacuna poturus manu hausit; et, « Hæc est, » inquit, « Neronis decocta. » Dein, divulsa sentibus pænula, trajectos surculos rasit : atque ita quadrupes per angustias effossæ cavernæ receptus in proximam cellam, decubuit super lectum, modica culcita, vetere pallio strato instructum. Fameque interim et siti interpellante, panem quidem sordidum oblatum aspernatus est, aquæ autem tepidæ aliquantum bibit.

XLIX. Tunc unoquoque hinc inde instante, ut quam primum se impendentibus contumeliis eriperet, scrobem coram fieri imperavit, dimensus ad corporis sui modulum : componique simul, si qua invenirentur, frusta marmoris, et aquam simul ac ligna conferri, curando mox cadaveri, flens ad singula, atque identidem dictitans : « Qualis artifex pereo ! » Inter moras perlatos a cursore Phaontis codicillos præripuit, legitque, « se hostem a se-

vre abandonné sur la route, ce mouvement le força à se découvrir le visage, et tout aussitôt un ancien soldat prétorien le reconnut [206] et le salua. Quand on arriva à la traverse [207], on renvoya les chevaux, et l'on marcha avec tant de difficulté sur un sentier couvert de joncs, entre les haies et les épines, que, pour parvenir derrière la *villa* de Phaon, Néron fut obligé de mettre son manteau sous ses pieds. Phaon lui conseilla de se retirer dans une carrière dont on avait extrait du sable, mais il répondit « qu'il ne voulait pas s'enterrer tout vif. » Tandis qu'il s'arrêtait quelques instans pour donner le temps de pratiquer une entrée secrète dans cette maison de campagne, il puisa de l'eau d'une mare dans le creux de sa main et dit : « Voilà donc le rafraîchissement de Néron [208] ! » puis il se mit à arracher les ronces dont son manteau était percé [209]; enfin, il se traîna sur les mains à travers une ouverture fort étroite jusque dans la chambre la plus voisine, où il se coucha sur un lit garni d'un mauvais matelas et d'une vieille couverture. La faim et la soif le tourmentaient de temps à autre, mais il refusa le pain grossier qu'on lui présentait, et ne but qu'un peu d'eau tiède.

XLIX. Cependant on le pressait de tous côtés de se soustraire le plus tôt possible aux outrages qui le menaçaient; il ordonna donc de creuser devant lui une fosse [210] dont il mesura l'étendue sur la grandeur de son corps. Il voulut qu'on fît la recherche de quelques fragmens de marbre, et que l'on apportât de l'eau et du bois pour rendre les derniers devoirs à ses restes. Pendant ces préparatifs, il pleurait, et ne cessait de répéter : « Quel grand artiste périt en ce moment ! » Tandis qu'il hésitait, arriva un coureur de Phaon; il s'em-

natu judicatum, et quæri, ut puniatur more majorum : » interrogavitque, quale id genus esset pœnæ. Et quum comperisset, nudi hominis cervicem inseri furcæ, corpus virgis ad necem cædi ; conterritus, duos pugiones, quos secum extulerat, arripuit; tentataque utriusque acie, rursus condidit, causatus, « nondum adesse fatalem horam. » Ac modo Sporum hortabatur, ut lamentari ac plangere inciperet : modo orabat, ut se aliquis ad mortem capessendam exemplo juvaret : interdum segnitiem suam his verbis increpabat : « Vivo deformiter ac turpiter : οὐ πρέπει Νέρωνι, οὐ πρέπει· νήφειν δεῖ ἐν τοῖς τοιούτοις· ἄγε ἔγειρε σεαυτόν. » Jamque equites appropinquabant, quibus præceptum erat, ut vivum eum attraherent. Quod ut sensit, trepidanter effatus,

Ἵππων μ' ὠκυπόδων ἀμφὶ κτύπος οὔατα βάλλει,

ferrum jugulo adegit, juvante Epaphrodito a libellis. Semianimisque adhuc irrumpenti centurioni, et, pænula ad vulnus apposita, in auxilium se venisse simulanti, non aliud respondit, quam « Sero, » et, « Hæc est fides! » Atque in ea voce defecit, exstantibus rigentibusque oculis usque ad horrorem formidinemque visentium. Nihil prius aut magis a comitibus exegerat, quam ne potestas cui-

para vivement d'un billet qu'apportait ce courrier, et vit que le sénat l'avait déclaré « ennemi public, » et qu'on le cherchait pour le punir selon les lois des anciens [211]. Alors il demanda quel était ce genre de peine, et comme on lui dit qu'on appliquait une fourche au cou du coupable, et qu'on le battait de verges jusqu'à ce qu'il expirât, il en fut tellement épouvanté, qu'il s'empara de deux poignards qu'il avait apportés ; mais, après en avoir éprouvé le tranchant, il les remit dans leur gaîne, en disant « que l'heure fatale n'était pas encore venue. » Tantôt il engageait Sporus à entonner les lamentations, à commencer les pleurs ; tantôt il demandait que quelqu'un l'encourageât à mourir, en lui en donnant l'exemple ; tantôt, enfin, il accusait lui-même sa lâcheté, et répétait : « Je vis honteusement, ignominieusement [212] ; » puis il ajoutait en grec : « Cela ne sied pas à Néron, cela ne lui sied pas : dans de pareilles occasions, il faut être délibéré ; allons, réveillons-nous. » Déjà, cependant, s'approchaient les cavaliers qui avaient ordre de l'emmener vivant. Quand il l'apprit, il prononça en tremblant ce vers grec :

« Mes oreilles sont frappées du bruit des chevaux à la course rapide ; »

puis, avec le secours d'Épaphrodite, son secrétaire, il s'enfonça dans le cou la pointe de son glaive. Il était à demi mort quand le centurion entra ; celui-ci appliqua son manteau sur la plaie, et feignit d'être venu à son secours. Néron ne répondit que ces mots : « Il est trop tard ; » puis ceux-ci : « C'est là de la fidélité ! » Il expira en les prononçant : ses yeux étaient hors de sa tête, et fixes jusqu'à saisir d'horreur et d'effroi tous les assistans.

quam capitis sui fieret; sed ut, quoquo modo, totus cremaretur. Permisit hoc Icelus, Galbæ libertus, non multo ante vinculis exsolutus, in quæ primo tumultu conjectus fuerat.

L. Funeratus est impensa ducentorum millium, stragulis albis auro intextis, quibus usus kalendis januarii fuerat. Reliquias Ecloge et Alexandra nutrices cum Acte concubina gentili Domitiorum monumento condiderunt, quod prospicitur e campo Martio, impositum colli hortorum. In eo monumento solium Porphyretici marmoris, superstante Lunensi ara, circumseptum est lapide Thasio.

LI. Statura fuit prope justa, corpore maculoso et fœtido; sufflavo capillo, vultu pulchro magis, quam venusto, oculis cæsiis et hebetioribus, cervice obesa, ventre projecto, gracillimis cruribus, valetudine prospera. Nam, qui luxuriæ immoderatissimæ esset, ter omnino per quatuordecim annos languit, atque ita, ut neque vino, neque consuetudine reliqua abstineret. Circa cultum habitumque adeo pudendus, ut comam semper in gradus formatam, peregrinatione Achaica, etiam pone verticem summiserit; ac plerumque synthesinam indutus, ligato circum collum sudario, prodierit in publicum, sine cinctu, et discalciatus.

Il avait insisté d'une manière toute particulière près de ceux qui l'avaient accompagné, et en avait obtenu la promesse qu'on n'abandonnerait sa tête à personne, mais qu'on le brûlerait tout entier, et comme on le pourrait. Icelus, affranchi de Galba, y consentit; cet Icelus venait d'être délivré des fers dans lesquels on l'avait jeté au commencement de l'insurrection.

L. Les funérailles de Néron coûtèrent deux cent mille sesterces*; on se servit pour l'ensevelir d'une étoffe blanche brodée d'or, qu'il avait portée aux calendes de janvier; ses nourrices Eclogé et Alexandra, avec sa concubine Acté, déposèrent ses restes dans le monument des Domitius, celui que, du Champ-de-Mars, on aperçoit au dessus de la colline des Jardins. La tombe est de porphyre; elle porte un autel de marbre de Luna; enfin, elle est entourée d'une balustrade de marbre de Thasos [213].

LI. Il était de taille ordinaire; son corps était couvert de taches et fort dégoûtant; ses cheveux étaient blonds; il avait la physionomie plutôt belle qu'agréable, les yeux bleus et faibles, le cou fort, le ventre en avant, les cuisses maigres. Il jouissait d'une bonne santé; quoiqu'il se livrât aux débauches les plus effrénées, il ne fut malade que trois fois en quatorze ans; encore ne le fut-il pas au point de s'abstenir du vin, ou de rien changer à ses habitudes. Il était si peu décent dans sa tenue, qu'en Achaïe il laissa retomber sur sa nuque sa chevelure qui, d'ailleurs, était toujours disposée par étages, et que, souvent, il parut en public en robe de chambre, avec un mouchoir noué autour du cou, sans ceinture et sans chaussures.

* 36,760 francs.

LII. Liberales disciplinas omnes fere puer attigit. Sed a philosophia eum mater avertit, monens, imperaturo contrariam esse : a cognitione veterum oratorum Seneca præceptor, quo diutius in admiratione sui detineret. Itaque ad poeticam pronus, carmina libenter ac sine labore composuit : nec, ut quidam putant, aliena pro suis edidit. Venere in manus meas pugillares libellique cum quibusdam notissimis versibus, ipsius chirographo scriptis : ut facile appareret, non translatos, aut dictante aliquo exceptos, sed plane quasi a cogitante atque generante exaratos; ita multa et deleta, et inducta, et superscripta inerant. Habuit et pingendi, fingendique maxime, non mediocre studium.

LIII. Maxima autem popularitate efferebatur, omnium æmulus, qui quoquo modo animum vulgi moverent. Exiit opinio, post scenicas coronas proximo lustro descensurum eum ad Olympia inter athletas. Nam et luctabatur assidue : nec aliter certamina gymnica tota Græcia spectaverat, quam brabeutarum more in stadio humi assidens, ac, si qua paria longius recessissent, in medium manibus suis protrahens. Destinaverat etiam, quia Apollinem cantu, Solem aurigando æquiparare existimaretur, imitari et Herculis facta; præparatumque leonem aiunt, quem vel clava, vel brachiorum nexibus, in Amphitheatri arena, spectante populo, nudus elideret.

LII. Dès son enfance, il s'appliqua aux études libérales ; mais sa mère l'éloigna de la philosophie, qu'elle lui représentait comme nuisible à celui qui devait régner ; et son maître Sénèque le détourna de la connaissance des anciens orateurs, afin de s'assurer pour plus de temps son admiration. Disposé à la poésie [214], il faisait des vers avec plaisir et sans travail. Il est faux, comme le croient quelques personnes, qu'il ait donné pour siens ceux d'autrui. J'ai eu entre les mains des tablettes et des papiers où se trouvaient quelques vers fort connus : ils étaient tracés de sa main, et l'on voyait bien qu'ils n'étaient ni copiés, ni écrits sous la dictée, tant il y avait de ratures, de mots effacés et d'intercalations. Il s'appliqua aussi avec beaucoup d'ardeur à la peinture et principalement à la sculpture [215].

LIII. Jaloux surtout de plaire au peuple, il était le rival de quiconque agissait sur la multitude, par quelque moyen que ce fût. Après ses succès de théâtre, l'opinion générale était qu'au prochain lustre il irait à Olympie se mêler aux athlètes. Il s'exerçait assidûment à la lutte, et dans toute la Grèce, lorsqu'il assistait aux combats gymniques, c'était, à la manière des juges, en s'asseyant à terre dans le stade : si quelques couples s'éloignaient trop, il les ramenait au centre en les saisissant de sa main. Voyant qu'on le comparait à Apollon pour le chant, au Soleil pour l'art de diriger un char, il résolut d'imiter aussi les actions d'Hercule ; on assure même que l'on avait déjà préparé le lion qu'il devait combattre tout nu, afin de l'écraser de sa massue, ou de l'étouffer dans ses bras, au milieu de l'arène et sous les yeux du peuple.

LIV. Sub exitu quidem vitæ palam voverat, si sibi incolumis status permansisset, proditurum se partæ victoriæ ludis etiam hydraulam, et choraulam, et utricularium, ac novissimo die histrionem, saltaturumque Virgilii Turnum. Et sunt, qui tradant, Paridem histrionem occisum ab eo, quasi gravem adversarium.

LV. Erat illi æternitatis perpetuæque famæ cupido, sed inconsulta; ideoque multis rebus ac locis vetere appellatione detracta, novam induxit ex suo nomine. Mensem quoque Aprilem Neroneum appellavit. Destinaverat et Romam Neropolin nuncupare.

LVI. Religionum usquequaque contemtor, præter unius deæ Syriæ. Hanc mox ita sprevit, ut urina contaminaret; alia superstitione captus, in qua sola pertinacissime hæsit. Siquidem icunculam puellarem quum quasi remedium insidiarum a plebeio quodam et ignoto muneri accepisset, detecta confestim conjuratione, pro summo numine, trinisque in die sacrificiis, colere perseveravit : volebatque credi monitione ejus futura prænoscere. Ante paucos, quam periret, menses, attendit et extispicio, nec unquam litavit.

LVII. Obiit secundo et tricesimo ætatis anno, die, quo quondam Octaviam interemerat, tantumque gau-

LIV. Sur la fin de sa vie, il avait fait vœu, pour le cas où l'empire lui resterait, de paraître aux jeux qui seraient célébrés en l'honneur de sa victoire, et d'y jouer de l'orgue hydraulique [216] et de la flûte, ainsi que de la cornemuse ; enfin, il devait, au dernier jour de ces jeux, danser le Turnus de Virgile. Il y a des auteurs qui prétendent qu'il fit périr l'histrion Pâris [217], qu'il regardait comme un trop redoutable adversaire.

LV. Il avait un désir inconsidéré de perpétuer sa mémoire et de vivre dans la postérité ; c'est pourquoi il anéantit les anciens noms de beaucoup de choses et de lieux, pour y substituer des noms dérivés du sien. Il appela aussi Néronien le mois d'avril [218] ; enfin, il avait décidé que Rome désormais se nommerait Néropolis [219].

LVI. Il affichait un entier mépris de la religion, excepté pour le culte de la déesse Syria ; mais, dans la suite, il en fit si peu de cas, qu'il ne craignit pas de la souiller de son urine : il s'était, en effet, voué à une autre superstition, dans laquelle il persista avec obstination. Un plébéien inconnu lui avait fait cadeau d'une petite statue représentant une jeune fille : ce devait être un préservatif contre les embûches qu'on lui tendrait ; comme il advint que, dans le même temps, une conjuration fut découverte, il fit de cette idole sa divinité suprême, et continua à l'honorer de trois sacrifices par jour. Il voulait qu'on crût qu'elle lui faisait connaître l'avenir. Quelques mois avant sa mort, il voulut observer les entrailles des victimes, sans qu'il en pût jamais tirer un heureux présage.

LVII. Il mourut en la trente-deuxième année de son âge [220], le jour même où il avait autrefois fait périr Oc-

dium publice præbuit, ut plebs pileata tota Urbe discurreret. Et tamen non defuerunt, qui per longum tempus vernis æstivisque floribus tumulum ejus ornarent; ac modo imagines prætextatas in Rostris proferrent, modo edicta, quasi viventis, et brevi magno inimicorum malo reversuri. Quin etiam Vologesus, Parthorum rex, missis ad senatum legatis de instauranda societate, hoc etiam magno opere oravit, ut Neronis memoria coleretur. Denique, quum post viginti annos, adolescente me, exstitisset conditionis incertæ, qui se Neronem esse jactaret, tam favorabile nomen ejus apud Parthos fuit, ut vehementer adjutus, et vix redditus sit.

tavie. La joie publique en fut telle, que le peuple, coiffé de chapeaux[221], courait çà et là par toute la ville. Cependant, il se trouva des gens qui ornèrent long-temps encore son tombeau des fleurs du printemps et de l'été, et qui tantôt apportaient à la tribune aux harangues les images de Néron représenté en robe prétexte, tantôt y lisaient des proclamations qu'on lui attribuait, comme s'il vivait, comme s'il devait revenir[222] peu de temps après pour tirer vengeance de tous ses ennemis. Vologesus, roi des Parthes, envoya au sénat des députés pour renouveler son alliance, et il insista beaucoup pour qu'on honorât la mémoire de Néron. Enfin, vingt ans après sa mort, pendant mon adolescence, il parut un homme de condition obscure qui se vantait d'être Néron. Le souvenir de cet empereur était si cher aux Parthes, qu'ils appuyèrent fortement cet aventurier, et ne se décidèrent qu'avec peine à le livrer.

NOTES

SUR NÉRON.

1. *Dans la maison Domitia, deux familles...* Nous avons rendu par maison le mot latin *gens*, dont nous avons déjà expliqué le véritable sens, en renvoyant aux profondes remarques de Niébuhr. La *gens* comprenait ordinairement plusieurs familles unies souvent par une commune origine, mais toujours par une communauté de sacrifices et de rites religieux. Les *gentes* étaient plutôt des familles politiques que des familles selon la parenté du sang. *Voyez* aussi la définition de Cicéron dans les *Topiques*, ch. 29.

2. *Deux jeunes gens.* Ce sont les Dioscures. Cicéron (*de Natur. Deor.*) parle de cette apparition, qui annonçait la victoire remportée sur Persée. Plutarque raconte ce fait dans sa *Biographie de Paul-Émile*, ch. 25.

3. *D'un triomphe*, et non de deux triomphes, comme le traduit La Harpe, qui étend mal-à-propos le sens de *duplici*, lequel ne s'attache qu'à la censure. En vain Ernesti veut-il joindre au triomphe de Cn. Ænobarbus sur les Allobroges celui de Calvinus sur les Espagnols, il n'est ici question que de la famille des Ænobarbus. Ce Domitius, qui triompha des Allobroges et des Arvernes, fut consul en 632 avec C. Fannius, et censeur avec Metellus en 639. L'autre censeur fut encore un Cneius, fils de celui-là, qui remplit cette charge avec L. Crassus l'orateur, en 662.

4. *Il enleva aux collèges.* Suétone paraît ici confondre le père avec le fils : ce fut le père qui triompha des Allobroges; ce fut le fils qui, tribun du peuple en 650, fit cette loi sur les collèges des prêtres.

5. *Et périt enfin à la bataille de Pharsale.* César (*de Bell. Civ.*, III, 99, p. 131 de notre édition) dit : « L. Domitius, au moment

où il s'enfuyait du camp pour gagner la montagne, tomba de lassitude et fut tué par la cavalerie. »

6. *Qu'il rendit le poison.* Pline l'Ancien, liv. VII, p. 141 de notre édition, dit : « L. Domitius, d'une famille illustre, ayant été vaincu près de Marseille, et pris par César à Corfinium, s'empoisonna de désespoir; mais à peine eut-il avalé le breuvage fatal, qu'il mit tout en œuvre pour ne pas mourir. » Sénèque (*de Beneficiis*, III, 24) et Plutarque, dans la *Vie de César*, racontent le même fait, quoique un peu différemment.

7. *Condamné, par la loi Pedia.* La loi Pedia, portée par Pedius, collègue de César dans leur consulat, interdisait l'eau et le feu à tous les meurtriers de ce grand homme.

8. *La flotte qu'ils lui avaient confiée.* Pendant la guerre de Philippes, il tint la mer d'Ionie et fit beaucoup de mal au parti des triumvirs (*Voy.* APPIEN, *Guerre Civ.*, l. IV et V; DION, XLVIII, 7).

9. *Les plus grandes dignités.* Domitius fut consul avec Sosius en 722. *Voyez* sur son passage du côté d'Auguste, PLUTARQUE, *Anton.*, 63; DION, l. 13, et VELLEIUS PATERCULUS, II, 84. Ce dernier dit que, seul de tous les partisans d'Antoine, Domitius n'avait jamais salué Cléopâtre du nom de reine.

10. *L'exécuteur testamentaire d'Auguste.* Je regrette de n'avoir pu conserver la belle expression juridique latine pour laquelle nous n'avons pas d'équivalent, *emtor familiæ pecuniæque*. *L'acheteur de la famille et de la fortune* rappelle cette formule usitée *per æs et libram*. Par la famille on entend l'ensemble de son avoir. Il faut recourir au président Brisson sur les *Formules*, l. VIII, p. 586, puis aux *Antiquités du droit romain*, d'Heineccius, II, 10.

11. *La guerre de Germanie,* celle de Tibère. Tacite nous dit que Domitius passa l'Elbe, et pénétra plus avant que ne l'avait fait aucun Romain.

12. *Le censeur L. Plancus.* Ce fut le dernier choisi parmi les simples citoyens : il géra sa charge en 732.

13. *Il eut d'Antonia l'aînée.* Les auteurs se sont beaucoup égarés en parlant de cette femme. A lire Dion, on croirait qu'il con-

fond le père avec le fils, et la donne pour épouse à celui-là. Tacite dit que Domitius épousa la plus jeune Antonia, que Suétone marie à Drusus.

14. *Accompagné en Orient le jeune César.* C'est le fils d'Auguste qui mourut en Lycie en 757. *Voyez* notre note 184, p. 335 du tom. I.

15. *Privait les courtiers du prix de ce qu'il achetait.* Sans doute ils étaient responsables envers les vendeurs de tout ce que l'on faisait crier, soit chez eux, soit par leur ministère. Il n'est pas question ici du salaire de leurs vacations.

16. *Pyrgès* ou *Pyrgi*. Ville d'Étrurie. *Voy.* Cellarius, II, p. 375.

17. *Neuf mois après la mort de Tibère.* Tibère mourut au mois de mars 790; Néron naquit au mois de décembre de la même année : il arriva à l'empire en 807 à l'âge de dix-sept ans.

18. *Il fut frappé de ses rayons avant que de toucher la terre.* Plusieurs interprètes entendent ce passage en ce sens, que les rayons du soleil touchèrent Néron avant d'arriver à la terre; mais toute grammaticale que puisse être cette version entre les mains d'un écolier, on oublie, en l'approuvant, que c'était, chez les Romains, un usage que de faire toucher la terre aux enfans qui venaient de naître. La véritable interprétation est que Néron fut touché par les rayons du soleil avant de l'être par la terre, et, de la sorte, nous mettons *terra* à l'ablatif.

19. *Le jour de sa purification.* C'est celui où l'on nommait les enfans. Le *dies lustricus*, ou jour de purification, était pour les garçons le neuvième, pour les filles le huitième.

20. *Crispus Passienus.* C'est le second mari d'Agrippine, celui qu'elle épousa après la mort de Domitius. Ce Passienus est cité par beaucoup d'auteurs. Sénèque vante sa finesse.

21. *La peau d'un serpent.* Tacite en fait aussi mention (l. XI des *Annales*, c. II); il dit que l'opinion générale voulait que Néron enfant eût été gardé par des serpens, mais que ce prince, qui n'était pas disposé à renoncer à rien de ce qui pouvait l'élever, racontait seulement qu'on avait vu un serpent dans sa chambre à coucher.

22. *Dans sa onzième année.* Néron fut adopté en 803, sous le consulat de C. Antistius et de M. Suilius. Aussi Juste-Lipse fait-il remarquer qu'il faudrait lire *duodecimo*, et Oudendorp voudrait *tertio decimo*. L'erreur est facile dans la copie des chiffres XI, XII, XIII.

23. *Appelé Ænobarbus.* Agrippine s'en plaignit amèrement, disant que c'était mépriser l'adoption, et révoquer en famille ce qu'avaient ordonné le sénat et le peuple romain.

24. *Conduit au Forum pour y prendre la toge.* En 805, sous le cinquième consulat de Claude et de Serv. Cornelius Orfitus. Il fut alors décidé que Néron était capable de se mêler des affaires politiques, et l'on convint qu'il serait consul à vingt ans. On le nomma prince de la jeunesse, et on lui confia la puissance proconsulaire en dehors de la ville.

25. *Pour les habitans de Bologne.* Leur ville avait été la proie des flammes. Sur la plaidoirie de Néron, on leur accorda un secours pécuniaire.

26. *Il épousa Octavie.* Sous le consulat de D. Junius et de Q. Staterius; il avait alors seize ans.

27. *Entre la sixième et la septième heure.* C'est-à-dire à midi, le 13 octobre. Les portes du palais s'ouvrirent; Néron parut avec Burrhus, marcha vers la cohorte de garde, fut accueilli par des acclamations et porté en litière. Il y eut néanmoins un peu d'hésitation; on se demandait où était Britannicus. Néron fut porté au camp et promit des présens. Le sénat suivit l'impulsion de l'armée : la province n'y opposa point de résistance.

28. *De magnifiques obsèques à Claude.* Dans son discours, Néron vanta l'antiquité de sa race, les consulats, les triomphes de ses ancêtres. Il rappela le goût de Claude pour les arts libéraux, fit observer que, pendant son règne, l'empire fut respecté par les ennemis extérieurs. On écoutait avec la plus grande attention; mais quand il en vint à louer la sagesse et la prudence de Claude, personne ne put s'empêcher de rire, quoique ce discours eût été composé par Sénèque, et qu'il fût parfaitement écrit.

29. *Une colonie à Antium.* Ce fut en 814. Tacite dit : *Veterani Tarentum et Antium adscripti.*

30. *Par forme de changement de domicile.* Les prétoriens qu'il y envoyait n'avaient pas de domicile ; cela ne regardait que les primipilaires citoyens de Rome. Néron construisit un port à Antium, qui en manquait au temps de Strabon.

31. *Il abolit ou modéra les impôts trop onéreux.* Néron penchait à supprimer toute espèce de tribut, estimant que ce serait un bien beau présent à faire au genre humain. Les sénateurs lui représentèrent que ce serait dissoudre l'empire.

32. *Récompenses assignées par la loi Papia aux délateurs.* Il ne s'agit que des délateurs de faits prévus par la loi Papia Poppéa.

33. *Un traitement annuel pour les plus nobles sénateurs.* Il en accorda un à Valerius Messala, son collègue au consulat en 812. Aurelius Cotta et Haterius Antonius eurent aussi des appointemens, quoiqu'ils se fussent appauvris par leur luxe. La somme indiquée dans le texte est énorme : on serait tenté d'admettre la leçon *quinquagena* proposée par Müller. Toutefois, il faut se rappeler que Néron faisait là une chose extraordinaire.

34. «*Que je voudrais ne pas savoir écrire!*» (Voyez SÉNÈQUE, *de la Clémence*, l. II, c. 81.) Racine a tiré un parti admirable de ce mot célèbre.

35. *Des matrones âgées.* Xiphilin cite Élia Catula, femme très-noble et très-riche, qui dansa aux Juvénales, ayant déjà plus de quatre-vingts ans.

36. *Aux chevaliers des places séparées.* En effet les lois Roscia et Julia ne s'étaient occupées que du théâtre et non des jeux curules (*Voyez* une longue note de Juste-Lipse sur le chap. 32 du liv. xv des *Annales* de Tacite, tom. II, p. 446, de l'édition de M. Lemaire).

37. *Des vaisseaux, des îles et des champs.* En latin tout cela est gouverné par le mot *sparsa*. Mais on voit bien que l'on jetait ou distribuait des billets portant assignation ou gain de tous ces objets.

38. *Amphithéâtre en bois, qui avait été construit en moins d'une année.* Ce fut en 811, sous le consulat de Néron et de L. Pison. Tacite en parle au liv. XIII, ch. 31, des *Annales*.

39. *Il ne laissa périr personne.* C'est-à-dire qu'il ne souffrit pas que personne pérît, pas même les condamnés aux bêtes. Le latin dit *occidit* : littéralement, « il ne tua personne. »

40. *Quarante sénateurs et soixante chevaliers romains.* On lit et on traduit partout de manière à ce qu'il y ait quatre cents sénateurs et six cents chevaliers; mais c'est une absurdité manifeste. En comparant ce que dit Tacite (*Annal.*, l. xiv, 14, et xv, 32) avec ce que rapporte Xiphilin (l. lxi, 9), on ne peut se refuser à la correction de Juste-Lipse, qui propose, au lieu de *quadringentos* et de *sexcentos, quadragenos, sexagenosque,* leçon que j'adopte sans hésiter, mais que, par respect pour le texte, je n'ai point voulu introduire sans avertissement préalable.

41. *Il fit danser la pyrrhique.* Il a déjà été question de ce genre de danse dans la *Vie de César*, c. 39, p. 53 du tome i. *Voyez* aussi Boulenger, i, 51.

42. *Parmi les sujets de ces pyrrhiques.* Je ne sais pas pourquoi; dans une note de l'édition de M. Lemaire, on blâme cette version, en soutenant qu'il faut traduire *pendant la durée du ballet.* Il fallait au moins motiver une assertion de ce genre.

43. *En plein* podium. Le *podium* est aujourd'hui trop connu par les travaux des antiquaires, pour qu'il faille dénaturer l'expression en traduisant que *Néron regardait par une balustrade.* Car, outre que cela lui fait faire une plaisante figure, on ne sait où loger la balustrade.

44. *Il fit présenter l'huile.* C'était une attention à la manière des Grecs. Ce fut à la fondation du Gymnase, qui se rapporte à 815. Quant aux bains, Eutrope nous apprend que ce sont les mêmes que ceux qui furent ensuite appelés bains Alexandrins, du nom d'Alexandre Sévère.

45. *Que les juges lui décernèrent aussi.* Ces juges étaient les consulaires qui présidaient aux jeux.

46. *Déposa les prémices de sa barbe.* Selon Xiphilin, cela se serait fait à la fête des Juvénales, en 812 (*Voyez*, sur l'année où cet usage se pratiquait pour les jeunes Romains, une Dissertation de Juste-Lipse au liv. xiv des *Annales*).

47. *Et les consacra à Jupiter Capitolin.* D'après Xiphilin, quelques commentateurs ont substitué à la leçon *Capitoli*, celle *Jovi Capitolino*. La Harpe est du nombre des traducteurs qui l'ont adoptée. Nous ferons de même.

48. *Il invita les vestales.* Nous avons vu, au ch. 44 d'*Auguste*, que cet empereur avait tenu une conduite tout opposée, et qu'il avait éloigné toutes les femmes du spectacle des athlètes. — Quelques personnes lisent *Olympia* pour *Olympiæ*, et Reinesius élève un doute pour savoir s'il s'agit des jeux olympiques d'Olympie même, ou peut-être de ceux d'Athènes, enfin de ceux de Rome, si toutefois il y en avait. Il vaut mieux laisser aux mots leur sens le plus naturel.

49. *L'entrée de Tiridate à Rome.* Ce fut en 819. Tiridate était un prince fort distingué par ses qualités morales et ses avantages physiques. Il vint à Rome avec un grand cortège : il fut fait partout des frais immenses pour sa route. Sa femme le suivait et portait un casque doré. Néron alla au devant de Tiridate, qui ne voulut jamais rendre son épée, mais la fit clouer dans le fourreau. Néron se conduisit au théâtre de Rome comme un histrion, et Tiridate, qui admirait exclusivement Corbulon, ne concevait pas qu'il pût servir un tel maître.

50. *En montant les degrés.* Le latin dit *per devexum pulpitum*, mais cette expression est relative au lieu où se trouvait placé Néron.

51. *Fut mené au théâtre.* Pline l'Ancien dit aussi que, pour le montrer à Tiridate, Néron couvrit le théâtre d'or (l. XXXIII, 16).

52. *Une couronne de laurier fut portée au Capitole.* Comme cela se pratiquait dans les cérémonies du triomphe. Domitien en agit de même à l'occasion d'un avantage sur les Sarmates (*Voyez* sur cet usage, DEMPSTER, *ad Rosin.*, *Antiquit. rom.*, X, 29).

53. *Comme s'il ne restait plus aucune guerre à terminer.* Ce fut un sénatus-consulte qui ordonna la clôture du temple de Janus.

54. *Quatre fois consul.* La première en 808, avec L. Antonius Vetus; la seconde à un an d'intervalle, en 810, avec L. Calpurnius Pison : il y joignit le troisième consulat en 811, avec M. Valerius

Messala; enfin le quatrième suivit, après un an d'intervalle, en 813. Il y eut pour collègue Cornelius Lentulus Cossus.

55. *Aux demandeurs.* Au sujet de l'introduction de leur action, car il sera question des jugemens de la cause un peu plus bas. Il ne s'agit donc ici que d'une requête préalable.

56. *Sur les points spéciaux de la contestation.* C'est là le véritable sens de *singillatim*, qui signifie qu'il s'arrêtait sur chaque point de la cause, et non, comme le traduit La Harpe, en expédiant plusieurs causes à la fois, ce qui serait absurde. En général, cet illustre critique n'a pas compris un seul mot de tout ce chapitre.

57. *Sur divers sujets.* Plusieurs interprètes joignent les mots de *quibusdam rebus* à la phrase qui précède, en sorte qu'elle signifie qu'il y avait divers sujets d'accorder le triomphe.

58. *Un nouveau genre de construction.* Tacite (l. xv des *Annales*, c. 43) nous dit qu'après l'incendie de Rome on n'en agit pas comme après l'invasion des Gaulois, où tout fut reconstruit sans ordre et d'une manière confuse. Il fut fait un plan, un alignement. Les quartiers furent bien espacés, et Néron promit de payer de ses deniers les portiques.

59. *Livrés au supplice.* On accusait les chrétiens de l'incendie de Rome. Tacite dit qu'ils furent moins convaincus d'être les auteurs de l'incendie, que de s'être rendus odieux au genre humain par toutes sortes de crimes. Il dit encore qu'on ajouta l'outrage au supplice. On couvrait ces chrétiens de peaux de bêtes, et on les faisait déchirer par des chiens, ou bien on les enduisait de poix et on les faisait brûler comme des flambeaux. Orose dit que Néron commit les mêmes horreurs dans les provinces.

60. *Les excès des coureurs de chars.* Il paraît qu'en sortant du Cirque ils parcouraient la ville en demandant des présens pour prix de leur peine, et que souvent ils enlevaient divers objets, sous prétexte de plaisanter.

61. *Passé les cordons dans ces trous.* Le sceau tenant les cordons qui passaient par toutes les tablettes, il n'y avait pas moyen d'y en substituer d'autres (*Voyez* à ce sujet Paul. *Sent.* v, 25).

62. *Seraient présentées vides aux témoins.* Il ne s'agissait que de constater l'identité de la pièce, et non d'en connaître les dispositions (*Voyez* SAUMAISE, *De subscribendis et signandis testamentis*, 1648).

63. *De s'y donner un legs.* Dans le *Digeste*, les jurisconsultes attribuent cette disposition à Claude : il paraît que Néron la reproduisit.

64. *Un salaire juste et modéré pour leurs avocats.* En 550, le tribun Cincius avait fait rendre une loi qui défendait de rien accepter pour la défense des causes, et Auguste avait confirmé cette disposition. Le sénat demandant à Claude de la renouveler, il se contenta de poser des bornes à la cupidité, en fixant pour maximum des honoraires dix mille sesterces (1,948 fr.), et en menaçant des peines de la concussion quiconque demanderait plus. Au commencement du règne de Néron, le sénat défendit de vendre son ministère pour la défense des causes, en rendant à l'ancienne loi toute sa force. Il paraît que, dans la suite, Néron proportionna le salaire à la nature des affaires.

65. *Pour les droits de présence des juges.* C'est ainsi que j'entends le *pro subselliis*.

66. *Devant des arbitres.* Ainsi Néron supprimait une juridiction d'exception.

67. *Retirer son armée de Bretagne.* Il est question, au ch. 39, de la défaite de ses troupes. Eutrope dit que Néron n'osa entreprendre aucune expédition, *nihil omnino ausus*.

68. *Polémon.* Il est beaucoup parlé des Polémons dans Dion. La province de Pont, devenue province de l'agrément de Polémon, fut appelée *Pontus Polemoniacus*. Les Alpes Cottiennes sont celles qui séparaient le Dauphiné du Piémont.

69. *Au point qu'il ne pouvait rien distinguer.* Il ne pouvait voir devant lui. Ces affaiblissemens momentanés de la vue sont très-fréquens chez beaucoup de personnes. Il paraît, d'après ce passage, que les Romains les rangeaient parmi les présages sinistres.

70. *Une expédition vers les portes Caspiennes.* Pline l'Ancien

(l. vi, c. 15, p. 35 du tome v de notre édition) dit : « Les préparatifs menaçans de Néron avaient, dit-on, pour but les portes Caspiennes; le but véritable était le passage qui mène de l'Ibérie chez les Sarmates ; l'exacte juxta-position des montagnes n'en laisse aucun qui mène à la mer Caspienne. »

71. *Terpnus.* Il en est encore question au ch. 29 de *Vespasien.* Xiphilin (l. LXIII, 8) parle aussi de Diodore et de Pammène.

72. *Sur la poitrine une lame de plomb.* La poitrine, oppressée par le poids, devrait sans doute rendre un son plus fort et plus clair. Quant aux lavemens, la voix en profite, en ce qu'ils débarrassent le bas-ventre, dont l'engorgement lui est contraire.

73. *S'abstenait d'alimens contraires à son talent.* Pline nous apprend, qu'à certains jours du mois, Néron, pour l'amour de sa voix, ne mangeait que des porreaux, sans même se permettre le pain (l. XIX, c. 6 [33]).

74. *De la musique qui reste cachée.* Voici le proverbe grec que, contre son usage, Suétone ne donne pas en original : Τῆς λανθανούσης μουσικῆς οὐδεὶς λόγος.

75. *Ce fut à Naples qu'il débuta.* En 817, sous le consulat de C. Lecanius et de M. Licinius. Jusque là il n'avait chanté qu'aux jeux de la jeunesse, dans son palais ou dans les jardins; mais c'était trop peu pour son talent. Il n'osa pas néanmoins commencer par Rome, et choisit Naples parce qu'elle était une ville grecque.

76. *De plein et de sonore. — Aliquid se sufferti tinniturum.* Or, le sens de *suffertus* est plein, sonore, nourri. Plus bas j'ai traduit *en cadence*, ce qui est le véritable sens de *modulatis laudationibus.* Voyez TACITE, *Annales*, XVI, 4.

77. *Les bourdonnemens.* Les murmures favorables de ceux qui assistaient au spectacle pouvaient être un premier signe de l'effet produit par le chanteur. Viennent ensuite les battemens de mains et les castagnettes, qui produisaient un bruit artificiel plus grand que les premiers (*Voyez* JUVÉNAL, *Sat.* XI, v. 170). — *Testarum crepitus,* le bruit des *castagnettes* : elles étaient faites d'écailles de poisson et de coquilles. Ernesti et Casaubon prétendent qu'il ne s'agit ici que d'un applaudissement à main ouverte et bien éten-

due : ils pourraient avoir raison. Cependant il faut une différence entre la seconde et la troisième classe.

78. *Les jeux Néroniens.* Ce sont ceux dont il a été parlé au chap. 12.

79. *Sa voix céleste.* Tacite se sert d'expressions semblables, XVI, 22.

80. *Cluvius Rufus.* Il avait été consul en 798.

81. *Jusqu'à la dixième heure.* C'est-à-dire jusqu'à trois ou quatre heures de l'après-midi.

82. *Un préteur lui ayant offert.* Xiphilin (l. LXIII, c. 21) nous apprend que ce préteur s'appelait Larcius Lydus. Néron n'accepta point d'argent, mais il chanta.

83. *Il aima les chevaux.* Tacite dit que c'était pour lui une vieille habitude que de gouverner un quadrige : Xiphilin dit la même chose.

84. *Amener leurs bandes.* Les commentateurs ont douté de la signification du mot *greges*. Ils se demandent s'il s'agit des conducteurs ou des chevaux : le mot que nous employons implique les uns et les autres. Accoutumés à un grand bénéfice, ces loueurs de chars ne voulaient plus se déranger que cela n'en valût la peine.

85. *Ce fut un affranchi qui donna le signal.* Le latin dit qu'il agita la serviette : c'était le signe convenu pour le départ des chars (*Voyez* PANVIN, *de Lud. circens.*, 1, 14).

86. *Cassiope.* Ville de l'île de Corcyre, où il y avait un temple de Jupiter Cassius. D'autres sous-entendent la Cassiope d'Épire; mais il est douteux que cette divinité y eût un temple (*Voyez* PLINE l'ANCIEN, t. III, p. 207, l. IV, c. 19).

87. *Il parut désormais dans tous les genres d'exercices.* Tout ceci se rapporte principalement à l'année 820, de notre ère 67. Il y avait lieu de célébrer en 65 l'olympiade 211e, mais le caprice de Néron différa cette solennité jusqu'à l'année dont il s'agit : aussi l'autre se trouve-t-elle omise dans les livres des Éléens, ainsi que l'attestent Philostrate et Pausanias.

88. *Que les affaires de la ville exigeaient sa présence.* Hélius l'avertissait que des conjurations se tramaient contre lui : il l'engageait à revenir, mais Néron le contraignit au contraire à le rejoindre en Grèce.

89. *Qui, lassées de l'entendre.* Tacite attribue surtout ce dégoût aux habitans des provinces éloignées que des légations attiraient à Rome.

90. *Combien il craignait ses juges.* Tacite (*Annales*, l. xvi, c. 4) nous apprend que Néron se mit à genoux, et que, saluant l'assemblée de la main, il attendait la décision des juges avec une feinte terreur.

91. *Il obéissait tellement à la loi du concours.* Tacite ajoute d'autres détails : il dit que Néron ne s'asseyait pas quand il était fatigué, qu'il ne se mouchait pas, etc.

92. *Laissa tomber le sceptre,* et non une baguette, comme le traduit La Harpe. Oudendorp l'a très-bien prouvé dans Florus (l. iii, 19, 10).

93. *Son pantomime.* Le latin dit *hypocrita*. La Harpe traduit un acteur, ce qui est propre à fausser les idées. Il s'agit de celui qui gesticulait et s'agitait pour Néron pendant qu'il déclamait. Il y avait de plus un joueur de flûte. *Histrio, hypocrita* et *pantomimus* sont ici synonymes.

94. *La liberté à toute la province.* C'est-à-dire la faculté de se gouverner selon ses lois : en cela il imitait Flamininus. Pausanias dit (l. vii, c. 17) qu'il fit à ce sujet un échange avec le peuple romain, lui donnant la Sardaigne pour la Grèce, qui était une de ses provinces. Ce bienfait apparent n'empêcha pas Néron de désoler tout le pays par ses crimes et ses cruautés (*Voyez* Xiphilin, lxiii, 11).

95. *Brèche pratiquée dans la muraille.* Xiphilin (lxiii, 20) fait la description de ces ridicules solennités. On qualifia Néron d'Apollon, d'Hercule, etc. Les chants et les cris proférés par le cortège sont encore là. Quant à la démolition des murailles, cet honneur était rendu aux vainqueurs des jeux isélastiques.

96. *La couronne pythique à la main.* Elle était de laurier : la couronne olympique était d'olivier.

97. *Les compagnons de l'empereur.* Il y a dans l'original *augustianos*. Les *augustiani* étaient un corps de cinq mille hommes, ou soldats dressés uniquement à donner l'exemple des applaudissemens. On y faisait entrer bon gré mal gré beaucoup d'hommes fort distingués. *Voyez* aussi ce que dit Tacite, *Annales*, liv. iv, ch. 15. Il dit que les *augustiani* étaient des chevaliers romains.

98. *On démolit ensuite une arcade du Cirque.* Pour ouvrir au vainqueur un plus large passage. Néron se rendait au temple d'Apollon, parce que son triomphe était un triomphe d'artiste et non de guerrier.

99. *Des oiseaux, des rubans et des fruits confits.* Quelques personnes aimeraient mieux lire *flores*. De ce nombre est Grævius, et cela semble plus naturel, quoique, pour conserver la leçon contraire, on lui attribue un sens symbolique.

100. *Au dessus des lits, dans ses appartemens.* On voit que j'ai conservé la leçon *in cubiculis circum lectos*. On s'était fondé sur un passage de Xiphilin pour la changer. Celui-ci dit (l. LXIII, c. 21) que Néron pendit à l'obélisque égyptien du Cirque plus de dix-huit cents couronnes qu'il avait remportées. En conséquence, on pensa qu'il fallait lire *in obeliscum Circi injectas posuit;* mais cette conjecture est trop audacieuse. D'autres veulent *in cubiculo Circi fixas*, sous-entendant le lit qui, dans le Cirque, est disposé pour le prince; mais Ernesti prouve très-bien que le passage peut subsister tel qu'il est, et que l'usage était de suspendre dans les chambres à coucher les objets précieux et les portraits des personnes que l'on aimait (*Voyez* aussi l'*Énéide*, liv. iv, v. 495 et 647). Les couronnes dont parle Xiphilin peuvent être différentes de celles-là; peut-être étaient-elles apportées de Grèce; peut-être aussi avaient-elles toutes été exposées au Cirque, et ensuite transportées dans les appartemens de l'empereur.

101. *Il ne faisait de proclamation aux troupes que lorsqu'il était absent.* C'est-à-dire qu'il ne venait pas leur parler, qu'il ne se présentait pas aux troupes, ou bien qu'il les faisait haranguer en son nom par quelqu'un qui était près de lui.

NOTES.   313

102. *Loué avec plus ou moins d'effusion ou de réserve.* Il n'y avait pas de motif plus sérieux à la disgrâce de Thraséas.

103. *D'abord les désordres.* Le mot est générique, et ses développemens font l'objet de ce chapitre. Il est question des débauches et de la luxure aux chap. 27, 30 et 31ᵉ; de la volupté au 28 et 29ᵉ. Dans le 32ᵉ, il dépeint l'avarice, et enfin, dans le 33ᵉ, il entame ce qui concerne la cruauté. J'aimerais assez la leçon d'Ernesti, *exseruit :* « *il fit paraître peu à peu ses vices, etc.* »

104. *A l'entrée de la nuit.* Tacite (l. XIII des *Annales*, c. 25), en dépeignant les excès de Néron, ajoute que d'autres bandes que la sienne se formèrent, et qu'il se commit beaucoup de méfaits sous son nom et à son exemple.

105. *Une cantine. — Quintana.* Il est à remarquer que l'on se sert encore aujourd'hui de cette expression pour désigner dans les camps le lieu où l'on vend des comestibles, des boissons et d'autres objets à l'usage du soldat.

106. *Un sénateur, dont il avait attaqué la femme.* C'est Julius Montanus qui, à la vérité, n'était pas sénateur en titre, mais qui faisait partie de l'ordre du sénat. Il fut mis à mort, non pour avoir frappé l'empereur, qui ne s'irrita point d'avoir été blessé dans cette échauffourée, mais pour l'avoir outragé en lui en demandant pardon.

107. *Sans se faire accompagner de tribuns.* Plus prudent à l'avenir, il avait à proximité de quoi se faire prêter main-forte, soit qu'il fût suivi de chefs, de soldats, ou de gladiateurs. Quand on ne lui opposait qu'une résistance modérée, ils ne se montraient pas; ils accouraient à son secours, quand on répondait avec vigueur aux attaques de Néron.

108. *Les danseuses de Syrie.* Il faut voir à ce sujet ce qui est dit par les commentateurs sur la seconde *Satire* du liv. I d'Horace, vers 1. On appelait les Syriennes *ambubaiæ*, parce que, dans leur langue, abub, anbub, signifiait *fistula*, flûte. Elles couraient les rues, les carrefours, en jouant de leurs instrumens et en dansant. La plupart étaient des prostituées.

109. *Lieux de débauches pour les matrones.* La Harpe a tout-à-fait manqué ce passage : il ne s'agit pas de cabanes remplies de

femmes publiques, mais de cabarets où des femmes de distinction, jouant le rôle d'aubergistes, ou plutôt d'entremetteuses, appelaient l'empereur pour lui offrir les plaisirs des sens.

110. *Un mets au miel.* Il y a des opinions bien divergentes sur ce passage. La Harpe, qui reçoit la leçon *mitellita,* traduit par *une bandelette ou couronne précieuse.* Saumaise était du même avis, se fondant sur l'usage de distribuer des coiffes, de petites couronnes ou bandelettes dans les repas, et s'appuyant sur un passage de Pline l'Ancien (l. xx, 3). Eichoff traduit par *Honigtrank,* ce qui en fait une boisson : mais le breuvage vient ensuite sous le nom d'*absorptio.* Apparemment ce n'étaient pas ces mets tout seuls qui causaient une si grande dépense, mais ils avaient sans doute donné leur nom au repas dont ils étaient l'occasion. Cette locution est encore usitée chez nous : on invite à venir manger tel ou tel bon morceau, qui n'est qu'un des plats d'un festin plus splendide.

111. *L'affranchie Acté.* On la fit passer pour être de la race d'Attale : on l'avait fait venir d'Asie. Il y a des détails à ce sujet dans Xiphilin (l. LXI, c 7). Quant à Sporus, il lui donna le nom de Sabina, qu'il avait beaucoup aimée (*Voyez* XIPHILIN, l. LXIII, c. 13).

112. *Il s'abandonnait à son affranchi Doryphore.* Tacite dit qu'il fit périr les premiers de ses affranchis : Doryphore comme s'étant opposé à son mariage avec Poppæa, et Pallas comme détenant pendant sa longue vieillesse une immense fortune. Mais Tacite, aussi bien que Xiphilin, nomment pour être l'affranchi épousé par Néron, non pas Doryphore, mais Pythagore; et Sulpice Sévère a copié Tacite. Cet affranchi eut-il deux noms, ou bien Pythagore a-t-il succédé à Doryphore dans ces honteuses prostitutions, ou bien encore Suétone s'est-il trompé? le lecteur peut choisir.

113. *D'autre avantage que la profusion.* Tacite (*Hist.*, liv. I, c. 20, p. 35 de la traduction de M. PANCKOUCKE) dit qu'on choisit comme le plus juste moyen de réparer les pertes occasionées par les dissipations de Néron, celui *de reprendre aux individus causes de la ruine publique les deux milliards deux cent millions de sestercès que Néron leur avait donnés.* Cette somme est énorme : elle

ne s'élève pas à moins de quatre cent quatre millions trois cent soixante mille francs; cela est incroyable.

114. *Ménécrate.* Le faux Lucien, auteur du dialogue intitulé *Néron*, a pris ce Ménécrate pour interlocuteur. — *Spiculus* le gladiateur est celui dont parle Plutarque au chap. 8 de son *Galba*.

115. *Cercopithecus Paneros.* Il se pourrait qu'il y eût ici confusion des deux noms, et qu'il s'agit de deux personnages, tous deux favorisés par Néron, tous deux royalement enterrés.

116. *Quatre cent mille sesterces par point à chaque coup de dés.* Il y a des commentateurs qui lisent quatre cents sesterces, d'autres quarante : mais alors, où serait la prodigalité?

117. *Les mulets étaient ferrés en argent.* Pline l'Ancien, au liv. xxxiii, chap. 49, dit que Poppéa, femme de Néron, faisait ferrer en or les chevaux qu'elle affectionnait.

118. *En laine de Canuse.* Canuse était une ville d'Apulie. Pline l'Ancien (l. viii, c. 73, p. 373, tom. vi de notre édition) dit que la laine est très-renommée vers Tarentæ et Canusium.

119. *Ses cavaliers et ses coureurs.* Il y a en latin *cum Mazacum turba.* Or, les Mazaces ou Mazices étaient un peuple de Mauritanie, renommé pour la beauté et l'excellence de ses chevaux.

120. *Passage.* Précisément parce que cette maison conduisait des Esquilies au mont Palatin. Là se trouvaient aussi les jardins de Mécène (*Voyez* la *Topographie de Rome*, par Bunsen ; *voyez* aussi TACITE, *Annal.*, xv, 39).

121. *Le palais d'or.* Nous renvoyons, pour les merveilles de ce palais, à une dissertation de Brottier, qu'on lit à la pag. 257 du tom. iv du Tacite de M. Lemaire. C'était vraiment une ville dans une ville. Là se trouvent maintenant l'église de Saint-François de Paule, le Colysée, les ruines des bains de Titus, les ruines de Sainte-Marie-Majeure, etc.

122. *Une statue colossale de cent vingt pieds.* Pline, qui lui en donne cent dix, dit qu'elle fut l'ouvrage de Zénodore, et qu'elle fut dédiée à l'adoration du soleil, après que l'on eut exécré les crimes de Néron. N'y aurait-il pas quelque erreur dans les nom-

bres ? ceux qui ont vu à Arona la statue de Saint-Charles Boromée, doivent le croire. Elle n'a point cette hauteur, et cependant elle dépasse toute idée à cet égard. Il est vrai que Pline avertit que Zénodore a fait les plus grandes statues de son temps.

123. *Une pièce d'eau pour imiter la mer.* Voyez l'épigramme 11 de Martial, lib. *de Spect.*, et le plan que, d'après les auteurs anciens, Piranesi a fait du *Palais d'or*, dans ses *Antichità romane*, vi, tab. xliii. Il en reste encore quelques débris.

124. *Des champs....des pâturages et des forêts.* Tacite nous dit que l'or et les pierreries étaient pour Néron des moyens de luxe déjà usés ou vulgaires : il lui fallait donc des miracles de l'art pour surpasser la nature. On lui créa des solitudes, des points de vue, etc.; Severus et Celer furent les directeurs de l'entreprise.

125. *Et par celles d'Albula.* Voyez notre tome 1, p. 339, note 224, et Pline l'*Ancien*, liv. xxv, 2 (6).

126. *Il commença aussi un canal, de l'Averne jusqu'à Ostie.* Tacite en parle comme d'une entreprise aussi extravagante qu'inutile. Il fallait abattre et niveler ou percer des montagnes, sans rien trouver, pour alimenter ce canal, que les eaux des marais Pontins.

127. *Un chevalier romain.* Celui qui fit naître cette folle espérance à Néron est Cesellius Bassus : il était d'origine carthaginoise. Un songe avait troublé son esprit : il demanda à voir l'empereur, et lui révéla que les trésors de Didon étaient cachés dans une grotte sur ses terres. Néron eut la légèreté d'y envoyer des vaisseaux; mais on chercha en vain, et l'affaire finit à sa honte et assez tragiquement pour Cesellius Bassus.

128. *Les cinq-sixièmes au lieu de la moitié.* La moitié revenait de droit au patron de l'affranchi, mort sans enfans. Néron éleva cette part aux cinq-sixièmes; mais il ne se contenta pas de se l'attribuer dans la succession de ses propres affranchis : il se fit l'héritier de ceux qui avaient pris les noms de famille de ses parens, tels que Julius, Octavius, Domitius.

129. *Il se fit rendre les récompenses, etc.* Tel est le véritable sens, et non *il exigea des villes le prix des couronnes.* Néron avait

répondu par des cadeaux fort riches à la munificence des villes (*Voyez* ch. 24). Ce sont ces cadeaux qu'il se fit rendre.

130. *Il fit saisir toutes les marchandises.* C'est-à-dire, qu'on ferma les portes et que les marchands furent tous pris, et leurs marchandises confisquées. La leçon *præclusit* est donc préférable à *perculit*.

131. *S'il se défit de Britannicus par le poison.* Voyez Xiphilin, lxi, 7; Tacite, *Annal.*, xiii, 15.

132. *Sans doute, je crains la loi Julia.* La loi de Sylla, contre les sicaires, concernait aussi les empoisonnemens. Jules César en renouvela les dispositions. Néron parle ici sur le ton de l'ironie.

133. *Dès qu'il l'eut goûtée.* Titus, qui fut empereur, assistait à cette scène d'horreur : on dit même qu'il but de cette potion, et qu'il en fut fort malade. Il fit ensuite élever une statue à Britannicus. Tacite dit que l'on donna d'abord à ce prince un breuvage ordinaire, mais qu'on eut soin de lui présenter trop chaud. Le poison était dans l'eau froide qu'on y mêla.

134. *Le plus promptement possible.* Pour cacher les taches dont se couvrait le corps de Britannicus, Néron l'avait fait enduire de plâtre, mais la pluie fit disparaître cette substance, et le crime fut manifeste pour tout le monde (*Voyez* Xiphilin et Zonaras).

135. *Locuste reçut l'impunité....... et des disciples.* L'impunité d'un crime à raison duquel elle avait été précédemment condamnée. Quant aux disciples, Juvénal (*Sat.* 1, 71) dit : « Locuste enseigne à ses parentes novices l'art d'envoyer au bûcher, à travers les rumeurs du peuple, les cadavres livides de leurs maris empoisonnés » (tom. 1, p. 7 de notre édition).

136. *Lui enleva sa garde et ses Germains, et la bannit de sa présence et du palais.* On donnait à la femme de l'empereur une garde que Néron avait fait continuer à Agrippine. Il la fit ensuite retirer dans la maison qui avait été celle d'Antonie, et, chaque fois qu'il y venait, il était entouré de centurions (*Voyez* Xiphilin, lxi, 8).

137. *La fatiguaient de procès.* Tacite en donne un exemple : Julia Silana la fit accuser par Iturius et Calvisius, ses cliens, de conspirer pour Rubellius Plautus, qui, par les femmes, descendait

d'Auguste au même degré que Néron. Elle soutenait qu'Agrippine voulait l'épouser et s'élever avec lui. Tantôt on lui reprochait de pleurer Britannicus, tantôt de se plaindre des outrages faits à Octavie.

138. *Résolut de la perdre.* Xiphilin (LXI, 12) dit que Sénèque fut l'unique instigateur de ce forfait : il affirme qu'il y a sur ce point des témoignages dignes de foi. Toutefois, Gronove fait remarquer que Dion, extrait par Xiphilin, n'est digne d'aucune confiance, à raison de sa partialité contre les plus illustres et les meilleurs citoyens de Rome.

139. *Un navire à soupape.* Ce fut l'affranchi Anicetus, chef de la flotte de Misène, qui donna l'idée d'un navire qui s'ouvrirait et ferait tomber Agrippine dans la mer.

140. *Les fêtes de Minerve.* En latin *ad sollemnia Quinquatruum*. Nous ajouterons à ce que nous avons dit (tom. 1, p. 336), que les fêtes dont il s'agit étaient de véritables *panathénées* romaines. Leur nom venait de la manière de compter les jours à partir des ides : ainsi *quinquatrus* est le cinquième jour, *sexatrus* le sixième, *septimatrus* le septième. Il paraît que, dans le principe, cette fête ne durait qu'un jour. Quand elle se prolongea jusqu'au 23 mars, on put croire que son nom venait de sa durée. Domitien avait une vénération particulière pour Minerve, et célébrait les Quinquatries avec beaucoup de solennité.

141. *Qu'elle s'était échappée à la nage.* Elle fut reçue dans une nacelle, et menée, par le lac Lucrin, à sa maison de campagne.

142. *Mais sur des autorités peu dignes de foi.* On voit que j'adopte, avec Grævius et Gronove, la correction de Juste-Lipse, *sed* pour *nec*. En vain dira-t-on que Suétone accorde toujours confiance aux assertions les plus atroces; il lui arrive à plus d'un endroit d'élever lui-même des doutes sur ce qu'il est obligé de rapporter.

143. *Les félicitations..... du sénat.* On décréta des supplications aux dieux, et on institua des jeux annuels aux fêtes de Minerve, dont la statue fut placée dans la Curie à côté de celle de l'empereur. Enfin le jour de la naissance d'Agrippine fut rangé au nombre des jours néfastes.

NOTES.   319

144. *Poppéa Sabina.* Elle était fille de T. Ollius, mais elle avait pris le nom de son aïeul maternel, consulaire illustré par le triomphe. Cette femme étant mariée à Rufius Crispinus, chevalier romain, fut la maîtresse d'Othon, qui fit ensuite place à Néron.

145. *Statilia Messalina.* Tacite en fait aussi mention, et il dit que Vestinus fut tué, non-seulement pour cela, mais à cause d'une vieille haine, à raison de ce qu'il avait épousé Statilia, quoiqu'il sût que l'empereur était au nombre de ses amans. Le collègue de Vestinus était Silius Nerva, et le fait se rapporte à l'an de Rome 819.

146. *Arrière-petite-fille de Taurus.* Il avait été consul en 728, alors qu'Auguste l'était pour la huitième fois; mais on ignore quand Taurus géra son premier consulat : Pighius croit qu'en 717 il fut substitué à L. Caninius; d'autres, au contraire, disent que le consulat de 728 fut son premier, et diffèrent le second jusqu'en 764. Cependant il paraît que ce dernier appartient à son fils. Taurus avait triomphé de l'Afrique.

147. *Il la répudia ensuite comme stérile.* Cette répudiation remonte à 816 (*Voyez* TACITE, *Annal.*, XIV, 60, XIPHILIN, LXII, 13). Octavie fut ensuite exilée en Campanie, puis il la fit rappeler sur les plaintes du peuple; enfin il l'enferma dans l'île de Pandateria.

148. *Sous une accusation d'adultère.* Poppéa imagina de lui donner pour complice un certain Eucerus, joueur de flûte d'Alexandrie. On mit ses femmes à la question, que la plupart supportèrent avec constance. Tigellinus insistant avec acharnement, l'une d'elles lui répondit : « Les parties sexuelles d'Octavie sont plus pures que ta bouche. »

149. *Son pédagogue Anicetus.* C'est ce chef de la flotte de Misène qui se rendit par ses conseils le complice de la mort d'Agrippine. Octavie n'avait que vingt ans quand elle périt : on la garrotta et on lui ouvrit les veines; mais comme le sang ne coulait pas assez vite, on l'étouffa dans la vapeur d'un bain chaud.

150. *Il en eut une fille appelée Claudia Augusta.* Ce fut en 817, sous le consulat de Memmius Regulus et de Virginius Rufus. Néron en éprouva une joie folle, et la nomma Augusta, ainsi que sa mère. Claudia naquit à Antium, ville qui était aussi la patrie de Néron.

151. *Il viola le jeune Aulus Plautius.* Il y a grande querelle entre les interprètes pour savoir si c'est le même que Rubellius Plautius qui voulait épouser Agrippine, et qui fut ensuite tué en Asie par l'ordre de Néron. D'autres veulent que ce soit le fils du Plautius qui battit les Bretons sous Claude.

152. *Rufius Crispinus.*—*Voy.* ERNESTI sur les *Annales* de Tacite, XII, 42, et XIII, 45. Il y a beaucoup de variantes sur ce nom.

153. *Il exila Tuscus.* On croyait qu'il était réservé au commandement des cohortes prétoriennes pour le cas où Burrhus ne serait éloigné. Il survécut à Néron.

154. *Sénèque.* Nommé dans la conjuration de Pison, il fut contraint à mourir (*Voyez*, sur ce qui concerne cette affaire, TACITE, *Annales*, XIV, 53; XV, 60).

155. *Il avait promis à Burrhus.* Burrhus mourut en 816, sans qu'on pût bien savoir si c'était de maladie ou par le poison. On dit qu'il était tellement persuadé que l'empereur avait, de la sorte, attenté à ses jours, que, celui-ci étant venu lui demander comment il se portait, Burrhus se détourna et répondit : *Jusqu'ici je me porte bien.*

156. *Quant aux affranchis riches et âgés.* Tacite dit : « En la même année il fit, dit-on, périr ses plus puissans affranchis : savoir Doryphore, parce qu'il s'était opposé à son union avec Poppéa ; Pallas, parce qu'il était trop riche et gardait trop long-temps sa richesse.

157. *Une étoile chevelue.* Il parut deux comètes sous le règne de Néron, l'une en 814, l'autre en 818. Pline l'Ancien, dans son liv. II, ch. 23, tom. II, page 73 de notre édition, dit : « L'apparition d'une comète semble généralement effrayante........., témoin encore de notre temps l'empoisonnement qui fit passer l'empire de Claude à Néron, sous le règne duquel on ressentit continuellement l'influence de cet astre. » Néron expia toujours sa présence par du sang.

158. *Celle de Vinicius.* La conjuration de Pison est de 819. On ne sait rien de celle de Vinicius, dont la mémoire a péri avec les écrits de Tacite.

NOTES.

159. *Jusqu'à s'en faire un mérite.* Néron ayant demandé au centurion Sulpicius Asper pourquoi il avait conspiré sa mort, il répondit : *Je n'ai pas trouvé d'autre moyen de vous dérober à tant de crimes.*

160. *Avec leurs précepteurs et leurs esclaves.* Il y a en latin *capsarii* : dans les familles riches, c'étaient des esclaves qui accompagnaient les jeunes gens; ils portaient leurs livres et la cassette qui tenait lieu de portefeuille.

161. *Trois pièces de sa maison, près du Forum, à des députés des villes.* Ici la traduction de La Harpe est au moins singulière : *avoir loué trois boutiques à des étrangers.* Je ne vois pas où il a pris un pareil sens. *Stationes* étaient les lieux où l'on se réunissait autour du Forum, où les députés des villes se tenaient pour qu'on pût venir leur parler.

162. *Au jurisconsulte Cassius Longinus.* Il ne paraît pas qu'il ait été puni autrement que par l'exil : Pomponius dit qu'il fut rappelé de Sardaigne par Vespasien. Tacite parle de ce Cassius Longinus en beaucoup d'endroits (*Annales*, VI, 15; XII, 11, 12; XV, 52; XVI, 7).

163. *Pétus Thrasea.* C'était le Caton de ce siècle. Tacite dit qu'en le détruisant Néron voulut anéantir la vertu elle-même.

164. *On n'accordait qu'une heure.* On a voulu substituer *horarium* à *horarum*; mais la correction est tout-à-fait inutile, de même que la conjecture III *horarum*.

165. *A un Égyptien fort gourmand.* Vopiscus parle d'un gourmand qui, dans un jour, mangea un sanglier, cent pains, un mouton et un petit porc.

166. *Il ne donna à personne le baiser d'usage.* Pline le Jeune (tom. III, p. 239 de notre édition) dit à Trajan : « Qui ne fut charmé de voir qu'à votre retour vous embrassiez les sénateurs, comme ils vous avaient embrassé à votre départ? »

167. *Dans une conversation familière.* C'est-à-dire dans une réunion où régnait une sorte d'abandon; car il ne faut pas se méprendre sur le sens de *communi*, qui est ici par opposition à *secreto*.

168. *Ce proverbe grec.* En français nous disons : *Après moi le*

déluge ! Dion rapporte que Tibère avait sans cesse ce vers à la bouche, et Ernesti croit qu'il est d'Euripide, et qu'il se trouvait dans la tragédie de *Sisyphe* ou de *Bellérophon*.

169. *Il mit le feu à la ville.* Suétone n'en fait pas le moindre doute; cependant Tacite ne prononce pas un jugement aussi absolu : il dit que les témoignages des auteurs sont contradictoires, et qu'il y a des opinions qui attribuent ce désastre au hasard.

170. *Pendant six jours et sept nuits.* Tacite (*Ann.*, xv, 40) dit que l'incendie fut enfin éteint le sixième jour, au pied du mont Esquilin; mais Juste-Lipse rappelle une inscription qui parle de neuf jours, et il concilie cette assertion avec un autre passage où Tacite dit qu'à peine on s'était rassuré que le feu reprit.

171. *N'eut d'autre refuge que les monumens.* Tacite dit qu'on se retira surtout au Champ-de-Mars et dans les monumens d'Agrippa. Néron ouvrit ses jardins, et fit élever des maisons de bois improvisées, *subitaria œdificia*.

172. *Alors furent anéantis.* Tacite nomme quelques-uns des monumens qui périrent par cet incendie. Ce sont, par exemple, le temple dédié par Servius Tullius à la Lune, celui qu'Evandre avait érigé à Hercule, celui de Jupiter Stator, celui des Vestales, etc., etc. Enfin, on perdit beaucoup d'objets d'art apportés de la Grèce, et beaucoup de bons écrits.

173. *Néron, placé au haut de la tour de Mécène.* Comment concilier ici Tacite avec notre auteur? Le premier dit qu'alors Néron était à Antium, et qu'il ne revint à Rome que quand le feu gagna la maison qu'il avait élevée aux jardins de Mécène par continuation du Palatium (*Voyez*, sur la tour de Mécène, les topographies de Rome).

174. *Il chantait la* Prise de Troie. Xiphilin nous dit formellement que la *Prise de Troie* était de la composition de Néron, et Juvénal (*Sat.* viii, 221) confirme par une amère ironie l'existence de ce poëme, en établissant un parallèle entre Néron et Oreste. Il dit de ce dernier : *Troica non scripsit* (*Voyez* notre Juvénal, t. ii, p. 84, note 50).

175. *Ne permit à personne d'approcher des restes de sa propriété.* Suétone pousse beaucoup plus loin que Tacite ses accusa-

tions contre Néron. Tacite se borne à dire que l'empereur promit de reconstruire à ses frais les colonnades qui devaient protéger le front des édifices, et de faire enlever les décombres. Orose dit que Néron fit enlever tout ce que la flamme avait épargné.

176. *En un seul automne, la peste.* Ce fut en 819, année mémorable par les crimes les plus atroces. En même temps, la Campanie fut ravagée par des ouragans qui déracinèrent les récoltes, les arbres, et renversèrent jusqu'à des maisons.

177. *Deux de nos principales places furent pillées.* En 815, ce furent Camalodunum et Verulamium (*Voyez* TACITE, *Annales*, l. XIV, ch. 32, 33).

178. *Qui passèrent sous le joug.* Leur chef était Césenius Pétus. Tacite ne parle de cela que comme d'un bruit qui courait : ce fait se rapporterait à 816.

179. *Néron a fait disparaître sa mère.* Le *sustulit* latin est susceptible des deux sens, emporter et faire disparaître, *tuer*. Plus haut j'adopte la leçon νεόνυμφος, qui fait allusion à ses incestes avec sa mère.

180. *Aux traits qui frappent de loin.* C'est le sens de Ἑκατηβελέτης. L'épigramme joue sur les deux qualités d'Apollon, qui était à la fois musicien et archer.

181. *Un peu moins de quatorze ans.* Xiphilin (LXIII, 29) lui donne treize ans et huit mois de règne. Il régna en effet depuis octobre 807 jusqu'en juin 821 (*Voyez* EUTROPE, VII, c. 9).

182. *Sous la conduite de Julius Vindex.* Il commença ce mouvement à l'entrée de l'année 821, mais il se tua avant la fin de l'entreprise.

183. « *Que les poissons lui rapporteraient.* » Ceci a quelque rapport avec ce que dit Hérodote (liv. III, 41) sur l'anneau de Polycrate de Samos.

184. *Le jour anniversaire de celui où il avait tué sa mère.* Et par conséquent au mois de mars, pendant les fêtes de Minerve.

185. « *Qu'il abusait des avantages, etc.* » Néron trouvait qu'il était peu généreux à cet acteur de triompher ainsi en l'absence

d'un rival aussi dangereux, qui, dans ce moment, ne pouvait lui disputer la palme.

186. *Empoisonner tout le sénat.* Xiphilin parle aussi du projet d'incendier la ville et de faire périr le sénat. Néron voulait s'en aller à Alexandrie : c'est là qu'il devait vivre de son art. Il croyait, dans sa folie, qu'on le laisserait vivre en simple particulier.

187. *Pour que le peuple ne pût se défendre des ravages du feu.* D'autres rapportent les mots, *quo difficilius defenderetur*, aux bêtes féroces ; mais il est évident qu'il ne voulait les lâcher que pour empêcher d'éteindre l'incendie.

188. *Il priva les consuls de leur charge.* C'étaient C. Silius Italicus le poète, et M. Galerius Trachalus.

189. *Ensuite, il cita les tribus urbaines.* C'était le bas-peuple.

190. *Aux locataires de maisons particulières et publiques.* Le mot latin *insularum* est susceptible de plus d'un sens. *Insulæ* sont ordinairement des carrés de maisons jointes entre elles, isolées du reste : mais il résulte de beaucoup de textes anciens qu'on y louait des logemens, et ce ne peut guère avoir été que de ces loyers-là que Jules César fit la remise, puisqu'il n'aurait pu disposer de ce qui appartenait aux particuliers. *Voyez* tome 1, p. 51 ; et note 77 sur César. L'état louait donc des logemens, il avait des édifices, et c'est ce que marque suffisamment l'opposition des mots *ædium privatarum.* Il ne faut donc pas supposer que Néron toucha les loyers dus au propriétaire, mais qu'il imposa le locataire à une somme égale à son loyer.

191. *La haine qu'on lui portait.* Je me suis déclaré pour la leçon *lucranti*, quoique j'aimasse mieux supprimer le mot. La Harpe lit *luctantium*, et traduit : *Servit encore à rendre plus odieux les athlètes entretenus par Néron.* On ne voit pas pourquoi il est question d'athlètes. Il était tout simple que la cherté des grains fût un motif de plus pour détester Néron, abstraction faite de toute spéculation de sa part. Je traduis donc comme si *lucranti*, *luctantium* ou *lucrantium* n'existaient pas.

192. *On suspendit sur la tête d'une de ses statues une boucle de cheveux.* Les mots *a vertice* exigent la leçon *cirrus*, et non pas *currus.* D'ailleurs le *cirrus* était une coiffure de femme dont Néron

faisait usage au théâtre. Par là on indiquait qu'il était efféminé et incapable du combat qu'on lui annonçait.

193. « *Qu'ai-je pu faire ?* » On ne sait trop à quoi se rapportent ces mots : les uns les appliquent à la statue qui, de la sorte, se déclarerait innocente ; mais cela est assez ridicule : les autres à celui qui suspendit le sac, sous-entendant le peuple romain. Enfin on fait parler le sac lui-même.

194. *Réclamaient à grands cris un Vindex.* Cette allusion au nom de Vindex ne pouvait avoir lieu d'une manière complète qu'en feignant une querelle avec des esclaves, comme le remarque fort bien Ernesti, qu'on a eu tort de gourmander pour cela. Sans doute *vindex* signifie en général un vengeur ; mais Vindex, esclave romain, ayant découvert la première conjuration contre la république, son nom passa à la formule des affranchissemens que faisait le préteur. Il n'est donc pas surprenant que l'on employât ce nom dans tout ce qui concernait les esclaves.

195. *Les statues représentant les diverses nations.* Pline l'Ancien, qui cite Varron, dit que ces statues avaient été exécutées par Coponius (liv. XXX; VI, 5 [13]). Il y en avait quatorze.

196. *Le cheval d'Asturie.* En latin, *Asturco*. Pline l'Ancien (l. VIII, 67, p. 353 du t. VI de notre édit.) dit : « La Gallaïque et l'Asturie, aussi en Espagne, produisent l'espèce de chevaux que nous appelons *thieldons*, et dont les plus petits sont connus sous le nom d'*asturcons*. Ils ont une allure particulière et fort douce, qui résulte du mouvement simultané des deux jambes du même côté. C'est en étudiant cette allure qu'on est parvenu à dresser les chevaux au pas qu'on nomme l'amble. » (*Voyez* aussi la note de M. Gueroult, p. 460 du même volume.)

197. *Les portes du mausolée s'ouvrirent d'elles-mêmes.* Xiphilin nous dit que c'étaient celles du monument d'Auguste (*Voyez* liv. LXIII, 26).

198. « *Vous le fournirez, César !* » Ce qui signifiait, vous les ferez conduire au supplice, mais ce qui pouvait s'interpréter aussi de manière à ce que Néron fût le coupable voué au supplice : double sens qui fut regardé comme étant de mauvais présage.

199. *Ma femme, ma mère, mon père.* (*Voyez* sur cette représentation, Xiphilin, l. LXIII, c. 28.) Du reste, cet auteur cite un vers beaucoup moins approprié à la circonstance.

200. *Les jardins de Servilius.* (*Voyez* sur ces jardins, Tacite, *Annales*, xv, 55, et *Hist.*, III, 38; enfin la note de M. Panckoucke sur ce passage, t. v, p. 387). C'est aussi dans les jardins de Servilius que se trouvait Néron quand Milichus alla lui révéler la conjuration de Pison.

201. *Obtenir du moins la préfecture d'Égypte.* C'était la dernière dans l'ordre des préséances. Les prétentions de Néron pouvaient donc paraître modestes.

202. *Se présenter à eux.* Dans les appartemens qu'ils occupaient au Palatium où il les avait logés. Le latin dit *hospitium*.

203. *Le gladiateur Spiculus.* C'est celui dont il a été question au ch. 30.

204. « *Je n'ai donc ni ami ni ennemi.* » Selon Xiphilin, Néron aurait prononcé ces paroles mémorables au moment d'être atteint par les cavaliers, dont l'arrivée le contraignit à se donner la mort.

205. *N'ayant pour suite que quatre personnes.* C'est le nombre que lui donne Josèphe. Mais Xiphilin (l. LXIII, c. 27) ne lui en accorde que trois qu'il nomme : c'étaient Phaon, Épaphrodite et Sporus. Il est assez bizarre que Dion Chrysostôme compte Sporus parmi les auteurs de la mort de Néron : il le dépeint irrité d'un ancien outrage.

206. *Un ancien soldat prétorien le reconnut.* Le latin dit *a quodam missicio*. Les interprètes, entre autres La Harpe, en ont fait *un certain Missicius*, transformant le mot en nom propre, ce qui est possible, mais non probable. Cet homme ne paraissant pas là pour agir, pourquoi l'histoire aurait-elle retenu son nom?

207. *Quand on arriva à la traverse.* — *Deverticulum* est proprement l'endroit où l'on se détourne de la route, où on prend un chemin de traverse.

208. «*Voilà donc le rafraîchissement de Néron!* » Pline l'Ancien nous dit (l. xxxi, 3 (23) que ce fut Néron qui imagina de faire cuire l'eau, et de la boire à la glace.

209. *A arracher les ronces dont son manteau était percé.* D'autres entendent par ces paroles *trajectos surculos rasit*, que Néron passa à travers les ronces qui s'avançaient et se croisaient sur son passage ; mais cette idée a déjà été exprimée plus haut.

210. *Il ordonna donc de creuser devant lui une fosse.* Néron voulait par là soustraire son corps aux outrages dont il serait devenu l'objet.

211. *Le punir selon les lois des anciens.* (*Voyez*, sur le droit qu'avait le sénat pour la punition des magistrats les plus élevés en dignité, GIBBON, *Hist.*, c. 4).

212. « *Je vis honteusement, ignominieusement.* » Les mots *ac turpiter* manquent dans plusieurs éditions, et je crois que c'est à bon droit : il serait impossible, en les admettant, de ne pas commettre une ridicule redondance, et cependant j'ai conservé cette répétition.

213. *Marbre de Thasos.* Cette île est une des Cyclades ; Luna est une ville d'Étrurie ; enfin le marbre dit *porphyreticus* vient d'Égypte (*Voyez* PLINE L'ANCIEN, XXXVI, 5, 6 et 7).

214. *Disposé à la poésie.* Reimar, sur Xiphilin (l. XLII, c. 29), nous a donné, pour ainsi dire, une poétique complète de Néron. Tacite dit qu'il se faisait aider par tous ceux qui avaient quelque talent en ce genre. Cette assertion n'est pas contradictoire avec celle de Suétone.

215. *Il s'appliqua aussi avec beaucoup d'ardeur à la peinture, etc.* Les éditions ordinaires commencent par ces mots le chapitre suivant ; mais il est évident qu'ils appartiennent à celui-ci.

216. *De l'orgue hydraulique.* Voyez § 41, p. 277.

217. *L'histrion Pâris.* Tacite (*Annales*, l. XIII, c. 19) nous dit que c'était l'affranchi de Domitia. *Voyez* XIPHILIN, l. LXIII, c. 18.

218. *Il appela aussi Néronien le mois d'avril.* Il y eut un sénatus-consulte à cet égard. Il fut rendu immédiatement après la conspiration de Pison.

219. *Rome désormais se nommerait Néropolis.* Ce n'était qu'un projet né de la reconstruction de la ville après l'incendie ; mais

Tiridate donna effectivement le nom de Νερώνεια à Artaxata, sa capitale.

220. *La trente-deuxième année de son âge.* Xiphilin dit qu'il vécut trente ans et neuf mois. Né au mois de décembre 790, il mourut en juin 821. Peut-être Suétone a-t-il, par un mécompte, ajouté l'année 790 tout entière à son âge. Reimar, sur Xiphilin, a beaucoup disserté sur le temps de la mort de Néron.

221. *La joie publique en fut telle, que le peuple, coiffé de chapeaux......* En signe d'affranchissement. Selon Xiphilin, cette manifestation de joie eut lieu avant sa mort.

222. *Comme s'il devait revenir.* Tacite (*Hist.* II, c. 8) nous dit : « Vers le même temps, l'Achaïe et l'Asie éprouvèrent une fausse alarme: on y crut à l'arrivée de Néron; différens bruits avaient couru sur sa mort, et de là bien des gens supposèrent et bien des gens crurent qu'il vivait encore...... Ce fut un esclave de Pont, ou, suivant d'autres récits, un affranchi d'Italie, habile chanteur et joueur de cithare ; ce qui, joint à la ressemblance du visage, donna plus de créance à son imposture » (Traduct. de M. PANCKOUCKE, t. IV, p. 165). Le faux Néron parut un an après le véritable; celui dont parle Suétone, beaucoup plus tard.

GALBA.

GALBA.

I. Progenies Cæsarum in Nerone defecit : quod futurum, compluribus quidem signis, sed vel evidentissimis duobus, apparuit. Liviæ olim, post Augusti statim nuptias Veientanum suum revisenti, prætervolans aquila gallinam albam, ramulum lauri rostro tenentem, ita ut rapuerat, demisit in gremium : quumque nutriri alitem, pangi ramulum placuisset, tanta pullorum soboles provenit, ut hodie quoque ea villa *ad Gallinas* vocetur; tale vero lauretum, ut triumphaturi Cæsares inde laureas decerperent : fuitque mos triumphantibus, illas confestim eodem loco pangere : et observatum est, sub cujusque obitum arborem, ab ipso institutam, elanguisse. Ergo novissimo Neronis anno et silva omnis exaruit radicitus, et quicquid ibi gallinarum erat, interiit : ac subinde tacta de cœlo Cæsarum æde, capita omnibus simul statuis deciderunt; Augusti etiam sceptrum e manibus excussum est.

II. Neroni Galba successit, nullo gradu contingens Cæsarum domum, sed haud dubie nobilissimus, magnaque et vetere prosapia, ut qui statuarum titulis pronepotem se Q. Catuli Capitolini semper adscripserit; imperator vero etiam stemma in atrio proposuerit,

GALBA.

I. La race des Césars s'éteignit en Néron. Parmi beaucoup de présages qui annoncèrent sa mort, il y en eut surtout deux d'une complète évidence. Peu après le mariage de Livie avec Auguste, elle était allée visiter sa maison de campagne de Véies : un aigle[1] passa, et laissa tomber sur ses genoux une poule blanche qui tenait dans son bec une branche de laurier[2]. Livie fit nourrir la poule et planter le laurier; il en naquit une si grande quantité de poussins, que cette terre en prit le nom de *ad Gallinas*, et un si beau bosquet de lauriers, que les Césars y cueillirent dans la suite ceux de leurs triomphes. L'usage s'établit de les replanter sur-le-champ dans le même lieu, et l'on a remarqué que l'arbre de chacun d'eux dépérissait vers la fin de sa vie. Or, dans les dernières années de Néron, toute la forêt se dessécha jusqu'aux racines, et tout ce qu'il y avait de poules périt. Bientôt après, la foudre frappa le temple des Césars[3], les têtes de toutes leurs statues tombèrent, et le sceptre d'Auguste fut arraché de ses mains.

II. Galba succéda à Néron, sans tenir en aucune façon à la maison des Césars[4] : néanmoins, il était d'une très-haute noblesse[5], et sa race était à la fois illustre et ancienne. Il prenait sur ses statues le titre d'arrière-petit-fils de Q. Catulus Capitolinus. Quand il fut empereur, il exposa dans le vestibule du palais une gé-

quo paternam originem ad Jovem, maternam ad Pasiphaen Minois uxorem referret.

III. Imagines et elogia universi generis exsequi longum est : familiæ breviter attingam. Qui primus Sulpiciorum cognomen Galbæ tulit, cur, aut unde traxerit, ambigitur. Quidam putant, quod oppidum Hispaniæ, frustra diu oppugnatum, illitis demum galbano facibus succenderit : alii, quod in diuturna valetudine galbeo, id est, remediis lana involutis, assidue uteretur : nonnulli, quod præpinguis fuerit visus, quem *galbam* Galli vocent; vel contra, quod tam exilis, quam sunt animalia, quæ in æsculis nascuntur, appellanturque *galbæ*. Familiam illustravit Servius Galba consularis, temporum suorum et eloquentissimus : quem tradunt, Hispaniam ex prætura obtinentem, xxx Lusitanorum millibus perfidia trucidatis, Viriathini belli causam exstitisse. Ejus nepos, ob repulsam consulatus infensus Julio Cæsari, cujus legatus in Gallia fuerat, conspiravit cum Cassio et Bruto : propter quod Pedia lege damnatus est. Ab hoc sunt imperatoris Galbæ avus et pater. Avus clarior studiis quam dignitate : non enim egressus præturæ gradum, multiplicem nec incuriosam historiam edidit. Pater consulatu functus, quamquam brevi corpore, atque etiam gibber, modicæque in dicendo facultatis, causas industrie actitavit. Uxores habuit Mummiam Achaicam, neptem Catuli, proneptem L. Mummii, qui Corinthum

néalogie qui faisait remonter son origine paternelle à Jupiter, et son origine maternelle à Pasiphaé, épouse de Minos.

III. Il serait trop long de rappeler ici les aïeux et les honneurs qui distinguent la maison à laquelle il appartenait ; je me bornerai à parler brièvement de la famille des Galba. On ne sait quel fut le premier des Sulpicius qui porta ce surnom, ni pourquoi il le prit : les uns croient que ce fut parce qu'une ville d'Espagne ayant résisté à un long siège, il y mit le feu, au moyen de torches enduites de *galbanum;* les autres font dériver son nom, de ce que, dans une longue maladie, il fit un usage fréquent de galbeum, remède enveloppé dans la laine. Quelques personnes soutiennent qu'il était fort gros, et qu'en langue gauloise le mot *galba* signifie gras [6] ; enfin, d'autres veulent qu'il ait été aussi maigre que ces petits animaux qui vivent sur le chêne, et que l'on appelle *galbæ*. Parmi ceux qui illustrèrent cette famille, on nomme le consulaire Servius Galba [7], le plus éloquent des hommes de son temps. On rapporte qu'ayant obtenu, après sa préture, le commandement de l'Espagne, il fit massacrer avec perfidie trente mille Lusitaniens [8], et qu'il causa ainsi la guerre de Viriathus. Son petit-fils, irrité d'avoir été repoussé du consulat [9], conspira avec Brutus et Cassius contre Jules César dont il avait été le lieutenant dans la Gaule, et fut condamné en vertu de la loi Pedia. Après lui vinrent le grand-père et le père de Galba. Le premier fut plus célèbre par ses études que par ses dignités, car il ne dépassa pas la préture ; mais il publia une histoire fort étendue et pleine d'intérêt. Son père, après avoir été consul [10], se livra assidûment au soutien des causes judiciaires, quoiqu'il fût petit,

excidit : item Liviam Ocellinam, ditem admodum et pulchram : a qua tamen nobilitatis causa appetitus ultro existimatur, et aliquanto enixius, postquam subinde instanti vitium corporis secreto posita veste detexit, ne quasi ignaram fallere videretur. Ex Achaica liberos, Caium et Servium, procreavit. Quorum major Caius attritis facultatibus Urbe cessit : prohibitusque a Tiberio sortiri anno suo proconsulatum, voluntaria morte obiit.

IV. Serv. Galba imperator, M. Valerio Messala, Cn. Lentulo consulibus, natus est, ix calendas januarii, in villa colli superposita, prope Terracinam, sinistrorsus Fundos petentibus. Adoptatus a noverca sua, Livium nomen et Ocellæ cognomen assumsit, mutato prænomine. Nam et Lucium mox pro Servio usque ad tempus imperii usurpavit. Constat, Augustum puero adhuc, salutanti se inter æquales, apprehensa buccula dixisse, καὶ σὺ, τέκνον, τῆς ἀρχῆς ἡμῶν παρατρώξῃ. Sed et Tiberius, quum comperisset, imperaturum eum, verum in senecta, « Vivat sane, » ait, « quando id ad nos nihil pertinet. » Avo quoque ejus fulgur procuranti, quum exta de manibus aquila rapuisset, et in frugiferam quercum contulisset, responsum est, summum, sed serum, imperium portendi familiæ. Et ille irridens, « Sane, » inquit, « quum mula pepererit. » Nihil æque postea Galbam tentantem res novas confirmavit, quam mulæ partus : ceterisque

bossu, et qu'il eût de la difficulté à parler. Il eut pour femmes Mummia Achaïca, petite-fille de Catulus, arrière-petite-fille de Mummius, le défenseur de Corinthe ; puis, Livia Ocellina fort riche et fort belle. On croit qu'elle le rechercha à cause de sa noblesse, et que son empressement s'accrut de ce que, un jour qu'elle insistait, il lui fit voir sa difformité à nu, afin qu'elle ne pût lui reprocher de l'avoir trompée. Il eut d'Achaïca deux fils, Caïus et Servius. L'aîné, Caïus, quitta Rome après avoir dissipé sa fortune ; et, son tour étant venu d'obtenir un proconsulat par la voie du sort, Tibère l'en empêcha, et il se donna la mort.

IV. L'empereur Servius Galba naquit sous le consulat de M. Valerius Messala et de Cn. Lentulus[11], le 24 décembre, auprès de Terracine, dans une maison de campagne située sur une colline, à gauche de la route de Fondi. Adopté par sa belle-mère, il prit le nom de Livius et le surnom d'Ocellus, en changeant aussi de prénom : car, jusqu'à son avènement à l'empire, il se fit appeler Lucius au lieu de Servius. On sait que Galba étant venu saluer Auguste, avec des jeunes garçons de son âge, celui-ci lui porta la main sur la joue, et lui dit : « Et toi aussi, mon enfant, tu essaieras de notre puissance[12]. » Tibère, apprenant qu'il règnerait un jour, mais seulement dans sa vieillesse, s'écria : « Qu'il vive donc, puisque cela ne m'importe pas ! » L'aïeul de Galba faisait un sacrifice, pour détourner le funeste effet d'un éclair ; un aigle lui arracha des mains les entrailles du sacrifice, et les porta sur un chêne chargé de glands. Il lui fut répondu que cela promettait à sa famille le pouvoir suprême, mais pour un temps éloigné. Il se mit à rire : « Ce sera, dit-il, quand les mules enfante-

ut obscœnum ostentum abhorrentibus, solus pro lætissimo accepit, memor sacrificii, dictique avi. Sumta virili toga, somniavit Fortunam dicentem, « stare se ante fores defessam, et, nisi ocius reciperetur, cuicunque obvio prædæ futuram. » Utque evigilavit, aperto atrio, simulacrum æneum deæ, cubitali majus, juxta limen invenit : idque gremio suo Tusculum, ubi æstivare consuerat, avexit, et in parte ædium consecratum, menstruis deinceps supplicationibus et pervigilio anniversario coluit. Quamquam ætate nondum constanti, veterem civitatis exoletumque morem, ac tantum in domo sua hærentem, obstinatissime retinuit, ut liberti servique bis die frequentes adessent, ac mane salvere, vesperi valere sibi singuli dicerent.

V. Inter liberales disciplinas attendit et juri. Dedit et matrimonio operam : verum, amissa uxore Lepida, duobusque ex ea filiis, remansit in cælibatu, neque sollicitari ulla conditione amplius potuit, ne Agrippinæ quidem, viduatæ morte Domitii, quæ maritum quoque adhuc necdum cælibem, Galbam adeo omnibus sollicitaverat modis, ut in conventu matronarum correpta jurgio, atque etiam manu pulsata sit a matre Lepidæ. Observavit ante omnes Liviam Augustam : cujus et vivæ gratia plurimum valuit, et mortuæ testamento pæne di-

ront. » Aussi, lorsque Galba se mit en marche, rien ne lui inspira plus de confiance, que l'enfantement d'une mule; et, tandis que les autres repoussaient ce présage comme impur, lui seul le regardait comme très-heureux, se rappelant et le sacrifice, et la répartie de son aïeul. Après avoir pris la toge virile, il rêva que la Fortune lui disait : « Que, fatiguée, elle attendait à sa porte, et que, si on ne la recevait promptement, elle serait la proie du premier venu. » En s'éveillant, il ouvrit son vestibule, et vit près du seuil une statue d'airain de cette déesse, haute de plus d'une coudée. Il la prit dans son sein, l'emporta à Tusculum, où il avait coutume de passer l'été, la consacra, et lui voua un sacrifice par mois et une veille annuelle. Quoiqu'il ne fût pas encore parvenu à l'âge de la maturité, il maintint avec beaucoup de persévérance un ancien usage de Rome, aboli partout, excepté dans sa maison, usage suivant lequel les affranchis et les esclaves se présentaient à lui deux fois le jour, pour lui souhaiter chacun le bonjour, et une bonne nuit.

V. Parmi ses études scientifiques, il ne négligea point celle du droit. Il se maria; mais, quand il eut perdu sa femme Lepida et les deux filles qu'elle lui avait données, il demeura dans le célibat : rien ne put l'ébranler. Il ne céda pas au vœu d'Agrippine, qui, devenue veuve de Domitius, recherchait sa main, quoique alors il fût encore marié. Elle tenta de le séduire par tous les moyens possibles, au point que, dans une réunion de matrones, la mère de Lepida lui en fit des reproches, et s'emporta jusqu'à la frapper. Galba respectait surtout Livie, femme d'Auguste, dont la faveur, tant qu'il vécut, lui donna beaucoup de crédit, et qui faillit l'enrichir après

tatus est : sestertium namque quingenties quum præcipuum inter legatarios habuisset, quia notata, non perscripta erat summa, herede Tiberio legatum ad quingenta revocante, ne hæc quidem accepit.

VI. Honoribus ante legitimum tempus initis, prætor commissione ludorum Floralium, novum spectaculi genus, elephantos funambulos, edidit; exin provinciæ Aquitaniæ anno fere præfuit : mox consulatum per sex menses ordinarium gessit : evenitque, ut in eo ipse Cn. Domitio, patri Neronis, ipsi Salvius Otho, pater Othonis, succederet, velut præsagium insequentis casus, quo medius inter utriusque filios exstitit imperator. A Caio Cæsare Gætulico substitutus, postridie quam ad legiones venit, sollemni forte spectaculo plaudentes inhibuit, data tessera, « ut manus pænulis continerent. » Statimque per castra jactatum est,

    Disce, miles, militare; Galba est, non Gætulicus.

Pari severitate interdixit commeatus peti. Veteranum ac tironem militem opere assiduo corroboravit : matureque Barbaris, qui jam in Galliam usque proruperant, coercitis, præsenti quoque Caio talem et se et exercitum approbavit, ut inter innumeras contractasque ex omnibus provinciis copias, neque testimonium, neque præmia ampliora ulli perciperent : ipse maxime insignis, quod campestrem decursionem scuto moderatus, etiam

sa mort. Elle lui avait légué cinquante millions de sesterces[*]; mais, ce nombre étant marqué en chiffres, et non pas écrit en toutes lettres, Tibère le réduisit[13] à cinq cent mille sesterces[**], encore Galba ne les toucha-t-il point.

VI. Il obtint les honneurs avant l'âge fixé par la loi. Préteur, il donna un spectacle d'un nouveau genre, à la célébration des jeux Floraux[14]; il y fit paraître des éléphans funambules. Ensuite, il fut, pendant un an environ, à la tête de l'Aquitaine[15]; puis, il fut six mois consul ordinaire[16], et, chose étrange, il succéda dans ce consulat à Cn. Domitius[17], père de Néron, et eut pour successeur Salvius Othon, père d'Othon. C'était comme un présage de l'avenir, car il fut empereur entre les règnes de leurs fils. Substitué par Caïus à Gétulicus[18], il réprima, dès le lendemain de son arrivée auprès des légions, les applaudissemens par lesquels on l'accueillait au spectacle; un ordre du jour[19] enjoignit aux soldats « de tenir leurs mains sous leurs manteaux. » Sur-le-champ on répéta dans le camp :

« Soldat, apprends à servir; c'est Galba, ce n'est plus Gétulicus. »

Il défendit avec une égale sévérité de demander des congés. Il fortifia, par des travaux assidus, les vétérans et les recrues; il chassa les Barbares qui avaient pénétré jusque dans la Gaule, et, Caïus étant présent[20], il se fit si bien valoir, lui et son armée, que, des innombrables troupes levées dans toutes les provinces, aucunes n'obtinrent plus de témoignages de sa satisfaction ou de plus grandes récompenses. Galba lui-même se distingua : un bouclier à la main, il dirigea les évolutions militaires,

---

[*] 6500,000 fr. — [**] 65,000 fr.

ad essedum imperatoris per viginti passuum millia cucurrit.

VII. Cæde Caii nunciata, multis ad occasionem stimulantibus, quietem prætulit. Per hoc gratissimus Claudio, receptusque in cohortem amicorum, tantæ dignationis est habitus, ut, quum subita ei valetudo, neque adeo gravis, incidisset, dilatus sit expeditionis britannicæ dies. Africam proconsule biennio obtinuit, extra sortem electus ad ordinandam provinciam, et intestina dissensione et Barbarorum tumultu inquietam : ordinavitque magna severitatis ac justitiæ cura, etiam in parvulis rebus. Militi, qui per expeditionem artissima annona residuum cibariorum tritici modium centum denariis vendidisse arguebatur, vetuit, simul atque indigere cibo cœpisset, a quoquam opem ferri : et is fame extabuit. At in jure dicendo, quum de proprietate jumenti quæreretur, levibus utrinque argumentis et testibus, ideoque difficili conjectura veritatis, ita decrevit, ut ad lacum, ubi adaquari solebat, duceretur capite involuto, atque ibidem revelato, ejus esset, ad quem sponte se a potu recepisset.

VIII. Ob res, et tunc in Africa, et olim in Germania gestas, ornamenta triumphalia accepit, et sacerdotium triplex, inter Quindecimviros sodalesque Titios, item Augustales, cooptatus : atque ex eo tempore prope ad

et courut encore l'espace de vingt mille pas, à côté de la voiture de l'empereur [21].

VII. Lorsqu'on annonça le meurtre de Caïus, ses amis l'excitèrent à saisir l'occasion; mais il préféra le repos. Cela le rendit fort agréable à Claude, qui le reçut au nombre de ses amis; et il en fut tellement honoré, qu'en apprenant qu'il était tout à coup tombé malade, l'empereur différa le jour de l'expédition de Bretagne, quoique la maladie ne fût pas fort grave. Pendant deux ans il gouverna l'Afrique [22] en qualité de proconsul, et fut désigné, sans recourir au sort, pour ramener l'ordre dans cette province inquiétée par des divisions intestines et des incursions de Barbares. Il s'acquitta de ce devoir avec beaucoup de sévérité et de justice, qualités qu'il fit paraître jusque dans les plus petites choses. Dans un moment où les vivres manquaient, un soldat avait vendu pour cent deniers un modius de froment qui lui restait de sa provision : Galba défendit que qui que ce fût vînt à son secours quand il aurait besoin de vivres, et il mourut de faim. Un jour qu'il rendait la justice, on se disputait la propriété d'une bête de somme; de part et d'autre, les argumens et les témoignages étaient très-faibles; il était fort difficile de deviner juste : il ordonna qu'on enveloppât la tête de cette bête de somme, qu'on la conduisît à l'étang où l'on avait coutume de l'abreuver, et voulut qu'elle appartînt à celui vers lequel elle viendrait de son propre mouvement, quand on l'aurait dégagée de son voile.

VIII. Il reçut les ornemens triomphaux, tant pour ce qu'il fit alors en Afrique, que pour ce qu'il avait fait autrefois en Germanie, et, par un triple sacerdoce, il fut reçu parmi les quindécemvirs [23] dans le collège des prêtres

medium Neronis principatum in secessu plurimum vixit; ne ad gestandum quidem unquam aliter iter ingressus, quam ut secum vehiculo proximo decies sestertium in auro efferret, donec in oppido Fundis moranti Hispania Tarraconensis oblata est. Acciditque, ut, quum provinciam ingressus sacrificaret intra ædem publicam, puero e ministris, acerram tenenti, capillus repente toto capite canesceret. Nec defuerunt, qui interpretarentur, significari rerum mutationem, successurumque juveni senem, hoc est, ipsum Neroni. Non multo post in Cantabriæ lacum fulmen decidit : repertæque sunt duodecim secures, haud ambiguum summi imperii signum.

IX. Per octo annos varie et inæquabiliter provinciam rexit. Primo acer, vehemens, et in coercendis quidem delictis vel immodicus. Nam et nummulario, non ex fide versanti pecunias, manus amputavit, mensæque ejus affixit, et tutorem, quod pupillum, cui substitutus heres erat, veneno necasset, cruce affecit : implorantique leges, et civem romanum se testificanti, quasi solatio et honore aliquo pœnam levaturus, mutari, multoque præter ceteras altiorem et dealbatam statui crucem jussit. Paulatim in desidiam segnitiemque conversus est, ne quid materiæ præberet Neroni, et, ut dicere solebat, « quod nemo rationem otii sui reddere cogeretur. » Carthagine nova conventum agens, tumultuari Gallias comperit, legato Aquitaniæ auxilia implorante. Supervenc-

Titiens et dans celui des prêtres d'Auguste. Depuis lors, jusque vers le milieu du règne de Néron, il vécut presque toujours dans la retraite. Il ne fit aucun voyage, pas même pour se promener, qu'il ne fût suivi d'un fourgon, portant un million de sesterces en or*. Enfin, il demeurait à Fondi, quand on lui offrit le commandement de l'Espagne Tarragonaise [24]. En entrant dans sa province, il fit un sacrifice dans un temple, et tout à coup les cheveux d'un jeune garçon qui tenait l'encens, blanchirent : on ne manqua pas de dire que cela signifiait un changement, et qu'un vieillard succèderait à un jeune homme, c'est-à-dire, Galba à Néron. Peu de temps après, la foudre tomba dans un lac, chez les Cantabres, et l'on y trouva douze haches, signe non équivoque de la puissance souveraine.

IX. Il gouverna sa province pendant huit ans [25], avec beaucoup d'inégalité; d'abord, il fut actif, prompt, et d'une sévérité outrée à réprimer les délits. Il alla jusqu'à faire couper les mains à un changeur infidèle; elles furent clouées sur son comptoir. Un tuteur, substitué à son pupille dans un testament, l'avait empoisonné; Galba le fit mettre en croix; et, comme il implorait les lois, en attestant sa qualité de citoyen romain, il ordonna de changer la croix, de lui en élever une beaucoup plus haute que les autres, et de la blanchir pour alléger, par un peu de consolation et d'honneur, la dureté de cette peine. Mais, peu à peu, il s'abandonna à la négligence et à la paresse, de peur de donner prise à Néron. Il avait coutume d'alléguer pour motif de cette conduite, « que personne n'était tenu de rendre compte de son inaction. » Il tenait à Carthagène une assemblée provinciale, lorsqu'il apprit

* 177,900 francs.

runt et Vindicis litteræ, hortantis, « ut humano generi assertorem ducemque se accommodaret. » Nec diu cunctatus, conditionem, partim metu, partim spe, recepit. Nam et mandata Neronis de nece sua ad procuratores clam missa deprehenderat; et confirmabatur quum secundissimis auspiciis et ominibus, tum virginis honestæ vaticinatione; tanto magis, quod eadem illa carmina sacerdos Jovis Cluniæ ex penetrali, somnio monitus, eruerat, ante ducentos annos similiter a fatidica puella pronunciata. Quorum carminum sententia erat, « Oriturum quandoque ex Hispania principem dominumque rerum. »

X. Igitur quum quasi manumissioni vacaturus conscendisset tribunal, propositis ante se damnatorum occisorumque a Nerone quam plurimis imaginibus, et adstante nobili puero, quem exsulantem e proxima Baleari insula ob id ipsum acciverat, deploravit temporum statum, consalutatusque imperator, « legatum se senatus ac populi romani, » professus est. Dein justitio indicto, e plebe quidem provinciæ legiones et auxilia conscripsit, super exercitum veterem legionis unius, duarumque alarum, et cohortium trium : at e primoribus prudentiaque et ætate præstantibus, velut instar senatus, ad quos de majore re, quoties opus esset, referretur, instituit. Delegit et equestris ordinis juvenes, qui, manente annulo-

que la Gaule était en mouvement; il le sut par le lieutenant d'Aquitaine, qui lui envoyait demander du secours. Il arriva aussi des lettres de Vindex, pour l'engager « à se faire le chef et le libérateur du genre humain. » Il n'hésita pas long-temps [26] : obéissant en partie à la crainte, en partie à l'espérance, il accepta la proposition. Déjà, il avait surpris l'ordre de le tuer, que Néron avait envoyé en secret à ses agens; d'ailleurs, il avait pour lui les auspices, les présages les plus favorables, et les prédictions d'une vierge de famille considérée. Il mettait d'autant plus de confiance en ces prédictions, qu'elles avaient été prononcées déjà plus de deux cents ans auparavant, par une jeune fille qui lisait dans l'avenir, et que le grand-prêtre de Jupiter Clunien [27], averti par un songe, venait de retirer du sanctuaire les vers qui les renfermaient. Il y était dit « qu'un jour le chef et le maître de toutes choses sortirait d'Espagne. »

X. Il monta donc sur son tribunal, comme s'il allait procéder à un affranchissement, et, plaçant devant lui une grande quantité de portraits de ceux que Néron avait fait périr, il prit à ses côtés un noble jeune homme qu'il avait fait venir des îles Baléares, où il était exilé. Alors, il déplora l'état des affaires présentes, fut salué empereur, et se déclara « le lieutenant du sénat et du peuple romain. » Puis, il annonça que le cours de la justice était interrompu, et leva dans le peuple de la province des légions et des troupes auxiliaires, pour renforcer son armée, qui n'était que d'une seule légion [28], de deux escadrons et de trois cohortes. Il choisit, parmi les plus illustres du pays, ceux que recommandaient leur sagesse et leur âge, et en fit une espèce de sénat, auquel il pût rendre compte des affaires majeures, chaque fois qu'il en serait

rum aureorum usu, *evocati* appellarentur, excubiasque circa cubiculum suum vice militum agerent. Etiam per provincias edicta dimisit, auctor singulis universisque conspirandi simul, et ut, qua posset quisque opera, communem causam juvarent. Per idem fere tempus in munitione oppidi, quod sedem bello delegerat, repertus est annulus opere antiquo, sculptura gemmæ Victoriam cum tropæo exprimente. Ac subinde alexandrina navis Dertosam appulit, armis onusta, sine gubernatore, sine nauta ac vectore ullo : ut nemini dubium esset, justum piumque, et faventibus diis, bellum suscipi; quum repente ex inopinato prope cuncta turbata sunt. Alarum altera castris appropinquantem, pœnitentia mutati sacramenti, destituere conata est, ægreque retenta in officio : et servi, quos, a liberto Neronis ad fraudem præparatos, muneri acceperat, per angiportum in balineas transeuntem pæne interemerunt, nisi cohortantibus invicem, ne occasionem omitterent, interrogatisque, de qua occasione loquerentur, expressa cruciatu confessio esset.

XI. Accessit ad tanta discrimina mors Vindicis, qua maxime consternatus, destitutoque similis, non multum abfuit, quin vitæ renunciaret. Sed supervenientibus ab Urbe nunciis, ut occisum Neronem, cunctosque in verba sua jurasse, cognovit; deposita legati, suscepit Cæsaris appellationem : iterque ingressus est paludatus,

besoin. Il désigna, pour faire le service autour de ses appartemens, des jeunes gens de l'ordre des chevaliers, qui, conservant l'usage de l'anneau d'or, seraient appelés *evocati*[29]. Il répandit aussi des proclamations dans les provinces, engageant chaque habitant en particulier, et tous en général, à réunir leurs efforts, afin que chacun secondât, autant qu'il était en lui, la cause commune. Vers le même temps, on trouva, en fortifiant une ville qu'il avait choisie pour place d'armes, un anneau d'un travail antique; la pierre représentait la Victoire et un trophée. Bientôt, un navire d'Alexandrie vint aborder à Dertosa[30]; il était chargé d'armes, et cependant il ne portait ni pilote, ni matelot, ni passager. Il ne fut plus douteux que la guerre que l'on entreprenait ne fût juste, sainte et agréable aux dieux; mais, tout à coup, ses combinaisons faillirent être dérangées. Au moment où Galba approchait du camp, le second escadron se repentit d'avoir rompu ses sermens, et voulut l'abandonner; on eut de la peine à le retenir dans le devoir. D'autre part, des esclaves qu'un affranchi de Néron lui avait donnés après les avoir instruits à la trahison, faillirent le tuer lorsqu'il se rendait au bain par une rue étroite; mais, comme ils s'excitaient les uns les autres à ne pas laisser échapper l'occasion, on leur demanda de quelle occasion ils parlaient, et la torture leur en arracha l'aveu.

XI. A tant de dangers, se joignit la mort de Vindex[31]; il en fut très-abattu, et, semblable à un homme sans ressources, il fut sur le point de renoncer à la vie. Mais, lorsqu'il apprit par les messages qui arrivaient de Rome[32], que Néron avait été tué, et que déjà les sermens de tous lui appartenaient, il quitta le titre de lieutenant pour celui de César[33], se mit en marche en costume de chef

ac dependente a cervicibus pugione ante pectus; nec prius usum togæ recuperavit, quam oppressis, qui novas res moliebantur, præfecto prætorii Nymphidio Sabino, Romæ; in Germania, Fonteio Capitone; in Africa, Clodio Macro, legatis.

XII. Præcesserat de eo fama sævitiæ simul atque avaritiæ : quod civitates Hispaniarum Galliarumque, quæ cunctantius sibi accesserant, gravioribus tributis, quasdam etiam murorum destructione, punisset; et præpositos procuratoresque supplicio capitis affecisset cum conjugibus ac liberis; quodque oblatam a Tarraconensibus e vetere templo Jovis coronam auream librarum quindecim conflasset, ac tres uncias, quæ ponderi deerant, jussisset exigi. Ea fama et confirmata et aucta est, ut primum Urbem introiit. Nam quum classiarios, quos Nero ex remigibus justos milites fecerat, redire ad pristinum statum cogeret ; recusantes, atque insuper aquilam et signa pertinacius flagitantes, non modo immisso equite disjecit, sed decimavit etiam. Item Germanorum cohortem, a Cæsaribus olim ad custodiam corporis institutam, multisque experimentis fidelissimam, dissolvit, ac sine ullo commodo remisit in patriam, quasi Cn. Dolabellæ, juxta cujus hortos tendebat, proniorem. Illa quoque, verene an falso, per ludibrium jactabantur, apposita lautiore cœna ingemuisse eum ; et ordinario quidem dispensatori, breviarum rationum offerenti,

militaire. On le vit suspendre à son cou un poignard [34] qui retombait sur sa poitrine, et il ne reprit la toge, qu'après s'être défait de ceux qui suscitaient de nouveaux troubles : c'étaient à Rome Nymphidius Sabinus [35], le préfet du prétoire; en Germanie Fonteius Capito, en Afrique Clodius Macer [36], tous deux lieutenans.

XII. Il arrivait précédé d'une réputation de cruauté et d'avarice, parce qu'en Espagne et dans les Gaules il avait frappé de tributs considérables plusieurs villes qui avaient hésité à suivre son parti; il avait même détruit les murailles de quelques-unes, et fait périr du dernier supplice leurs chefs et les agens du fisc, ainsi que leurs femmes et leurs enfans. Les Tarragonais ayant apporté [37] d'un ancien temple de Jupiter une couronne d'or de quinze livres, il la fit fondre, et exigea le paiement de trois onces qui manquaient au poids. Cette réputation se fortifia et s'accrut, dès qu'il entra dans la ville. Les marins que Néron avait faits soldats [38] de simples rameurs qu'ils étaient, ne voulurent point retourner à leur premier état, comme l'ordonnait Galba; ils réclamaient obstinément leur aigle et leurs enseignes : non-seulement il les fit disperser par la cavalerie [39], mais il les décima. Il licencia la cohorte de Germains [40] créée par les Césars pour la garde de leur personne, et cette cohorte, qui était d'une fidélité éprouvée, fut renvoyée dans sa patrie sans aucun avantage, sous prétexte qu'elle était plus dévouée à Cn. Dolabella [41], près des jardins duquel elle campait, qu'à Galba lui-même. Vrais ou faux, on racontait aussi, par forme de raillerie, les traits suivans. Il aurait, dit-on, soupiré à la vue d'un repas un peu somptueux, et, son maître-d'hôtel ordinaire lui ayant un jour présenté ses comptes,

paropsidem leguminis pro sedulitate ac diligentia porrexisse; Cano autem choraulæ, mire placenti, denarios quinque donasse, prolatos manu sua e peculiaribus loculis suis.

XIII. Quare adventus ejus non perinde gratus fuit, idque proximo spectaculo apparuit : siquidem Atellanis notissimum canticum exorsis, « Venit, io ! Simus a villa; » cuncti simul spectatores consentiente voce reliquam partem retulerunt; ac sæpius versu repetito egerunt.

XIV. Majore adeo et favore et auctoritate adeptus est, quam gessit, imperium; quamquam multa documenta egregii principis daret : sed nequaquam tam grata erant, quam invisa, quæ secus fierent. Regebatur trium arbitrio, quos una et intra palatium habitantes, nec unquam non adhærentes, pædagogos vulgo vocabant. Hi erant T. Vinius, legatus ejus in Hispania, cupiditatis immensæ : Cornelius Laco, ex assessore præfectus prætorii, arrogantia socordiaque intolerabilis : libertus Icelus, paulo ante annulis aureis et Marciani cognomine ornatus, ac jam summæ equestris gradus candidatus. His, diverso vitiorum genere grassantibus, adeo se abutendum permisit et tradidit, ut vix sibi ipse constaret : modo acerbior parciorque, modo remissior ac negligentior, quam conveniret principi electo, atque illud ætatis. Quosdam claros ex utroque ordine viros, suspicione minima, inauditos condemnavit. Civitatem romanam

il lui fit donner un plat de légumes, pour le récompenser de sa fidélité et de son zèle. Enfin, on veut qu'il ait de sa main cherché dans sa cassette particulière cinq deniers*, pour les donner au joueur de flûte Canus[42], qui lui plaisait beaucoup.

XIII. Aussi, son arrivée ne fut-elle pas très-agréable aux Romains ; c'est ce qui parut dès le premier spectacle. Les Atellanes[43] ayant commencé ce chant si connu : « Simus revient de la campagne, » tous les spectateurs l'achevèrent d'une commune voix, et répétèrent ce vers avec beaucoup d'action.

XIV. Il jouit de plus de faveur et de considération quand il prit possession de l'empire, que pendant son administration. Cependant il y eut beaucoup de circonstances où il se montra fort bon prince ; mais, ce qu'il faisait de bon était loin d'être reçu avec une bienveillance égale à l'aversion que l'on manifestait pour ce qui ne l'était pas. Il se gouvernait selon le bon plaisir de trois hommes[44] qui demeuraient dans l'intérieur du palais, qui le suivaient partout, et que l'on appelait ses pédagogues. C'étaient T. Vinius, son lieutenant en Espagne, homme d'une étrange cupidité ; Cornelius Laco, qui, de simple assesseur, était devenu préfet du prétoire, et dont l'arrogance et la sottise étaient intolérables ; enfin, l'affranchi Icelus, décoré peu auparavant de l'anneau d'or et du surnom de Marcianus, et qui prétendait déjà au suprême degré de l'ordre des chevaliers. Il s'abandonna tellement à ces hommes qui étaient dominés par les vices les plus divers, qu'il n'était plus lui-même, et que tantôt il était plus sévère, plus économe, tantôt plus doux, plus insouciant qu'il ne convenait à un souverain élu, et surtout à un

* 3 fr. 55 cent.

raro dedit : jura trium liberorum vix uni atque alteri ; ac ne his quidem, nisi ad certum præfinitumque tempus. Judicibus, sextam decuriam adjici precantibus, non modo negavit, sed etiam concessum a Claudio beneficium, ne hieme initioque anni ad judicandum evocarentur, eripuit.

XV. Existimabatur etiam senatoria et equestria officia, biennii spatio determinaturus, nec daturus, nisi invitis ac recusantibus. Liberalitates Neronis, non plus decimis concessis, per quinquaginta equites romanos ea conditione revocandas curavit exigendasque, ut et, si quid scenici aut xystici donatum olim vendidissent, auferretur emtoribus, quando illi, absumto pretio, solvere nequirent. At contra, nihil non per comites atque libertos pretio addici, aut donari gratia passus est, vectigalia, immunitates, pœnas innocentium, impunitates noxiorum. Quin etiam, populo romano deposcente supplicium Haloti et Tigellini, solos ex omnibus Neronis emissariis vel maleficentissimos incolumes præstitit : atque insuper Halotum procuratione amplissima ornavit. Pro Tigellino etiam sævitiæ populum increpuit edicto.

XVI. Per hæc prope universis ordinibus offensis, vel præcipua flagrabat invidia apud milites. Nam quum in verba ejus absentis jurantibus donativum grandius solito

souverain de son âge. Sur le plus léger soupçon et sans les
entendre, il condamna quelques hommes marquans des
deux ordres. Rarement il conféra le titre de citoyen romain ; c'est à peine s'il accorda une ou deux fois le privilège *des trois enfans*[45], encore ne fût-ce que pour un
temps limité. Les juges le priaient de leur adjoindre une
sixième décurie [46]; non-seulement il s'y refusa, mais il
leur enleva encore la faveur que leur avait concédée
Claude, de ne pouvoir être convoqués en hiver ni au
commencement de l'année.

XV. On croyait aussi qu'il fixerait à deux ans la durée
des emplois des sénateurs et des chevaliers [47], et qu'il ne
les confèrerait qu'à ceux qui n'en voulaient pas ou les refusaient. Il institua une commission de cinquante chevaliers, pour révoquer et reprendre toutes les libéralités de
Néron [48] : on n'accordait pas plus du dixième aux donataires ; si des histrions ou des lutteurs avaient vendu ce
qu'on leur avait autrefois donné, et qu'ils n'en pussent
rendre la valeur, on reprenait l'objet aux acheteurs. Cependant, il n'est rien que Galba ne laissât vendre à prix
d'argent, ou prodiguer par la faveur de ses compagnons
ou de ses affranchis : les revenus publics, les privilèges,
des peines pour les innocens, l'impunité pour les coupables, tout dépendait d'eux. Le peuple romain demandait le supplice d'Halotus et de Tigellinus [49] : ils étaient
les plus méchans de tous les agens de Néron ; mais
Galba les protégea ; il alla même jusqu'à honorer Halotus
d'un emploi très-important, et, dans un ordre du jour,
il accusa le peuple de cruauté envers Tigellinus.

XVI. Il offensa de la sorte tous les ordres de l'état ;
mais il était surtout haï des soldats ; car, avant son
arrivée, les chefs, lorsqu'ils avaient juré de lui obéir,

præpositi pronunciassent, neque ratam rem habuit, et subinde jactavit, « legere se militem, non emere consuesse. » Atque eo quidem nomine omnes, qui ubique erant, exacerbavit. Ceterum prætorianos etiam metu et indignitate commovit, removens subinde plerosque, ut suspectos, et Nymphidii socios. Sed maxime fremebat superioris Germaniæ exercitus, fraudari se præmiis navatæ adversus Gallos et Vindicem operæ. Ergo primi obsequium rumpere ausi, calendis januariis adigi sacramento, nisi in nomen senatus, recusarunt : statimque legationem ad prætorianos cum mandatis destinaverunt, « displicere imperatorem in Hispania factum' : eligerent ipsi, quem cuncti exercitus comprobarent. »

XVII. Quod ut nunciatum est, despectui esse non tam senectam suam, quam orbitatem ratus, Pisonem Frugi Licinianum, nobilem egregiumque juvenem, ac sibi olim probatissimum, testamentoque semper in bona et nomen ascitum, repente e media salutantium turba apprehendit; filiumque appellans, perduxit in castra, ac pro concione adoptavit; ne tunc quidem donativi ulla mentione facta. Quo faciliorem occasionem M. Salvio Othoni præbuit perficiendi conata, intra sextum adoptionis diem.

XVIII. Magna et assidua monstra jam inde a principio exitum ei, qualis evenit, portenderant. Quum per

avaient promis une gratification plus forte qu'à l'ordinaire[50]; Galba ne ratifia point cette promesse, et répéta avec affectation « qu'il avait coutume de lever le soldat, non de l'acheter. » Ce propos irrita toutes les troupes, en quelque lieu qu'elles fussent cantonnées. Galba inspira la crainte et l'indignation aux prétoriens, parce qu'il en éloigna un grand nombre comme suspects et comme amis de Nymphidius. Mais c'était l'armée de Germanie qui murmurait le plus; car elle se voyait privée des récompenses qu'elle attendait de ses services contre les Gaulois et contre Vindex. Elle osa donc la première rompre tout lien d'obéissance, et, le premier janvier[51], elle refusa de prêter serment autrement qu'au sénat; de plus, elle envoya une députation aux prétoriens, pour leur dire « qu'il ne fallait pas d'un empereur élu en Espagne, et pour les prier de faire un choix que confirmeraient toutes les armées. »

XVII. Lorsqu'on le lui annonça, il crut qu'on le méprisait moins à cause de son âge, que parce qu'il n'avait pas d'enfans[52]; en conséquence, il prit subitement parmi la foule de ceux qui venaient lui rendre leurs devoirs, Pison Frugi Licinianus[53], noble et excellent jeune homme, que depuis long-temps il estimait beaucoup, et que, dans son testament, il avait constamment nommé l'héritier de ses biens et de son nom; il l'appela son fils, le conduisit au camp, et l'adopta devant la troupe assemblée[54], sans faire encore aucune mention de gratification pour elle. Cette avarice fournit à Othon l'occasion d'accomplir son entreprise : six jours ne s'étaient pas écoulés depuis cette adoption[55], que tout était accompli.

XVIII. Dès le commencement de son règne, de grands et de fréquens prodiges avaient annoncé à Galba quelle

omne iter dextra sinistraque oppidatim victimæ cæderentur, taurus, securis ictu consternatus, rupto vinculo essedum ejus invasit, elatisque pedibus totum cruore perfudit; ac descendentem speculator impulsu turbæ lancea prope vulneravit. Urbem quoque, et deinde palatium ingressum excepit terræ tremor, et assimilis quidam mugitui sonus. Secuta sunt aliquanto manifestiora et tristiora. Monile, margaritis gemmisque consertum, ad ornandam Fortunam suam tusculanam, ex omni gaza secreverat : id repente, quasi augustiore dignius loco, Capitolinæ Veneri dedicavit : ac proxima nocte somniavit speciem Fortunæ querentis, fraudatam se dono destinato, minantisque, erepturam et ipsam, quæ dedisset. Quumque exterritus, luce prima ad expiandum somnium, præmissis, qui rem divinam appararent, Tusculum excucurrisset, nihil invenit præter tepidam in ara favillam, atratumque juxta senem in catino vitreo thus tenentem, et in calice fictili merum. Observatum etiam est, calendis januariis sacrificanti coronam de capite excidisse, auspicanti pullos avolasse : adoptionis die, neque milites allocuturo castrensem sellam de more positam pro tribunali, oblitis ministris, et in senatu curulem perverse collocatam.

XIX. Prius vero, quam occideretur, sacrificantem mane haruspex identidem monuit, caveret periculum : non longe percussores abesse. Haud multo post cogno-

en serait la fin. Pendant toute sa marche sur Rome, on immolait des victimes de tous côtés et dans toutes les villes : un taureau, déjà frappé d'un coup de hache, rompit ses liens, se précipita sur son char, et, se dressant sur ses pieds, le couvrit de sang; pendant qu'il en descendait, un garde, pressé par la foule, faillit le blesser de sa lance. A son entrée dans la ville et dans le palais, il fut accueilli par un tremblement de terre, et par un son semblable à un mugissement. Il y eut ensuite des présages encore plus évidens et plus fâcheux : il avait choisi dans son trésor un collier garni de perles et de pierres précieuses, pour en orner sa petite statue de la Fortune, à Tusculum [56]; mais, pensant que ce collier était digne d'un lieu plus auguste, il le dédia à la Vénus du Capitole : la nuit suivante, la Fortune lui apparut en songe; elle se plaignait d'avoir été privée de l'offrande qu'il lui avait destinée, et menaçait de lui enlever aussi ce qu'elle lui avait donné. Effrayé de ce songe, il envoya dès le point du jour préparer un sacrifice, et courut lui-même à Tusculum; mais il n'y trouva qu'un feu éteint sur l'autel, et un vieillard vêtu de noir qui tenait de l'encens dans un bassin de verre, et du vin dans un pot de terre. On remarqua aussi aux calendes de janvier, que la couronne tomba de sa tête [57] pendant qu'il faisait un sacrifice, et que les poulets s'envolèrent quand il prit les auspices. Le jour de l'adoption de Pison [58], on oublia de placer, selon l'usage, le siège militaire devant son tribunal, et, dans le sénat, la chaise curule avait été retournée.

XIX. Le matin du jour où il fut tué, et pendant qu'il faisait un sacrifice, l'aruspice l'avait averti [59] à plusieurs reprises de se préserver du danger, en lui annonçant que les meurtriers n'étaient pas loin. Peu d'instans après,

scit, teneri castra ab Othone : ac plerisque, ut eodem quamprimum pergeret, suadentibus (posse enim auctoritate et præsentia prævalere), nihil amplius, quam continere se, statuit, et legionariorum firmare præsidiis, qui multifariam diverseque tendebant. Loricam tamen induit linteam, quamquam haud dissimulans, parum adversus tot mucrones profuturam. Sed extractus rumoribus falsis, quos conspirati, ut eum in publicum elicerent, de industria dissiparant, paucis temere affirmantibus, transactum negotium, oppressos qui tumultuarentur, advenire frequentes ceteros gratulabundos, et in omne obsequium paratos; his ut occurreret, prodiit tanta fiducia, ut militi cuidam, occisum a se Othonem, glorianti, «Quo auctore?» responderit : atque in Forum usque processit. Ibi equites, quibus mandata cædes erat, quum per publicum, dimota paganorum turba, equos adegissent, viso procul eo, parumper restiterunt : dein rursum incitati, desertum a suis contrucidarunt.

XX. Sunt, qui tradant, ad primum tumultum proclamasse eum, «Quid agitis, commilitones? ego vester sum, et vos mei;» donativum etiam pollicitum. Plures autem prodiderunt, obtulisse ultro jugulum, et, « ut hoc agerent, ac ferirent, quando ita videretur,» hortatum. Illud mirum admodum fuerit, neque præsentium quemquam opem imperatori ferre conatum; et omnes qui arcesserentur sprevisse nuncium, excepta Germani-

il apprit que le camp était au pouvoir d'Othon : la plupart de ceux qui l'entouraient l'engagèrent à s'y rendre sur-le-champ [60]; car ils pensaient que son autorité et sa présence seraient décisives. Quant à lui, il ne voulut que rester dans son palais, et se fortifier en faisant venir les légions qui était campées à de grandes distances les unes des autres. Cependant, il revêtit sa cuirasse de lin, quoiqu'il ne se dissimulât pas qu'elle serait de peu de secours contre tant de poignards. Il fut attiré hors de chez lui par des bruits mensongers que les conjurés avaient semés tout exprès pour le faire paraître en public : on disait, sur la foi de ces bruits, que l'affaire était terminée [61], que les mutins étaient domptés, et que les autres accouraient en foule pour féliciter l'empereur et recevoir ses ordres. Galba voulut aller au devant d'eux; il marcha avec tant de confiance, qu'il demanda à un soldat qui se vantait d'avoir tué Othon [62] : « Par quel ordre ? » puis il alla jusqu'au Forum. Là, se trouvaient les cavaliers chargés de le tuer, ils poussèrent leurs chevaux à travers le peuple, pour dissiper la foule des campagnards; quand ils l'aperçurent de loin, ils s'arrêtèrent un instant, puis ils continuèrent leur course, et, le voyant abandonné des siens, ils le massacrèrent.

XX. Il y a des auteurs qui rapportent que, dans le premier moment, il s'écria : « Que faites-vous, camarades [63]? je suis à vous comme vous êtes à moi; » on ajoute qu'il promit une gratification. Mais, la plupart disent qu'il leur présenta lui-même la gorge, en leur disant « de le frapper, puisque telle était leur intention. » Ce qu'il y a de surprenant, c'est que personne des assistans n'ait entrepris de secourir l'empereur, et que, de toutes les troupes qui furent mandées, aucune ne tint

cianorum vexillatione. Hi, ob recens meritum, quod se ægros et invalidos magno opere fovisset, in auxilium advolaverunt : sed serius, itinere devio per ignorantiam locorum retardati. Jugulatus est ad lacum Curtii, ac relictus ita uti erat, donec gregarius miles, a frumentatione rediens, abjecto onere caput ei amputavit. Et quoniam capillo præ calvitie arripere non poterat, in gremium abdidit : mox, inserto per os pollice, ad Othonem detulit. Ille lixis calonibusque donavit : qui hasta suffixum, non sine ludibrio circum castra portarunt, acclamantes identidem, « Galba, cupide fruaris ætate tua; » maxime irritati ad talem jocorum petulantiam, quod ante paucos dies exierat in vulgus, laudanti cuidam formam suam, ut adhuc floridam et vegetam, respondisse eum, ἔτι μοι μένος ἔμπεδόν ἐστιν. Ab his Patrobii Neroniani libertus centum aureis redemtum, eo loco, ubi jussu Galbæ animadversum in patronum suum fuerat, abjecit. Sero tandem dispensator Argius, et hoc et ceterum truncum in privatis ejus hortis Aureliæ viæ sepulturæ dedit.

XXI. Statura fuit justa, capite præcalvo, oculis cæruleis, adunco naso, manibus pedibusque articulari morbo distortissimis, ut neque calceum perpeti, neque libellos evolvere, aut tenere omnino valeret. Excreverat

compte de cet ordre, excepté un peloton de cavalerie d'une légion de Germanie [64] qui vola à son aide, en reconnaissance d'un bienfait récent : Galba avait fait prendre soin de ces cavaliers, dans un moment où ils étaient souffrans et épuisés; cependant, ce peloton, ne connaissant pas les chemins, s'égara et arriva trop tard. Galba fut tué près du gouffre de Curtius : on le laissa sur la place tel qu'il se trouvait, jusqu'à ce qu'un soldat qui avait été chercher sa ration de grains, l'aperçut, jeta sa charge, et lui coupa la tête [65]. Ne pouvant la prendre par les cheveux parce qu'elle était chauve, il la cacha dans sa robe; puis, introduisant son pouce dans la bouche, il la porta à Othon. Celui-ci l'abandonna aux valets de l'armée et aux vivandiers, qui la plantèrent au bout d'une lance, et la promenèrent dans le camp avec de grandes railleries, répétant souvent : « Eh bien, Galba, jouis donc de ta jeunesse. » Ce qui leur faisait faire cette plaisanterie, c'est que, peu de jours auparavant, on disait que l'empereur, étant sorti, répondit à quelqu'un qui le trouvait bien portant et vigoureux : « Je me sens encore de la force [66]. » Un affranchi de Patrobius Neronianus [67] acheta sa tête de ces valets, pour cent deniers d'or*, et la fit jeter dans le même lieu où, par ordre de Galba, son maître avait été livré au supplice. Ce ne fut que fort tard que son intendant Argius put la réunir à son corps, pour l'ensevelir dans ses jardins de la voie Aurélienne.

XXI. Il était de taille ordinaire et avait la tête très-chauve; ses yeux étaient bleus, son nez recourbé; ses pieds et ses mains avaient été tellement contournés par

---

* Le denier d'or a 25 deniers d'argent, ou 100 sesterces. Il s'agit donc de 10,000 sesterces, ou 2122 francs de notre monnaie.

etiam in dexteriore latere ejus caro, præpendebatque adeo, ut ægre fascia substringeretur.

XXII. Cibi plurimi traditur, quem tempore hiberno etiam ante lucem capere consuerat : inter cœnam vero usque eo abundantis, ut congestas super manus reliquias circumferri juberet, spargique ad pedes stantibus. Libidinis in mares pronioris, et eos, non nisi præduros, exoletosque. Ferebant, in Hispania Icelum e veteribus concubinis, de Neronis exitu nunciantem, non modo artissimis osculis palam exceptum ab eo, sed, ut sine mora velleretur, oratum, atque seductum.

XXIII. Periit tertio et septuagesimo ætatis anno, imperii mense septimo. Senatus, ut primum licitum fuit, statuam ei decreverat, rostratæ columnæ superstantem, in parte Fori, qua trucidatus est. Sed decretum Vespasianus abolevit, percussores sibi ex Hispania in Judæam summisisse opinatus.

une maladie rhumatismale, qu'il ne pouvait ni supporter une chaussure, ni dérouler un livre. Il avait de plus au côté droit une excroissance de chair tellement proéminente, qu'on pouvait à peine la contenir par un bandage.

XXII. On dit qu'il était fort gourmand, et qu'en hiver il mangeait même avant le jour. A table, il se faisait servir avec une telle abondance, que, prenant les restes sur ses mains, il les faisait promener de convive en convive[68], et les faisait distribuer ensuite à ceux qui servaient. Il avait, en fait de volupté, plus de goût pour les hommes, mais il préférait ceux qui étaient robustes et dans l'âge mûr. On dit qu'en Espagne Icelus, l'un de ses anciens mignons, étant venu lui annoncer la mort de Néron, il ne se contenta pas de l'embrasser publiquement avec beaucoup d'ardeur, mais qu'il le pria de se faire épiler sur-le-champ et l'emmena.

XXIII. Il périt dans la soixante-treizième année de son âge[69], le septième mois de son règne. Dès que le sénat le put, il lui décerna une statue[70] qui devait être placée sur une colonne rostrale, dans la partie du Forum où il fut massacré; mais Vespasien révoqua ce décret, dans l'opinion que Galba avait autrefois envoyé d'Espagne en Judée des meurtriers pour lui donner la mort.

NOTES

SUR GALBA.

1. *Un aigle.* — *Voyez* Dion, liv. xlviii, p. 52.

2. *Qui tenait dans son bec, etc.* Pline le Naturaliste, xv, 40, p. 435 du tome ix de notre édition, rapporte ce qui suit : « Sous Auguste eut lieu un fait mémorable où le laurier jouait un rôle. Dans le temps où Livie Drusille, qui par son mariage reçut le nom d'Augusta, était promise à César, un aigle, du haut des airs, laissa tomber sur les genoux de la princesse assise une poule blanche qui était sans blessure : la princesse contemplait l'oiseau avec admiration et sans crainte. Nouvelle merveille ! le bec de la poule tenait une branche de laurier chargée de baies. Les aruspices recommandèrent de conserver l'oiseau pour avoir de sa race, de planter la branche, et d'en prendre un soin religieux; ce que l'on fit dans une maison de plaisance des Césars, située sur la voie Flaminienne, près du Tibre, à neuf milles de Rome, et dite aujourd'hui *ad Gallinas*. Ce laurier a fourni une forêt. Dans la suite, Auguste, dans ses triomphes, entrait à Rome, ayant sur la tête et tenant à la main une branche de ce laurier. Tous les empereurs ont suivi cet exemple. L'usage vint de planter les branches portées par eux; de là, diverses forêts qui ont chacune leur nom, et dont on tire tour-à-tour les lauriers du triomphe. »

3. *Le temple des Césars.* On ne voit pas pourquoi on y substituerait le temple de Vénus Génitrix, ainsi que l'a fait Torrentius.

4. *Sans tenir en aucune façon à la maison des Césars.* Cependant Plutarque lui reconnaît quelque liaison de parenté avec Livie; mais il a voulu parler peut-être de sa belle-mère Livia Ocellina : en sorte que Suétone a eu raison de le regarder comme étranger aux Césars.

5. *D'une très-haute noblesse.* Tacite dit (*Hist.* 1, 49, t. IV, p. 79 de la trad. de M. Panckoucke) : « Il tenait de sa famille une antique noblesse et de grandes richesses. » Quant à Catulus, il en a été parlé dans la *Vie de César*, c. 15, p. 19 du tome I, et à la note 20, p. 128.

6. *Le mot Galba signifie* gras. Il ne faut pas s'égarer trop dans cette discussion étymologique. Probablement ce mot est barbare. Tite-Live nomme un chef ibérien, dont le nom est semblable ou à peu près, et il y a lieu de supposer qu'un Sulpicius quelconque, ayant vaincu dans la Gaule ou en Espagne un chef appelé Galba, en a retenu le nom.

7. *Le consulaire Servius Galba.* — *Servius.* Ce prénom est le véritable, en dépit des éditions qui portent *Sergius.* Nous avons pour nous le texte de Dion et le témoignage de Plutarque, enfin l'opinion des meilleurs commentateurs. *Voyez* aussi ce qu'en dit notre illustre Schweighœuser sur Appien, *Hispan.*, 58. Cicéron (*de Clar. orat.*, c. 21) a dit de lui : « Servius Galba les a incontestablement surpassés par l'éloquence : le premier parmi les Latins, il s'empara des avantages qui sont sans contredit le domaine des orateurs; s'écartant parfois de son but dans la vue d'embellir le discours, il cherchait à séduire les esprits et à les émouvoir, à grandir le sujet par des mouvemens pathétiques et des lieux communs » (*Voy.* p. 281 de ma traduction, tome IV de notre *Cicéron*).

8. *Il fit massacrer avec perfidie trente mille Lusitaniens.* Valère-Maxime (l. IX, ch. 6, tome III, p. 291 de notre édition) rapporte le fait un peu différemment : « Galba ayant convoqué le peuple de trois cités de la Lusitanie, sous prétexte de s'occuper de leurs intérêts, il choisit sept mille hommes (c'était la fleur de la jeunesse), les désarma, égorgea les uns et vendit les autres. »

9. *Irrité d'avoir été repoussé du consulat.* On conçoit difficilement que sa fureur se soit tournée contre Jules César, quand on lit le huitième livre des *Commentaires* (t. II, c. 50, p. 191 de notre édition) : « Servius Galba, quoiqu'il eût plus de crédit et de suffrages, avait été exclu parce qu'il était lié avec César, et avait été son lieutenant. » Il faut donc qu'il ait été repoussé une seconde fois du consulat.

10. *Son père, après avoir été consul.* Il y a dissentiment sur ce personnage : les uns veulent que ce soit C. Sulpicius Galba, consul en 775 avec Haterius Agrippa. Les autres pensent que ce consul était le frère et non le père de Galba.

11. *De M. Valerius Messala et de Cn. Lentulus.* Ce sont les consuls de 751, et cela cadre fort bien avec ce que nous apprend Dion, qui dit que Galba prit la robe virile aux calendes de janvier 767. Cependant il se présente plus d'une difficulté chronologique. Comment se fait-il que l'oracle de Delphes avertisse Néron de se garer du vieillard de soixante-treize ans, et cela en 821. Galba, s'il est né en 751, n'en avait que soixante-dix. Les historiens s'accordent à le faire périr à la soixante-treizième année de son âge; or, il fut tué en 822, au mois de janvier. Y a-t-il mécompte, ou interprétation forcée de l'oracle, ou erreur de copiste?

12. « *Tu essaieras un jour de notre puissance.* » Les autres auteurs ne rapportent cette prédiction qu'à Tibère. Tacite dit que Galba était consul en 786, quand il le fit venir et lui annonça qu'un jour il règnerait, ce qu'il savait par la science des Chaldéens.

13. *Tibère le réduisit à cinq cent mille sesterces.* Probablement que les cinquante millions étaient marqués $\overline{\text{H S D}}$, de façon que le trait qui est au dessus des lettres s'étendit à toute la désignation, tandis que Tibère ne l'aura admis que pour le $\overline{\text{D}}$, ce qui en faisait la somme de cinq cents grands sesterces, ou cinq cent mille ordinaires.

14. *A la célébration des jeux Floraux.* Ils avaient lieu chaque année le 28 avril. Dion dit qu'ils furent alors célébrés par le préteur L. Élius Séjan.

15. *A la tête de l'Aquitaine.* En 784, sous le cinquième consulat de Tibère, qui le partageait avec L. Élius Séjan.

16. *Consul ordinaire.* Celui qui commençait l'année, qui la nommait. Ce fut en 786 : Galba eut pour collègue L. Cornelius Sylla.

17. *Cn. Domitius.* Le prénom est Cneius et non Lucius, comme le veulent quelques éditions. Nous avons suivi en cela Ernesti, qui s'appuie sur le ch. 1 de *Néron* et sur les fastes.

18. *Substitué par Caïus à Gétulicus.* Il est question du commandement de Galba en Germanie dans Dion, l. LX, 8, pour l'an 794; dans Plutarque, ch. 3. Enfin Tacite dans ses *Hist.*, I, 49, t. IV, p. 79 de la traduction de M. PANCKOUCKE, dit : « Dans la vigueur de l'âge il mérita, en Germanie, les louanges de tout le militaire. » Pighius croit que ce fut en 792 qu'il fut substitué à Gétulicus.

19. *Un ordre du jour.* Le sens de *data tessera* est le même que *per libellum* : c'est une publication.

20. *Caïus étant présent.* — *Voyez* SUÉTONE, *Caligula*, 43; DION, LIX, 21.

21. *Courut... à côté de la voiture de l'empereur.* — *Voyez* p. 49 de ce volume, dans la *Vie de Caligula*.

22. *Pendant deux ans il gouverna l'Afrique.* Pighius rapporte ce proconsulat à l'an de Rome 798, M. Vinicius étant consul pour la seconde fois avec M. Statilius Corvinus. Tacite (*Hist.* I, 49) dit : Proconsul, il régit l'Afrique avec modération » (Traduction de M. PANCKOUCKE, t. IV, p. 79).

23. *Parmi les quindécemvirs.* — *Voyez* CÉSAR, *Guerre des Gaules.* Tacite parle des prêtres Titiens aux *Annales*, liv. I, 54 : ils étaient destinés à conserver les rites sabins. Au livre II des *Hist.*, ch. 95, t. IV, p. 303 de la traduction de M. PANCKOUCKE, Tacite dit des Augustales : « Romulus avait fondé un semblable collège de prêtres pour le roi Tatius ; à son exemple, l'empereur Tibère avait consacré ce sacerdoce à la famille des Jules. »

24. *Le commandement de l'Espagne Tarragonaise.* Ce fut en 814 (*Voyez* PLUTARQUE, *Galba*, 3; TACITE, *Hist.*, I, 49).

25. *Il gouverna sa province pendant huit ans.* En comptant les années à la manière des Romains, qui y comprennent le point de départ et l'échéance; car ce ne fut que de 814 à 821. Plutarque dit que Galba était dans la huitième année de son commandement.

26. *Il n'hésita pas long-temps.* Ce fut surtout T. Vinnius qui le décida : il lui dit que ce serait folie de rester fidèle à Néron. On trouve ses propres paroles dans Plutarque (*Galba*, 4).

27. *Le grand-prêtre de Jupiter Clunien.* Clunia est une ville d'Espagne appelée aujourd'hui *Cruna del Conde.*

28. *D'une seule légion.* Dans le discours de Galba à Pison (Tacite, *Hist.*, liv. 1, ch. 16, t. IV, page 29 de la traduction de M. Panckoucke) : « Aie toujours devant les yeux Néron, qui, si fier de la longue série des Césars ses aïeux, ne fut point renversé par Vindex et une province sans armes, ni par moi et ma seule légion, mais par sa barbarie, par ses débauches, qui le précipitèrent du faîte des grandeurs publiques. »

29. *Appelés* evocati. C'étaient ordinairement des anciens militaires, qui avaient rang de centurion. Il faut voir Dion (liv. XLV, ch. 12). L'usage de désigner les guerriers qu'on voulait prendre dans des familles distinguées se trouve déjà établi ou suivi par César (*Guerre des Gaules*, l. III, c. 20). Il appela près de lui et par leurs noms les hommes les plus vaillans de Toulouse, de Carcassone, de Narbonne, etc.

30. *Dertosa.* Ville située sur l'Èbre (*Voy.* Cellarius, l. II, c. 1).

31. *La mort de Vindex.* Ayant été battu près de Besançon par les troupes de Virginius Rufus, contre le gré de ce chef, il se tua de désespoir. (*Voyez* Xiphilin, LXIII, 24 ; Plutarque, 6. Celui-ci entre dans plus de détails.)

32. *Par les messages qui arrivaient de Rome.* Ce fut d'abord un affranchi sicilien nommé depuis Marcianus Icelus, et, deux jours après, Titus Viennius.

33. *Quitta le titre de lieutenant pour celui de César.* Ernesti, s'appuyant sur un passage de Josèphe, a déjà fait remarquer que Galba fut aussi le premier qui transforma en titre le mot César, qui jusqu'alors était simplement un nom propre.

34. *On le vit suspendre à son cou un poignard.* Xiphilin nous apprend qu'on se moqua beaucoup de lui, de ce que faible, âgé et maladif comme il était, il affectait cependant de porter sans cesse un glaive.

35. *Nymphidius Sabinus.* — *Voyez* sur ce personnage Plutarque, *Galba,* 8 à 14. Tacite (*Hist.*, l .1, c. 5, t. IV, p. 9 de la

traduction de M. Panckoucke) nous dit que les soldats de Rome penchaient à une révolution : « Nymphidius, leur préfet, qui ambitionne l'empire, les y encourage et les agite. Nymphidius périt à sa première tentative. »

36. *Fonteius Capiton......Clodius Macer.* Voici ce que nous dit à ce sujet Tacite (*Hist.*, l. 1, c. 7) : « Par hasard, on apprit au même instant et le meurtre de Macer et celui de Capiton. Macer, dont la révolte en Afrique n'était pas douteuse, avait été mis à mort sur l'ordre de Galba, par Trebonius Garucianus, gouverneur de la province; Capiton, prêt à se révolter en Germanie, avait été exécuté par Cornelius Aquinus et Fabius Valens, lieutenans de légion, avant qu'il leur en fût rien ordonné. » *Voyez* Plutarque, c. 15, et Xiphilin. Dans son discours, Othon reproche à Galba d'autres meurtres encore (*Hist.*, 1, 37). Il nomme Obultronius Sabinus et Cornelius Marcellus en Espagne, Chilon dans la Gaule, Cingonius sur la voie publique, Turpilianus dans Rome.

37. *Les Tarragonais ayant apporté, etc.* C'était bien un cadeau qu'on lui faisait et non un vol commis par lui : il faut donc conserver la leçon *oblatam* au lieu d'*ablatam*, qu'on voudrait ridiculement lui substituer : en effet il est question ici d'avarice et non de rapines. Le comble de l'avarice, c'est de contester sur le poids d'un cadeau. Sans doute que l'on savait généralement ce que devait peser cette couronne, ou qu'on en avait joint l'indication à l'offrande, comme une espèce de facture.

38. *Les marins que Néron avait faits soldats.* Plutarque dit la même chose. Tacite (*Hist.*, 1, 6) dit : « L'entrée de Galba dans Rome fut marquée par le massacre de milliers de soldats sans armes, présage funeste, et qui faisait trembler ceux même qui en avaient été les exécuteurs. » Comme les soldats de la flotte avaient été organisés en légion dans les dernières circonstances, ce fut surtout sur eux que Galba exerça ses cruautés. Ce qui en restait prit ensuite parti contre lui pour Othon.

39. *Disperser par la cavalerie.* Xiphilin (l. LXIV, c. 3) dit qu'il en périt sept mille en cette occasion, et qu'ils furent ensuite décimés; mais cela est absolument incroyable.

40. *La cohorte de Germains.* — Voyez *Auguste*, 49, p. 227, t. 1, et *Caligula*, 58, p. 91 de ce volume, ainsi que la note 113.

41. *Plus dévouée à Cn. Dolabella.* C'est celui qui briguait, avec Othon et Pison, l'avantage d'être adopté par Galba. Tacite (*Hist.*, 1, 66) dit qu'il était parent de cet empereur, et qu'il fut mis en lieu de sûreté par Othon : plus tard il fut tué par l'ordre de Vitellius.

42. *Cinq deniers, pour les donner au joueur de flûte Canus.* Xiphilin (liv. LXIV, c. 2) dit que Galba était si avare, qu'il ne donnait pas par drachmes, mais par oboles.

43. *Les Atellanes.* — *Voyez* notre note 121 sur *Tibère*, t. 1, p. 472, ainsi que l'excellente Dissertation de M. Vaucher de Genève, sur la comédie latine. Il y a quelques variantes sur le nom de Simus : c'est sans doute celui de quelque vieil avare de comédie, dont on faisait l'application à Galba.

44. *Selon le bon plaisir de trois hommes.* TACITE, *Hist.*, l. 1, c. 13, t. IV, p. 21 de la trad. de M. PANCKOUCKE : « L'autorité souveraine était partagée entre le consul Vinius et Cornelius Lacon, préfet du prétoire. Icelus n'avait pas une moindre puissance : affranchi de Galba, décoré de l'ordre des chevaliers, il se faisait appeler Martianus, l'un des noms de l'ordre équestre. » On trouve d'autres détails sur ces personnages dans Xiphilin, l. LXIV, c. 2; Plutarque, *Galba*, 7, 10, 12, 13, 16, 29; Tacite, *Hist.*, liv. 1, ch. 6 et 40. Quant à la qualification de simple assesseur donnée à Icelus, *voyez* HEINECCIUS, *Antiq. rom.*, IV, 6, 9. Ces assesseurs étaient des jurisconsultes qui composaient un conseil aux magistrats. Quant à ce qui est dit d'Icelus, qu'il visait au suprême degré de l'ordre des chevaliers, cela veut dire qu'il ambitionnait la préfecture du prétoire.

45. *Le privilège* DES TROIS ENFANS. Nous avons déjà expliqué ce que c'est que le *jus trium liberorum*. Voyez *Claude*, 18-19.

46. *Une sixième décurie.* Voyez *Auguste*, 32, t. 1, p. 199, et la note 119, p. 325.

47. *Les emplois des sénateurs et des chevaliers.* Il s'agit sans doute de leurs magistratures ou provinces, telles que les gouvernemens, les emplois de finances, etc.

48. *Pour reprendre les libéralités de Néron.* Tacite (*Hist.*, I, 20) s'exprime ainsi, dans la traduction de M. Panckoucke, tom. IV, p. 35 : « Le besoin d'argent pressait. Après l'examen de tous les moyens, on choisit comme le plus juste celui de reprendre aux individus, causes de la ruine publique, les deux milliards deux cent millions de sesterces que Néron leur avait donnés en gratification : on leur en demanda le remboursement, à l'exception de la dixième partie; mais ce dixième, à peine le possédaient-ils encore, ayant prodigué le bien d'autrui avec la même profusion que leur propre fortune. Il ne restait à ces hommes perdus et avides ni champs ni rentes, mais seulement les instrumens de leurs vices. Trente chevaliers romains sont préposés à cette restitution : nouvelle espèce de tribunal onéreux à l'état par le nombre de ses membres et par ses intrigues. Partout des encans, des enchérisseurs : les saisies jettent le trouble dans Rome. Grande joie cependant de voir ceux que Néron avait enrichis devenir aussi pauvres que ceux qu'il avait dépouillés. » Quelques interprètes ont pensé qu'il ne fallait entendre ce passage que dans le sens où il est dit (*Caligula*, ch. 26) que Caligula faisait des dons scéniques, *decimas maturius dabat.* On veut que Tacite, on veut que Plutarque, aient mal lu leurs sources et leurs auteurs. En vérité, cela est par trop audacieux.

49. *Le supplice d'Halotus et de Tigellinus.* — *Voy.* sur Halotus le ch. 44 de *Claude.* Tigellinus avait été préfet du prétoire sous Néron (*Voy.* Tacite, *Ann.*, XIV et XV; *Hist.*, l. 1, c. 72). Dans ce dernier passage, Tacite en fait un hideux portrait. Il ne fut épargné sous Galba que parce qu'il avait sauvé la fille de Vinius. Il s'appelait Sophonius Tigellinus. De grands transports de joie éclatèrent quand on obtint sa condamnation (*Voyez* sur cette affaire, Xiphilin, LXIV, 3 ; Plutarque, *Galba*, 7, et Othon, 2).

50. *Une gratification plus forte qu'à l'ordinaire.* Plutarque dit qu'il avait été promis sept mille cinq cents drachmes par prétorien, et mille deux cent cinquante aux autres (Tacite, *Hist.*, I, 5, p. 9 de la traduction de M. Panckoucke).

51. *Et, le premier janvier.* Tacite, *Hist.*, l. 1, c. 12, p. 21 de la trad. de M. Panckoucke : « Peu de jours après les calendes de janvier, on apporte une lettre de Pompeius Propinquus, procu-

rateur en Belgique. Elle apprend que les légions de la Germanie Supérieure ont trahi la foi du serment ; qu'elles demandent un autre empereur, et laissent au sénat et au peuple romain la faculté de l'élection. » Selon Plutarque, l'un des soldats désigna dès-lors Vitellius.

52. *Parce qu'il n'avait pas d'enfans.* Othon était au nombre de ceux qui briguaient l'adoption. Tacite et Plutarque nous disent quels étaient les déréglemens d'Othon, et pourquoi Galba n'en voulait pas.

53. *Pison Frugi Licinianus.* Pison était fils de Crassus et de Scribonia. On croit que ce Crassus était celui qui fut consul en 816, avec Lecanius Bassus, et qui, de la famille des Calpurnius, avait passé par adoption dans celle des Licinius. Tacite dit : « Par sa physionomie et son extérieur il rappelait les mœurs antiques. Le dire sévère, c'était bien l'apprécier ; sombre, c'était le juger injustement ; et ce caractère, dont on voulait s'inquiéter, en plaisait d'autant plus au prince qui l'adoptait » (*Hist.*, l. 1, c. 14, tome IV, p. 25 de la traduction de M. PANCKOUCKE).

54. *L'adopta devant la troupe assemblée.* Tacite (*Hist.*, liv. 1, c. 18, tome IV, page 33 de la traduction de M. PANCKOUCKE) s'exprime ainsi : « Au milieu des soldats qui l'entourent en foule, il annonce, avec cette brièveté qui sied à un chef, qu'il adopte Pison à l'exemple du divin Auguste, et suivant la coutume militaire où chaque brave se choisit un second. »

55. *Six jours ne s'étaient pas écoulés depuis cette adoption.* Pison fut adopté le 10 janvier, et Galba tué le 15. Ici encore on compte le point de départ et le jour de l'échéance. Cela s'accorde avec ce que dit Plutarque, qui met quatre jours entre l'un et l'autre évènement : ce sont des jours francs.

56. *Pour en orner sa petite statue de la Fortune à Tusculum.* Celle qu'il avait si miraculeusement trouvée après un songe analogue à cette découverte (*Voy.* c. 4).

57. *Que la couronne tomba de sa tête.* Silius Italicus, après avoir rapporté un pareil prodige arrivé à Syphax, s'écrie :

> Talia cœlicolæ casuro tristia regno
> Signa dabant, sævique aderant gravia omina fati.
>
> (Lib. XVI, v. 268.)

NOTES. 373

58. *Le jour de l'adoption.* Tacite dit que ce jour fut pluvieux et que le tonnerre retentit, etc. (*Voy.* PLUTARQUE, c. 23.)

59. *L'avait averti.* Tacite (*Hist.*, 1, 27) nous dit : « Le 18 avant les calendes de février, au moment où Galba sacrifiait devant le temple d'Apollon, l'aruspice Umbricius lui annonce de tristes présages, des embûches menaçantes, et un ennemi domestique. Othon l'entendait : il était près de l'empereur, et interprétait au contraire ces augures comme heureux et favorables à ses desseins. » *Voy.* PLUTARQUE, c. 24 ; SUÉTONE, *Othon*, c. 6.

60. *L'engagèrent à s'y rendre sur-le-champ.* — *Voyez* dans Plutarque, 26, et dans Tacite, 1, 32 et 33, les différentes opinions émises dans cette chaude discussion par Vinius, Lacon et Icelus.

61. *On disait..... que l'affaire était terminée.* — *Voy.* TACITE, *Hist.*, 1, 34 : « On annonce qu'Othon a été tué dans le camp. Ce fut d'abord une rumeur vague et incertaine; bientôt, comme en toutes les grandes impostures, plusieurs affirment qu'ils y étaient, qu'ils ont vu. »

62. *Un soldat qui se vantait d'avoir tué Othon.* Tacite le nomme; c'est Julius Atticus, qui agitait un glaive ensanglanté. *Par quel ordre?* s'écria Galba, quand il rencontra les cavaliers. Il fut tué dans la rue même, en se rendant du Palatium au Capitole. Tacite fait une admirable description de cette scène d'horreur. Selon Plutarque et Dion (représenté par Xiphilin), un seul soldat défendit Galba : il s'appelait ou Sempronius Indistrus ou Sempronius Densus. Il y a incertitude de leçon; mais Tacite dit seulement que, par sa valeur, Densus donna à Pison la faculté de sauver sa vie. Il n'y a pas d'accord non plus sur le nom du meurtrier : les uns le nomment Terentius Evocatus, les autres Lecanius; enfin beaucoup de témoignages semblent reprocher ce forfait à un Camurius, soldat de la quinzième légion..

63. « *Que faites-vous, camarades ?* » Les dernières paroles de Galba ont été rapportées d'une manière tout opposée par ses amis et par ses ennemis. On prétendit que d'une voix suppliante il s'était écrié : *Quel mal ai-je donc mérité ?* et qu'il avait demandé un délai de quelques jours pour s'acquitter de ses dons envers les soldats. D'autres veulent qu'il ait dit : *Tuez-moi, si cela*

vous paraît conforme au salut de l'état (Voyez PLUTARQUE, c. 27, et XIPHILIN, LXIV, 6).

64. *D'une légion de Germanie.* Gardons-nous de la prendre pour une légion de Germains. Il ne faut lire ni *Germanicorum* ni *Germanorum*, mais *Germanicianorum*, c'est-à-dire de soldats qui avaient fait la guerre en Germanie. C'est dans ce sens aussi que j'entends ce passage de la traduction de M. PANCKOUCKE, *Hist.*, liv. I, c. 32, p. 53, t. IV, où Tacite dit quel était ce bienfait de Galba : « Les corps germaniques étaient encore fatigués : envoyés d'abord par Néron à Alexandrie, et revenus péniblement par une longue navigation, ils avaient reçu de Galba des soins qui calmaient leurs esprits. »

65. *Lui coupa la tête.* On voit dans Tacite, dans Xiphilin et dans Plutarque, que son corps fut aussi exposé à toute sorte d'injures.

66. « *Je me sens encore de la force.* » Suétone met ici dans la bouche de Galba un vers d'Homère : c'est le 254e du livre V de l'*Iliade*.

67. *Patrobius Neronianus.* — *Voy.* PLUTARQUE, 17, et XIPHILIN, LXIV, 3. Tacite (*Hist.*, I, c. 49) dit : « Sa tête, que des vivandiers et des valets d'armée avaient mutilée et attachée à une pique devant le tombeau de Patrobius, affranchi de Néron, puni par Galba, fut recueillie le jour suivant, et réunie aux cendres de son corps, déjà brûlé. » Peu auparavant, Tacite avait parlé des devoirs pieux que lui rendit son intendant Argius.

68. *De convive en convive.* Ce passage a beaucoup tourmenté les interprètes. J'ai trouvé que la traduction de M. Eichoff était la plus naturelle, et je l'ai suivie. Elle est conforme aux habitudes grossières de Galba. Au surplus, ce passage est fort gâté par les copistes. Nous ne pouvons entreprendre d'en discuter les variantes, et nous renvoyons pour cela à l'édition de M. Lemaire. Nous ferons seulement remarquer que La Harpe s'est trompé, en disant que la *desserte était mise aux pieds des assistans.* L'expression *ad pedes stantibus* sous-entend *convivarum* : or, ceux qui étaient aux pieds des convives sont ceux qui servaient.

69. *Dans la soixante-treizième année de son âge.* Tacite (*Hist.*,

1, 49) : « Telle fut la fin de Servius Galba : durant soixante et treize années, sous cinq empereurs, la fortune le seconda, et le règne d'autrui lui fut plus favorable que le sien. » Xiphilin ne lui donne que soixante-douze ans, et Zonaras soixante-douze ans et vingt-trois jours. Quant au septième mois de son règne, Tacite est d'accord avec notre auteur; car Othon dit aux soldats : *Il y a sept mois depuis la mort de Néron.* D'autres auteurs le font régner sept mois et sept jours. Xiphilin, au contraire, lui accorde neuf mois et treize jours. On les concilie en ce que, depuis la mort de Néron à celle de Galba, il y a sept mois, c'est-à-dire du 9 juin 821 au 15 janvier 822; tandis que, si l'on prend pour point de départ le 3 avril, jour où déjà les soldats avaient proclamé Galba, il y aura effectivement neuf mois et treize jours.

70. *Il lui décerna une statue.* Tacite (*Hist.*, l. 11, c. 55) parle encore d'autres honneurs rendus par le peuple à Galba après la mort d'Othon : « Le peuple porte autour des temples les images de Galba, avec des lauriers et des fleurs. On entasse des couronnes en forme de tombeau près du lac Curtius, dans le lieu que Galba mourant avait teint de son sang. » *Voyez* ce qu'ajoute Tacite, t. v, *Hist.*, l. iii, p. 13 de la traduction de M. Panckoucke.

FIN DU DEUXIÈME VOLUME.

www.ingramcontent.com/pod-product-compliance
Lightning Source LLC
Chambersburg PA
CBHW070441170426
43201CB00010B/1179